国际汇率监督

——规则的嬗变

主编　李波　邢毓静　郑红

中国金融出版社

责任编辑：张　驰
责任校对：潘　洁
责任印制：丁淮宾

图书在版编目（CIP）数据

国际汇率监督：规则的嬗变（Guoji Huilü Jiandu——Guize De Shanbian）/
李波，邢毓静，郑红主编 . —北京：中国金融出版社，2012.5
ISBN 978 - 7 - 5049 - 6359 - 8

Ⅰ.①国…　Ⅱ.①中…　Ⅲ.①汇率—金融监管—研究—世界
Ⅳ.①F831.6

中国版本图书馆 CIP 数据核字（2012）第 071246 号

出版
发行　　中国金融出版社

社址　　北京市丰台区益泽路 2 号
市场开发部　（010）63266347，63805472，63439533（传真）
网 上 书 店　http://www.chinafph.com
　　　　　　　（010）63286832，63365686（传真）
读者服务部　（010）66070833，62568380
邮编　100071
经销　新华书店
印刷　利兴印刷有限公司
尺寸　169 毫米 ×239 毫米
印张　12.75
字数　220 千
版次　2012 年 5 月第 1 版
印次　2012 年 5 月第 1 次印刷
定价　28.00 元
ISBN 978 - 7 - 5049 - 6359 - 8/F. 5919
如出现印装错误本社负责调换　联系电话（010）63263947

《国际汇率监督——规则的嬗变》编委会

顾　　问：胡晓炼

主　　编：李　波　邢毓静　郑　红

编　　委：伍　戈　刘　琨　谭海鸣
　　　　　曹红钢　温军伟

序

汇率作为两种货币的相互比价，不仅会对本国经济产生影响，也会对其他国家产生相应的外部影响。为控制汇率的外部影响，防止利用汇率政策以邻为壑，造成全球贸易的恶性竞争，主要国家很早就开始进行汇率协调和相互监督。1944 年《国际货币基金组织协定》的签订和国际货币基金组织的成立标志着现代意义的汇率监督的开始。从此，国际货币基金组织统一行使国际汇率监督权，国际货币基金组织成为各国汇率协调的主平台，《国际货币基金组织协定》及后续各个版本的《汇率政策监督决定》成为国际汇率监督的主要依据。虽然在布雷顿森林体系和后续的牙买加体系下，国际货币基金组织承担的汇率监督职责有所不同，但总体而言，在国际货币基金组织框架内，国际货币汇率体系相对第二次世界大战之前的局面较为有序和易于协调。

随着经济、金融全球化的深入发展，各国的经济、金融联系日益紧密，宏观经济政策的溢出效应愈加明显。汇率作为一个重要的经济变量，对国际贸易、资本流动等有着重要影响，自身也受到宏观经济环境、财政货币政策等多方面的影响，各国的汇率体制呈现出日益多元化和复杂化的特征。此次金融危机以来，全球经济平衡、可持续发展的重要性越来越被各国所认同，世界主要经济体宏观经济政策协调力度明显增强。国际社会普遍认为，国际货币基金组织应在解决国际金融危机，加强财政、金融、货币与汇率监督等方面发挥更加重要的作用，应不断完善监督体系和方法，增强其科学性与合理性，以促进全球经济强劲、可持续的平衡增长。在经济日益全球化的当今社会，我们必须主动熟悉国际汇率监督体系的各种规则，为中国的发展争取有利的国际环境，实现互利共赢。为此，中国人民银行货币政策二司历时两年编写了《国际汇率监督——规则的嬗变》一书，全面研究了国际汇率监督的起源、理论和近年的实践，并从国际货币体系改革的角度对汇率监督问题进行了理论和历史的思考。只有深刻理解国际汇率监督规则的演变及其与国际货币体系演进的关系与逻辑，才能更好地把握国际货币体系运行规律。本书既便于广大读者了解国际货币汇率变化

1

的内在因果，也有利于政策研究者熟悉国际汇率监督规则并主动应对。希望更多读者飨食此书后对国际汇率监督体系更为熟识，为构建多元化、合理化的国际货币体系建言献策，共同促进国际金融经济规则的公平与公正，为实现我国经济的持续健康发展营造良好的外部环境。

二〇一二年五月

目　　录

第一章　引言 ……………………………………………………………… 1

第二章　国际汇率监督的历史：一个条款和两大决定背后的故事和逻辑 …… 3

　　一、国家汇率主权让渡的历史 ………………………………………… 3

　　二、《国际货币基金组织协定》第四条款和《1977 年决定》的
　　　　形成过程 ………………………………………………………… 8

　　三、《2007 年新决定》的形成过程 ………………………………… 11

　　四、《1977 年决定》和《2007 年新决定》背后的逻辑 …………… 16

　　五、国际汇率监督的典型历史案例 ………………………………… 17

第三章　国际汇率监督的法理基础：汇率主权让渡和争夺 …………… 20

　　一、汇率监督的定义 ………………………………………………… 20

　　二、汇率监督的法理基础——汇率主权的让渡 ………………… 20

　　三、汇率监督权之争 ………………………………………………… 23

第四章　国际货币基金组织的汇率监督：法律基础 ………………… 35

　　一、国际货币基金组织的汇率监督：源起 ……………………… 35

　　二、当代国际货币基金组织汇率监督的法律基础：三份文件 …… 36

　　三、国际货币基金组织汇率监督的内涵：目标、内容和手段 ……… 51

　　四、国际货币基金组织汇率监督的技术基础：两大支点 ………… 55

第五章　汇率监督支点一：对汇率水平的评估 ……………………… 56

　　一、国际货币基金组织 CGER 方法产生的背景 ………………… 56

　　二、CGER 汇率评估方法介绍 …………………………………… 57

　　三、均衡汇率的计算对国际货币基金组织汇率监督的适用性争论 ………… 63

第六章 汇率监督支点二：对汇率体制的监督 ·············· 67

    一、汇率体制分类对汇率监督的意义和作用 ·············· 67

    二、汇率体制的历史演进和争论 ·············· 67

    三、国际货币基金组织的汇率体制分类框架 ·············· 70

    四、各国汇率体制的变化趋势 ·············· 76

    五、中国的汇率体制分类 ·············· 77

第七章 国际汇率监督的新趋势 ·············· 84

    一、国际汇率监督的新体系 ·············· 84

    二、对汇率监督新体系的评价 ·············· 87

    三、《2007 年新决定》公布后汇率监督的实践和未来趋势 ·············· 89

    四、国际汇率监督新趋势的宏观影响 ·············· 92

参考文献 ·············· 99

附录一 国际汇率监督大事记 ·············· 101

附录二 关于审查《1977 年汇率政策监督决定》的初步考虑 ·············· 102

附录三 对《1977 年汇率政策监督决定》的检查——进一步的考虑 ·············· 121

附录四 国际货币基金组织执董会通过《对成员国政策双边监督的决定》 ·············· 150

附录五 国际货币基金组织关于《2007 年新决定》所涉及操作问题的指导 ·············· 160

附录六 《国际货币基金组织协定》第四条款——法律框架概述 ·············· 172

附录七 中英文词汇对照及索引 ·············· 192

第一章　引　言

20世纪90年代以来，随着全球资本市场的快速发展，国际货币体系发生了深刻变化：传统计划经济国家和新兴市场国家向市场经济转型，各国资本账户逐渐开放，金融衍生品不断创新，促使世界经济的市场化程度快速提高；区域货币（欧元）的兴起增强了储备货币多元化的趋势，也提出了区域货币的监督问题。国际套利交易和算法交易的快速发展增大了汇率的波动性。全球经济的不平衡快速发展增加了逆差国与顺差国的经济和政治摩擦，也增加了逆差国劳工阶层的不满。在这种背景下，国际汇率的波动加剧有时超出了一国可以控制的范围，国际汇率协调成为国际协调的重点。

1944年7月在布雷顿森林镇召开的联合国货币与金融大会通过了《国际货币基金组织协定》，而以国际货币基金组织为监督主体的汇率监督正是国际汇率协调最重要的形式，现代意义的汇率监督由此开始。国际货币基金组织自诞生之日起，就负有监督国际货币体系，保证其平稳运行的职责。但是如何监督，监督的力度如何掌握，国际货币基金组织也在不断摸索。

国际货币基金组织的汇率监督大体可分为两个阶段：道义监督阶段和强力监督阶段。1977年至2007年，近30年的汇率监督主要停留在道义监督阶段。国际货币基金组织的汇率监督主要根据《1977年汇率政策监督决定》（以下简称《1977年决定》）的规则进行。其主要特点是监督的内容和目的明确，以尊重国情为主，监督的手段和效力较为模糊，对违规国也没有惩罚手段。

2007年，在发达国家的强烈要求下，国际货币基金组织为了加强汇率监督，修订了《1977年决定》，出台了新的《成员国政策双边监督决定》（以下简称《2007年新决定》），并取代了《1997年决定》。在双边监督中，国际货币基金组织在与大多数成员国的磋商中均对成员国汇率水平是否均衡进行量化分析，指出其失衡程度，对成员国汇率政策的评论更加直接、犀利，并进行是否是小幅失衡、大幅失衡、根本性失衡等定性判断；在多边监督中，国际货币基金组织除了提高《世界经济展望》、《全球金融稳定报告》等监督报告的质量外，还增加了金融部门评估等内容；在区域监督中，国际货币基金组织不但加强了对欧元区的监督，而且对于其他区域货币也加强了监督。但是，在国际货币基金组织加强汇率监督的同时，监督的不对称性也在增加，例如，在增强对发展中国家监督的同时，国际货币基金组织没有认真研究美国经济政策可能导致的外部不稳定，也没有及时预警美国次贷危机。

本书全面阐述了国际汇率监督的起源、理论和历史实践，主要包括国际汇率监督的历史沿革、汇率水平和汇率体制监督、国际货币基金组织汇率管辖权与世贸组织贸易管辖权和有关国家汇率管辖权之间的关系、新汇率监督体系的主要框架、《2007年新决定》公布后国际汇率监督的主要趋势和对我国影响等问题，并从国际货币体系改革的角度对汇率监督问题进行了理论和历史的思考。

本书将对我国各类读者理解国际货币体系的游戏规则提供有益的参考。我们只有深刻理解国际汇率监督规则的演变及其与国际货币体系演进的关系与逻辑，才能更好地把握国际货币体系运行规律，从而增强中国在建立国际金融新秩序中的主动性。相关政府工作人员熟悉国际汇率监督新规则，制定与我国国情相适应、与国际规则相协调的国内经济政策，将有利于增强我国经济政策的国际包容性，提高我国的对外谈判能力；进出口企业熟悉国际汇率监督规则与世贸组织贸易规则的关系，将有利于其在国际贸易中正确判断汇率形势。

本书编写历时两年。编者虽然从事我国汇率政策的研究工作，但难免因经验不足或情况掌握不够全面导致疏漏；同时，由于学识水平有限，作为阶段性的研究成果，难免出现理论或逻辑上的错误，敬请广大读者批评指正。

本书写作过程中得到了中国人民银行副行长胡晓炼，国际货币基金组织前执董葛华勇、何建雄，国际货币基金组织David Cowen、Shogo Ishii、Jianhai Lin、Yi Wu、王建郧、张智威、孙涛，中国人民银行金融研究所长金中夏，中国人民银行国际司副司长朱隽，中国人民银行驻伦敦代表处首席代表郑五福等多位领导和专家的支持与帮助，并得益于与国际货币基金组织政策发展部工作人员的多次会谈，在此特别致谢！此外，感谢中国外汇交易中心华小岳、中国人民银行西双版纳中心支行刘继美在文字校核方面的支持。

第二章 国际汇率监督的历史：一个条款和两大决定背后的故事和逻辑

《1977 年决定》（及相伴的《国际货币基金组织协定》第四条款）和《2007年新决定》的形成无疑是国际汇率监督史上划时代的大事，是乱中求治、寻求均衡的纲领性文件。对这两大决定的形成背景进行阐述，解析其背后的逻辑，有助于我们更深刻地认识到汇率监督的本质，以及国际金融外交方面求同存异的艰辛和深远意义。

国际汇率监督的法理基础是各个主权国家在互利合作原则下货币主权的让渡。要维持合作，成员国之间的相互理解和支持非常重要。因此，虽然《国际货币基金组织协定》第四条款赋予国际货币基金组织汇率监督的权力，《1977年决定》和《2007 年新决定》又对汇率监督的具体细节作出了详尽的规定，但是多年来，国际货币基金组织鲜有根据上述法律文件赋予自己的权力来判定某一个成员国违规。这样做的原因是，汇率监督的首要属性是其合作性，其具体的监督形式是对话与劝说，而并非权威式的命令。在监督过程中，国际货币基金组织非常注重保持坦诚对话，以及程序和结论的公平性，还强调对成员国的国情给予应有的注意，并采取多边和中期视角。

本章首先从法理角度对古典时代的汇率监督和现代汇率监督作出论述，从中引出国际金融外交的首要精神——合作，以及国际货币基金组织汇率监督的基本指导原则——对话与劝说。再结合布雷顿森林体系的崩溃、牙买加体系的形成解说《国际货币基金组织协定》第四条款和《1977 年决定》的形成过程。接着结合 21 世纪以来全球化和全球经济失衡来解说《2007 年新决定》的形成过程。然后总结两大决定背后的逻辑。最后讲述国际货币基金组织汇率监督的具体案例，以印证前面几章的分析。

一、国家汇率主权让渡的历史

（一）古典时代的汇率主权

从商品货币时期到信用货币时期，主权国家的汇率主权大体经历了完全缺失、部分让渡和逐步回归的过程。

1. 商品货币时期：汇率监督尚未产生

在商品货币时期，人们以特定的商品（如牛、羊、粮食、贝壳等）作为一般等价物用以计价结算，一直发展到以贵金属（尤其是黄金）作为货币。此时的货币是以一种特殊的商品形式存在，以商品货币为中介的交易实质上仍是一种物物交换，不存在信用创造，因而也就不存在以铸币税为基础的货币主权利益。因此，商品货币的价值完全由市场供求决定，货币主权尚未产生，国家也必然完全缺失对汇率的主导权。

2. 信用货币的产生与货币主权利益的拓展

一旦某个组织（尤其是国家）开始发行不足值货币，并进而垄断货币发行权，信用货币就产生了。从此，以铸币税为基础的货币主权利益开始产生并日益成为各个利益集团（尤其是国家）争夺的焦点。受商品经济发展程度的限制，最初的货币主权仅限于国家统治范围内，即仅体现为货币主权的对内维度。随着国家间经济交往的扩展，货币主权开始越过国界，对外的维度即汇率主权开始发展。当然，在相当长时期内，由于信用货币发展不充分，在国际商务往来中，仍旧以商品货币为主要中介，汇率主权的发展相对缓慢。

3. 金本位制下汇率主权的缺失

金本位制就是以一定成色及重量的黄金为本位币的一种货币制度，黄金是货币体系的基础。历史上曾有过三种形式的金本位制：金币本位制、金块本位制和金汇兑本位制。从英国于1816年率先实行金本位制到1914年第一次世界大战爆发前，主要资本主义国家都实行了金币本位制。两次世界大战之间，各主要国家试图恢复金本位制，除了美国坚持金币本位制外，其他国家相继尝试了金块本位制和金汇兑本位制。应澄清的一点是，金本位制是一种商品货币和信用货币并行，但以信用货币为主导的混合货币体制，其主要特征：一是用黄金来规定货币所代表的价值，每一货币单位都有法定的含金量；二是各国间的货币按其含金量确定汇兑比价；三是国家保证纸币与黄金间的兑换；四是允许黄金在各国间自由流动。

由于国家规定货币的法定含金量并保证货币与黄金间的兑换，这一制度安排虽然并未禁止铸币税的产生，但的确限制了国家的汇率主权，因为各国货币的汇率直接由其含金量确定，在黄金输送点确定的幅度内波动，国家失去了规定货币对外价值的权力。因此，在金本位制下，国家的汇率主权基本缺失。

（二）布雷顿森林体系下的汇率主权

1929年经济危机发生之后，全球陷入经济大萧条时代。为应对经济危机，各国纷纷采取竞争性货币贬值以促进本国出口，抑制本国进口。种种"以邻为壑"的货币和贸易政策加剧了世界经济的萧条，国际贸易急剧萎缩，许多国家人民的就业和生活水平随之急剧下降。长期的经济萧条和国际经济秩序的混乱最终成为第二次世界大战爆发的经济原因。为扭转国际货币体系混乱的局面，1942 年至 1943 年，在战局比较明朗的情况下，美国、英国等开始检讨第二次世界大战爆发的原因，酝酿成立国际货币金融制度，重新确立国际货币体系新秩序。当时的主流观点是，要结束各国竞相贬值的局面，必须限制各国的汇率主权，建立一个国际机构，以协调各国的经济政策，维护汇率稳定。就如 Ragnar Nurkse 在 *International Currency Experience* 中指出的："如果两次世界大战之间的经验有任何提示，最明显的应该是纸币的交换不应该无所限制地在市场自由浮动……任何通过国际磋商达成的外汇汇率制度均比由主权国家单独采取行动或由资本投机商控制的市场所确定的汇率制度好。"[1] 1944 年 7 月 1 日至 22 日，在美国新罕布什尔州的布雷顿森林镇召开的有 44 个国家参加的联合国货币与金融大会通过了《国际货币基金组织协定》。次年 12 月 27 日，美国、英国、中国等 21 个国家的代表在美国国务院正式签署《国际货币基金组织协定》，布雷顿森林体系宣告成立。

布雷顿森林体系的主要内容可以概括为以下五点：一是以黄金为基础，以美元为主要国际储备货币。美元直接与黄金挂钩，35 美元兑换 1 盎司黄金。二是实行固定汇率制。各国货币对美元的汇率一般只能在平价上下各 1% 的幅度内波动，各国政府有义务在外汇市场上进行干预，以保持汇率的稳定。三是国际货币基金组织通过预先安排的资金融通措施，保证提供辅助性储备供应来源。四是成员国不得限制经常项目的支付，不得采取歧视性货币措施，要在可兑换的基础上实行多边支付。五是规定"稀缺货币条款"[2]，成员国有权对"稀缺货币采取临时性兑换限制"。

由此可见，在"双挂钩"的布雷顿森林体系下，成员国受限于维持本国货币与美元汇价稳定的义务，完全失去了根据本国经济发展灵活调整汇率政策的权力，即完全让渡了本国的汇率主权。

---

① Ragnar Nurkes，International Currency Experience，p.123，1944. 转引自王贵国：《国际货币金融法》，法律出版社，2007 年版。

② 《国际货币基金组织协定》第七条第 3 款规定，如果对某种货币的需求已明显威胁到国际货币基金组织提供该种货币的能力，国际货币基金组织可以声明这种货币的稀缺，并根据有关成员国对这种货币的相对需求、总的国际经济形势以及其他应该考虑的因素，按比例分配国际货币基金组织持有的和可以获得的该稀缺货币。任一成员国在与国际货币基金组织协商后，可以将上述声明当做国际货币基金组织对自己的授权，临时限制这种稀缺货币的兑换自由。由此可见，这是对前面第四条款的补充，即成员国不得限制经常项目的支付，但可以在货币稀缺时实施临时限制。

（三）牙买加体系下的汇率主权

布雷顿森林体系在一定时期内成功消除了战前各个货币集团间竞争性的货币贬值，保持了世界贸易长期的高速增长，维护了世界经济在较长时期内的稳定发展。但受限于"特里芬悖论"[1]，布雷顿森林体系存在着先天的不足，注定要陷入崩溃。20 世纪 60 年代后期，美国的贸易逆差急剧增加，仅在 1969 年至 1971 年的三年间，逆差就达到 400 亿美元，1971 年，美国的黄金储备由 1949 年的 250 亿美元降到 100 亿美元，已经远远不能满足世界各国兑换的要求，美元贬值的压力迅速上升，国际金融市场开始关注国际储备是否充足、美元充当国际储备货币是否合适以及国际货币体系改革的出路等问题。1971 年 8 月，美国政府不得不正式宣布放弃美元与黄金的挂钩。虽然经过"史密森协定"对美元进行一次性贬值 8.6% 的修正，但"特里芬悖论"并未真正解决。1973 年 2 月，国际外汇市场再次爆发美元危机，布雷顿森林体系彻底崩溃。

布雷顿森林体系崩溃后，国际金融形势动荡不安，各国为建立一个新的国际货币体系进行了长期的讨论与协商，最终各方通过妥协就一些基本问题达成共识，于 1976 年 1 月在牙买加首都金斯顿签署了"牙买加协议"。同年 4 月，国际货币基金组织理事会通过了《国际货币基金组织协定》的第二次修订方案，从此国际货币体系进入了牙买加体系。牙买加体系的主要特点可概括为以下三点：

一是黄金非货币化。黄金不再是各国货币平价的基础，也不能用于官方之间的国际清算。二是储备货币多样化。牙买加体系在一定程度上改变了美元一统天下的局面，实行美元、德国马克、日元、英镑和法国法郎等同时并存的多种储备货币体系，欧元出现后，大致形成了美元、欧元、日元三足鼎立的国际储备格局。三是汇率制度多样化。成员国可根据自己的情况选择和随时改变汇率制度，只要及时通知国际货币基金组织即可。

因此，在牙买加体系下，国际货币基金组织在事实上已放弃了对汇率主权的掌控：

一是各国能够自由选择自己的汇率制度。虽然国际货币基金组织在原则上可以规定总的汇兑制度，但必须得到总投票权的 85% 同意才行，并且，这一总

---

① "特里芬悖论"是美国耶鲁大学教授特里芬在 1960 年出版的《黄金与美元危机》中提出的一个观点："由于美元与黄金挂钩，而其他国家的货币与美元挂钩，美元虽然因此而取得了国际核心货币的地位，但是各国为了发展国际贸易，必须用美元作为结算与储备货币，这样就会导致流出美国的货币在海外不断沉淀，对美国来说就会发生长期贸易逆差；而美元作为国际货币核心的前提是必须保持美元币值稳定与坚挺，这又要求美国必须是一个长期贸易顺差国。这两个要求互相矛盾，因此是一个悖论。"

的汇兑安排不得限制各成员国根据国际货币基金组织的目的和成员国的一般义务选择汇兑安排的权力。成员国只需将自己的汇兑安排"适当详细地通知国际货币基金组织"。此外，成员国也享有自由改变自己汇兑安排的权力，若有改变，成员国只需"迅速向国际货币基金组织通报其汇兑安排的任何变动"① 即可。

二是各国在事实上能够自主确定合适的汇率水平。《国际货币基金组织协定》虽然规定成员国有"保证有序的汇兑安排，并促进形成一个稳定的汇率制度"的义务，并将之具体化为"努力将各自的经济和金融政策的目标放在实现促进有秩序的经济增长这个目标，既可实现合理的价格稳定，又适当照顾到自身的国情；努力通过创造有序的经济、金融条件以及不致经常造成动荡的货币制度以促进稳定；避免操纵汇率或国际货币制度来阻碍国际收支的有效调整或取得对其他成员国不公平的竞争优势；奉行同本款各项保证相一致的汇兑政策"四项义务，但其措辞上多用"努力"等无约束性的表述，同时，在如何确定"操纵汇率"上又缺乏明确、一贯的标准，因此，"软法"性质明显，国际货币基金组织事实上缺乏对成员国汇率水平的监督和相应的惩罚措施，各国事实上享有自主确定汇率水平的权力。

三是国际货币基金组织对汇兑安排的监督缺乏强制力。在《国际货币基金组织协定》第四条第3款规定国际货币基金组织对汇兑安排的监督权力，规定国际货币基金组织有"监督国际货币制度，以保证其有效实施，并监督各成员国是否履行了本条第1款规定的义务（注：即上文所述的成员国的四项一般义务）"，在具体的监督手段上，国际货币基金组织应制定出具体原则向成员国提供指导，并可以要求就汇率政策与成员国磋商。但国际货币基金组织制定的原则不是任意的，受到种种限制：

第一，该原则以承认成员国既定汇率安排为前提。《国际货币基金组织协定》第四条第3款规定国际货币基金组织制定的原则"应该符合各成员国确定本国货币对其他成员国货币比价而采用的合作安排，并符合一个成员国根据国际货币基金组织的宗旨和本条第1款规定选择的其他形式的汇兑安排"。也就是说，只要成员国在不违背其一般义务前提下所选择的汇兑安排，国际货币基金组织应该加以承认。如前所述，成员国的一般义务其"软法"性质明显，缺乏清晰的标准、明确的执行手段和可信的惩罚措施，基本限于泛泛而论，因此，事实上，国际货币基金组织不具有限制成员国采取特定汇率制度的权力，其所制定的原则以承认成员国既定汇率制度为前提。

---

① 《1977 年决定》"监督程序"第 1 项。

第二，该原则的执行应尊重成员国国情。《国际货币基金组织协定》第四条第3款规定，国际货币基金组织"应该尊重各成员国国内的社会和政治政策，在执行这些原则时，国际货币基金组织应该对各成员国的国情给予应有的注意"。因此，该规定等于变相承认了各国有基于本国国情选择不同汇兑安排的权力。

此外，国际货币基金组织可以通过第四条款磋商、《世界经济展望》、特别磋商等方式对成员国的汇率政策实施监督。但国际货币基金组织除了道义劝告、公开报告等有限工具外，缺乏有效的、强制的制裁手段，可谓是"没牙的老虎"，缺乏监督的权威性。虽然国际货币基金组织可以通过限制成员国使用国际货币基金组织普通资金、在救助时附加条件等方式进行监督。《国际货币基金组织协定》第五条第5款也明确阐述了丧失使用国际货币基金组织普通资金资格的情况，同时历史上，国际货币基金组织也确实运用过此类方式。但由于国际货币基金组织的附加条件过于苛刻，接受援助有对成员国声誉打击过大等不利影响，随着各国国际储备的增加和各种地区性储备防御安排的发展，成员国越来越倾向于避免接受国际货币基金组织的援助，这导致国际货币基金组织行使汇率监督的手段日益捉襟见肘。

基于以上分析，在牙买加体系下，汇率主权重新回归各主权国家。

（四）汇率主权回归主权国家后国际汇率监督的基本指导原则

牙买加体系下汇率主权回归主权国家后，国际货币基金组织不再享有直接规定各国汇率水平的权力。而且，《国际货币基金组织协定》第四条第2款赋予成员国自由选择汇率制度的权力。这样，各成员国完全拥有决定各自汇率政策的自由，国际货币基金组织只有从事后角度进行监督。理论上，国际货币基金组织仍可基于事后的信息判定某一成员国违反第四条款，并对成员国进行处罚；但是，在主权归属各个国家的政治框架下，国际货币基金组织必须高举合作的大旗才能凝聚共识，这就决定了国际货币基金组织几乎不可能采取强制措施。因此，各成员国在共识的基础上制定《1977年决定》和《2007年新决定》时，规定汇率监督的指导原则是对话与劝说。

二、《国际货币基金组织协定》第四条款和《1977年决定》的形成过程

（一）布雷顿森林体系的遗产

布雷顿森林体系下，各国汇率基本保持稳定，极大地促进了国际贸易的发展，为第二次世界大战后世界经济尤其是西欧经济复苏奠定了重要的制度基础。

虽然由于美元无法克服"特里芬悖论"的难题，布雷顿森林体系最终崩溃了，但固定汇率制的巨大好处让追求汇率稳定的理念深入人心。固定汇率制的危机及对其的修补成为整个 20 世纪 70 年代的寻常事件，其中法国尤其热衷于恢复全球性固定汇率体系。但美国在固定汇率体系下深受其害，改革态度坚决。由于以美国为首的国家的坚持，最终世界选择了浮动汇率体系。《国际货币基金组织协定》第四条款和《1977 年决定》的形成过程就是赞成固定汇率制国家和赞成浮动汇率制国家直接对话、协商的过程，两个文件也是妥协的结果。

（二）《国际货币基金组织协定》第四条款的修改过程

在布雷顿森林体系下，《国际货币基金组织协定》第四条款最初明文规定国际货币体系实行平价制度，并界定了国际货币基金组织在汇率稳定方面的作用。

随着布雷顿森林体系在 1971 年至 1973 年间的崩溃，国际货币基金组织面临着全球经济以及本机构将如何运作的根本性问题。1972 年，国际货币基金组织成立了由理事会成员组成的二十人委员会以开始体制改革工作，这项工作最终促成了对《国际货币基金组织协定》的第二次修正，其中主要是对第四条款汇率监督职能的重大改动。

新的第四条款的起草工作是一个充满争论和困难重重的过程。关于国际货币基金组织的新的汇率监督职能，争议主要集中在两个方面：一是对成员国政策的检查范围，二是依靠规定进行控制的程度。国际货币基金组织的执董们和理事们就以下问题发生激烈争论：国际货币基金组织到底是应该恢复固定汇率制，还是应该认可浮动汇率制，并担负起对不断演变的国际货币体系进行广泛监督的责任。美国特别提倡采用后一个选择，同时使各成员国奉行有助于形成稳定的汇率体系的国内政策。法国强烈主张采用经过大幅度改革的平价体系，而第四条款中国际货币基金组织对汇率政策实行"有力监督"的规定也使法国在一定程度上感到满意。

在新的第四条款内部起草的早期，起草人提议用机械的方式来解决国际收支不平衡问题和可变汇率问题，例如，制定规则，规定如果一个国家的储备发生变化，脱离既定的基准水平，将表明有必要调整汇率，或规定各国应把本国的汇率保持在特定的范围内。但是当时的情况是，通胀率很高，各国经济增长时好时坏，加上石油危机的冲击，各国的汇率大幅波动是稀松平常的事，机械地规定各国在汇率方面的义务显然不合时宜。因此，国际货币基金组织二十国临时委员会（国际货币与金融委员会的前身）于 1976 年 1 月最后商定的新的第四条款仅阐明了各成员国的承诺，并没有规定具体的标准或准则，用以在特定情况下启动国际收支的调整或汇率的变动。

（三）《1977 年决定》的制定过程

1973 年布雷顿森林体系彻底崩溃后，国际货币基金组织在启动《国际货币基金组织协定》第四条款修改工作的同时，开始着手制定浮动汇率体系下监督各成员国汇率政策的准则，以提高新的第四条款的操作性。

首先，国际货币基金组织工作人员草拟了一份题为《浮动汇率管理指导准则》的文件，并提交执董会讨论。这份文件经过了执董会的 12 次讨论，并经过了 8 次修订，终于在 1974 年获得通过。这一指导准则成为成员国之间展开关于汇率政策对话的基准。在固定汇率体系瓦解、各国货币汇率频繁调整的情况下，这一指导准则起到了促进国际共识的作用。这一指导准则也是《1977 年决定》的前身。该文件特别指出，其内容仅是指导性的，不是规则。而且，执行其中的指导意见的具体程序应该留到以后讨论。

与第四条款修改时一样，国际货币基金组织工作人员在草拟该指导准则的起始阶段也试图采取机械的定量指标来指导成员国，例如，汇率中期标准和目标区的概念等。在当时的情况下，这些概念未获得国际货币基金组织执董会的广泛欢迎。因此，在定稿中被打了折扣，仅提出了国际货币基金组织将制订"（成员国的）汇率中期标准的合理估计范围"的主张。

虽然国际货币基金组织 1974 年提出了《浮动汇率管理指导准则》，但由于该文件没有约束性，在布雷顿森林体系的汇率平价瓦解后到通过新的第四条款之间的空白期间，国际货币基金组织对浮动汇率的监督工作困难重重。很多成员国都不与国际货币基金组织讨论本国的汇率政策，主要成员国之间在交换有关经济政策的信息时，也经常把汇率政策排除在外。这种情况使国际货币基金组织认识到，一方面，《国际货币基金组织协定》第四条款的修改十分必要，另一方面，制定具体的汇率监督准则也十分必要。在这一背景下，国际货币基金组织开始酝酿《1977 年决定》。

1976 年，国际货币基金组织发表了两份工作人员文件，勾勒了《1977 年决定》的蓝图。两份文件讨论了在执行所提议的《国际货币基金组织协定》第四条款方面与各成员国担负的义务和国际货币基金组织的监督工作有关的原则和程序。国际货币基金组织的工作人员们和执董会花费了很大力气来界定监督工作的职权范围，包括界定"汇率政策"的作用和性质。由于新的第四条款没有作出这样的界定，两份工作人员文件探索了这一问题：汇率政策定义是否可以扩大范围，以把所有对外汇市场中的供需条件产生影响的政策都包括在内。但是，两份工作人员文件得出的结论是，这将"无助于为国际货币基金组织的监督活动提供必要的侧重点。"最后，两份工作人员文件的起草者决定，关于《1977 年决定》中关键的原则 A 与新的第四条款保持一致，限定为禁止操纵汇率的规定。

在原则 A 的具体措辞上，国际货币基金组织内部也进行了激烈讨论。最初，两份工作人员文件的起草者认为，原则 A 的措辞应主要着眼于汇率效果，因此倾向于明确规定，"成员国不应实行阻止国际收支实现有效调整，或使本国对其他成员国享有不公平竞争优势的汇率。"对此，执董会意见出现了分歧，一些执董赞成上述措辞，另一些则认为应只是重申新的第四条在第 1（iii）款中作出的反操纵汇率规定，即"避免操纵汇率或国际货币制度来阻碍国际收支的有效调整或取得对其他成员国不公平的竞争优势。"最后的选择是重复第四条第 1（iii）款的措辞，其主要依据是，"看来最好是采用已经得到广泛讨论和认可的措辞"。

在完成上述讨论后，国际货币基金组织执董会于 1977 年 4 月 22 日通过了《1977 年决定》。《1977 年决定》留出了很大余地，以供国际货币基金组织根据成员国的具体情况作出判断，重点是监督的程序，希望通过监督来积累一整套经验。《1977 年决定》本身指出，其原则和程序"不一定全面，应根据经验对其进行检查"。《1977 年决定》因此规定，应每两年对其进行一次检查，并每年对国际货币基金组织的监督工作进行一次检查。

三、《2007 年新决定》的形成过程

《1977 年决定》是在固定汇率体系与浮动汇率体系交替期间妥协的结果。国际货币基金组织内部一直想对其进行改进，但困难重重。实际上，整个国际货币基金组织的工作都需要改革。21 世纪开始的时候，国际货币基金组织的前总裁拉托推动制定了国际货币基金组织《中期战略目标》（*Medium – Term Strategy*, MTS），并作为国际货币基金组织改革的纲领性文件。汇率监督改革成为 MTS 的重要内容之一。正是在这一背景下，《2007 年新决定》应运而生。

（一）差强人意的《1977 年决定》

《1977 年决定》的本意是成为指导国际货币基金组织汇率监督的具体程序性文件，使《国际货币基金组织协定》第四条款具有实际可操作性。但是限于当时的经济形势和各界对浮动汇率制度的理解程度，《1977 年决定》很多地方都语焉不详，执行起来困难较大。第一，由于当时国际货币基金组织还不清楚浮动汇率制度将如何演变，《1977 年决定》仅针对第四条款涉及的成员国部分政策，即"以国际收支为目的"的汇率政策。第二，它几乎未对国际货币基金组织在实施监督过程中的责任提供指导，没有明确监督的范围和形式，没有充分涉及执董会多年来确定的对有效监督至关重要的领域（如适当的侧重点、公平性和坦诚性）。第三，它将重点放在出于国际收支目的而进行的汇率操纵以及

短期汇率波动上。但自 1977 年以来，与汇率有关的最为普遍的问题是：出于国内目的维持币值高估的盯住汇率，国内财政政策和货币政策不协调，以及由国内资产负债失衡导致的资本账户脆弱性。

由于存在上述缺陷，国际货币基金组织一直试图对《1977 年决定》进行修改，其中正式审查就有 13 次，但几乎都虎头蛇尾、不了了之。只有 1995 年在墨西哥危机的冲击下，将"私人资本流动"列入汇率监督的关注内容。但这次修改未涉及监督的核心，仅能算做技术性的小修订。

在 1979 年的评估中，美国提议采取"更大胆的行动"来加强监督工作，并以促进全球经济增长、调整和价格稳定为目标建立全球战略，来评估每个成员国的汇率政策。这项提议的设想是，"凡任何国家，如果出现非常庞大的国际收支不平衡，无论是赤字还是盈余，都应提交一份分析报告，显示本国拟议如何化解这种不平衡，以供国际货币基金组织检查。"国际货币基金组织执董会最后决定不采纳这一提议，原因是"监督工作的成功完全取决于维护关系中的信心和信任"。国际货币基金组织工作人员也提出了一项替代办法，即七国集团（G7）中的每个国家应向国际货币基金组织提交一份量化的政策战略，但也未获得通过。

在 1986 年和 1987 年的评估中，国际货币基金组织作了另一次修改努力。代表发达国家的 10 国集团（G10）和代表发展中国家的 24 国集团（G24）分别提出了修改建议。10 国集团的报告主张更多地利用现有的补充监督程序；加强监督程序，以帮助成员国进行债务管理；更多地公布关于磋商结论的信息。24 国集团（G24）则在报告中建议，各主要货币应实行目标区制度，并建立一个机制，以供在指标显示汇率波动幅度过大或无序时进行政策协调。发达国家更注重以浮动汇率体系为基础，动用补充监督程序对汇率失衡的特例进行监督，并着重关注成员国（以发展中国家为主）的债务问题。这与 20 世纪 80 年代以拉美国家为代表的部分发展中国家危机频发有关。发展中国家更注重保持相对固定的汇率体系，这样，一方面可以避免发达国家货币之间的汇率波动对发展中国家造成冲击，另一方面也可以给发展中国家自身的汇率设定规则。

两个报告汇总，提出了三个改进方案，以更多地把那些不以影响汇率为直接目标的政策包括在内：方案一设定汇率目标或波动范围，以供国际货币基金组织向成员国提供指导，这实际上是布雷顿森林体系评价体系放松后的改良版；方案二设定若干"指标"，对成员国特定的国内政策变量的变动范围加以限制，这些限制可被设计成一种自动机制，用以启动国际货币基金组织对成员国的政策进行的检查；方案三更为详细地指明，什么样的行为可以构成操纵行为，并且把外汇干预之外的行为包括在内。

国际货币基金组织执董会对上述三个改进方案进行了讨论，其中方案二受到的支持最多，方案一受到的支持最少。当时的国际货币基金组织总裁雅克·德拉罗西埃（Jacques de Larosière）指出："支持指标想法的势头越来越大，这些指标不一定是量化的和僵硬的，而是更为系统性的准则，可以用来说明某种政策态势的特点，帮助国际货币基金组织发现偏差和不一致之处。"

就在万事俱备、只欠东风之时，1987 年 10 月 19 日，美国爆发了以"黑色星期一"[①] 为导火索的金融危机。受此影响，保持稳定现状的思路占了上风，对《1977 年决定》进行根本修订的势头最终消失，直到 2007 年。

（二）国际货币基金组织《中期战略目标》的制定

汇率监督规则的修订，与 21 世纪以来国际货币基金组织设定《中期战略目标》、推动国际货币基金组织本身的现代化改革密切相关。经前总裁拉托推动，2006 年 4 月，国际货币基金组织正式提出了中期战略目标的施行报告。

中期战略目标涵盖的主要问题包括：确立新的监督方向、国际货币基金组织在新兴市场国家中的角色、推动低收入国家更有效地参与国际货币基金组织活动、国际货币基金组织的治理、能力建设和中期预算六个方面。其中，监督的现代化改革被列为第一位，凸显其重要地位。国际货币基金组织的中期战略目标强调汇率问题的覆盖面，并以此作为加强国际货币基金组织监督功能的基石；特别是强调监督的最初目标："评价汇率政策和宏观经济政策与一国国内和国际经济稳定的一致性。

中期战略目标关于提高全球监督有效性的具体建议：一是采取新的多边磋商方式，促进各集团内部国家就系统重要性问题展开讨论；二是扩大国际货币基金组织内部汇率咨询小组（CGER）的评估范围，纳入所有主要新兴市场的货币；三是加强《世界经济展望》（WEO）和《全球金融稳定报告》（GFSR）对宏观经济风险及其相互作用的分析；四是制定地区工作计划，重点放在有关地区面临的主要政策问题上。在国家层面，中期战略目标指出：监督要选择重点，注重有效性，而不是面面俱到；要更深入地分析金融体系，在监督中采取多边视角，以及更多地考虑地区背景和国情。具体建议包括：在第四条款磋商报告中扩大金融部门问题的涉及面；制定滚动的多年期监督议程；对一些国家，每隔一年发表简化的第四条款磋商报告；加强关注外溢效应和跨国经验，增加第

---

① 1987 年 10 月 19 日，美国纽约股市突然崩盘，道琼斯指数从 2247 点跌到 1739 点，一个交易日内就下跌了 22.6%，史称"黑色星期一"。

四条款监督的多边性。

在中期战略目标中，拉托明确提出要对《1977 年决定》进行修改。他指出，改进国际货币基金组织监督职能的重点，一是修订《1977 年决定》，进一步明确国际货币基金组织对成员国政策的监督角色，并不只是针对汇率政策，也对经济的其他方面进行建议和监督；二是提高国际货币基金组织对汇率的分析能力。

（三）《2007 年新决定》的形成过程

《1977 年决定》的修改被提上日程后，国际货币基金组织开始着手研究具体的方案。修改的重点在于克服原来的弊端。为此，国际货币基金组织在 2006 年 6 月发布了《关于审查〈1977 年汇率政策监督决定〉的初步考虑》（本书附录三），对相关问题作了专门阐述，促进成员国之间达成共识。半年后，各成员国之间基本达成一致意见，新的规则势在必行，国际货币基金组织又发布了《对〈1977 年汇率政策监督决定〉的检查——进一步的考虑》（本书附录四），详细说明了《2007 年新决定》的框架。通过阅读这两个文件，我们可以充分了解修订工作的整个过程。但美中不足的是，这两个文件以英文的行文规则写成，有些晦涩。因此，本节中我们基于对国际货币基金组织汇率监督的理解，对整个过程作了提纲挈领式的阐述。

针对《1977 年决定》重点不明、覆盖范围小、力度不够的缺陷，国际货币基金组织将修改目标定为：一是引入"外部稳定"这一核心概念，以促进外部稳定为中心来重新构建监督框架，将监督范围从"以国际收支为目的汇率政策"扩展到"对目前和未来的外部稳定可能产生显著影响的政策"，既包括汇率政策，也包括货币政策、财政政策、金融部门政策和其他影响外部稳定的政策，相对应的，"汇率监督"的措辞也扩展为"政策监督"；二是明确"汇率操纵"的定义，并将其与"汇率根本性失衡"联系起来，同时强调运用特别监督程序来强化国际货币基金组织的监督力度，给监督"装上牙齿"。

在引入"外部稳定"这一核心概念方面，国际货币基金组织试图通过修改《1977 年决定》明确：监督的目标是汇率体系的稳定，而实现这一目标的最佳途径就是"每个成员国都实施能够促进本国外部稳定的政策"（《2007 年新决定》第 4 条）。外部稳定的定义被设定为"成员国的国际收支状况不可能导致汇率的破坏性波动（disruptive movement）的情形"。外部稳定的核心地位体现在以下几个方面：一是明确指出"在双边监督中，国际货币基金组织的重点是成员国采取的那些对目前或未来的外部稳定可能产生显著影响的政策"，以是否影响外部稳定为标准来界定双边监督的范围；二是专门新增了"成员国应避免采用导致外部不稳定的汇率政策"的原则 D。关于这一点还有一个小插曲，在国际货币基金组织起草的初稿中，原本希望增加两个新原则，原则 D 是"成员国应避免采取出于国内原因实施的，但导致外部不稳定（包括汇率根本性失衡）的汇率政策"；原则 E 是"成员国应努力避免采取导致外部不稳定（包括汇率根本性失衡）的货币、财政和金融部门政策"。但是几经讨论，初稿中的提法过于尖锐，"管得过宽、限得过死"，最后在正式稿中还是改成了相对笼统、缓和的措辞。而且，在双边监督的范围中还增加了"国内政策如促进国内稳定即是促进外部稳定"的描述性条款（《2007 年新决定》第 6 条）。

在"汇率操纵"和"根本性失衡"方面，国际货币基金组织在起草《2007年新决定》时积极争取给出明确定义。因为虽然《国际货币基金组织协定》第四条第 1（iii）款禁止成员国出于两种特定目的实施操纵——为阻止有效的国际收支调整，或者为获得对其他成员国不公平的竞争优势，但却未明确什么是"阻止有效的国际收支调整"或"获得不公平的竞争优势"。对此，国际货币基金组织工作人员提出，国际收支平衡指这样一种状态，即经常账户顺差或经常账户逆差等于资本流出或资本流入，以某种方式定义为正常或可持续，无须不当地限制经常账户国际交易或对这些交易的付款和转移，也无须不当地鼓励资本流入或流出，并且没有过度的失业。这种状况定义了均衡的（实际有效）汇率，决定了经常账户差额标准（Current Account Norm）。如果一国汇率具有阻止国际收支调整的效果，使经常账户偏离正常，就可以定义为"根本性失衡"的汇率。而操纵汇率以获得对其他成员国不公平的竞争优势的含义，则被界定为"以扩大净出口为目的而实施的政策"。竞争优势的具体体现是汇率存在根本性失衡（低估）。对于这一点，国际货币基金组织还提议相应修改监督参考指标，将外汇储备积累、汇率根本性失衡和经常账户持续出现大额顺差纳入监督参考指标。

对"汇率操纵"和"根本性失衡"讨论非常尖锐，并成为各成员国讨论的重点。一些经常账户顺差较大的国家强烈反对制定明确指标。最后，国际货币基金组织还是如往常一样选择了调和的道路，加入了"合理怀疑"条款和"国情与公平"条款。前者明确"判断是否存在根本性失调时，在存在合理怀疑时不作出不利于国家当局的判定"，后者明确"运用有关原则时将对成员国的国情以及公平实施监督的必要性给予应有的注意"。正是因为援引这两个条款，在国际货币基金组织企图根据《2007 年新决定》给一些国家贴上"汇率根本性失衡"标签时，有关国家坚决抵制，成功化解了来自国际货币基金组织的压力。

四、《1977 年决定》和《2007 年新决定》背后的逻辑

《1977 年决定》和《2007 年新决定》的制定过程充满曲折，必须以政治经济学的视角进行审视。从政治经济学的角度看，在一国内部，汇率是相关利益集团和拥有特定政治经济政策目标的政府之间相互博弈的结果；而在国际上，汇率则是大国实现或巩固有利于自己的世界政治经济安排的一个重要工具，国际汇率体系反映的是国际政治的权力结构；汇率不一定是客观价格的真实反映，而是与国家间的政治经济冲突相关①。但是，这两大决定对全球汇率体系从以固定汇率制为主向以浮动汇率制为主起了很大的推动作用，体现了西方主流的新古典主义经济学思潮。最后，所有的国际协定及其附属法律文件都是妥协的结果，这是国际外交的必然规律。

《1977 年决定》制定之初，布雷顿森林体系崩溃还不久。一方面，美国无力维持"双挂钩"旧体系，坚决推行黄金非货币化，为美元松绑，这客观上促成了浮动汇率体系的形成；另一方面，在变革中，很多国家对旧体制还心怀留恋。这导致《1977 年决定》在推动汇率监督改革的同时，也预留了回归固定汇率体系的口子。20 世纪 80 年代，欧洲国家和日本等国相对美国的经济实力进一步上升，货币国际化的程度也相对提高，追求固定汇率制的动力减少。这是当时国际货币基金组织内部频频要求修改《1977 年决定》的主要推动力。但美国 1987 年爆发的金融危机打断了这一势头。随后，东欧剧变，美国又成功孕育了新经济，美国相对实力大幅回升，汇率监督在整个 20 世纪 90 年代经历了平静时期。21 世纪的头十年中，新兴市场国家力量迅速壮大，而美欧在经济实力相对下滑时仍维持高消费，催生了全球经济不平衡问题。为了解决这一问题，西方国家主导的国际货币基金组织主张采取调节汇率的价格型手段，它们的矛头指向经常账户顺差大的非产油国。这是《2007 年新决定》出台的背景。

从新古典经济学的角度看，价格调节能够促使市场出清，采取相对灵活的汇率体制，并将汇率保持在与本国经济基本面相适应的水平是必要的。1977 年国际汇率体系走向浮动、2007 年强调外部稳定都是必要的。1977 年时，"特里芬悖论"无解，只有汇率浮动，国际金融体系才能再平衡。2007 年，全球经济失衡，的确需要用价格手段进行调节。

新古典经济学的角度从中长期看是正确的，以价格为基本手段配置要素、促进内外均衡的正当性无可辩驳。但是，国际货币基金组织 187 个成员国，各

---

① 《IMF 汇率监督制度研究》，见参考文献 [16]。

有各的国情。对于新兴市场国家而言，国际产业分工的调整、比较优势的发挥是历史的结果，它们没有刻意去追求持续的大额顺差；而汇率制度欠缺弹性，与这些国家经济形势复杂、不确定性大是很有关系的。在一个充满不确定性的世界里，保持政策稳定、实施"边走边看"的渐进改革是稳妥的选择。正是基于这些原因，《2007 年新决定》中也添加了新兴市场国家的声音。本轮金融危机的爆发加大了全球经济的不确定性，这让《2007 年新决定》改革的锋芒也有逐渐被磨平的可能。国际外交的冲突与妥协似乎是永恒的话题，在日益多元化的世界里，妥协可能要更多一些。

五、国际汇率监督的典型历史案例

考察典型案例有助于我们更好地了解上述两大决定的实施效力。其中，关于特别磋商的案例具体、生动，本节对其进行了详细描述。

为了处理"棘手情况"，即某个成员国的政策与原则之间的一致性引起疑问的情况，《1977 年决定》第五条规定了一套特别磋商程序（以下简称为"第五条程序"）。根据这一程序，国际货币基金组织总裁如果在两次第四条款磋商之间发现某个成员国的汇率政策不符合国际货币基金组织的汇率原则，应该非正式和不公开地向所涉成员国提出这个问题。他如果得出存在遵守规定问题的结论，则必须发起和进行与成员国之间的不公开的讨论，并向执董会提出报告，或非正式地向执董们通报讨论结果。二十人委员会在其 1978 年公报中对"第五条程序"明确表示支持。该公报在关于《1977 年决定》的评论中赞成性地指出："如果对于成员国的汇率政策是否符合商定的汇率原则出现疑问，应将特别予以注意"。

如果启动"第五条程序"，将意味着有关成员国可能没有遵守《1977 年决定》中规定的汇率原则，因此，这个程序从未启动过。然而在第二次修正获得通过之后，总裁和工作人员"急于显示国际货币基金组织监督工作的效力"，有两个个案为其提供了机会。

第一个个案是冰岛。1978 年 9 月，冰岛在其主要出口行业——渔业的竞争力严重下降之后，爆发了货币危机，从而不得不使本国货币贬值 15%。国际货币基金组织的工作人员撰写了一份关于冰岛汇率制度的报告，在报告中同意："当前的克朗贬值应有助于提高开放部门的竞争力"，但强调有必要"收紧财政政策"。这份详细讨论冰岛汇率行动的报告被列入执董会的议程。代表冰岛的国际货币基金组织执董在执董会会议上强烈反对"在抵制最小的地方进行特别监督"，这个立场得到其他执董的强有力支持。这个执董的主要担心是，冰岛是

17

"第一个也是唯一一个例子，使人们认为执董会应对一次简单的汇率变化进行审议"。这次会议在结束时没有产生会议总结，这个问题最后不了了之。

第二个个案涉及美国。1978年11月1日，美国联邦储备委员会发表了一篇新闻稿，其中公布了一套重要的政策，目的是扭转美元急剧贬值的趋势。国际货币基金组织的工作人员撰写了一份报告，其中概述了这套政策的影响，并得出结论指出，美国采取的行动有助于使外汇市场达到更好的平衡。在随后举行的一次执董会讨论中，执董们一致对这些政策表示欢迎。某些执董指出："……这是执董会第一次对汇率和一个主要成员国的基本政策进行特别监督"，而且"无论任何时候，只要某个主要国家中的事态发展对其他国家的经济产生重大影响，都应该进行这样的监督"。

在针对美国获得成功的经验之后，国际货币基金组织的执董会在1979年1月通过一项决定，以建立"补充监督程序"。这些程序规定，"无论何时，如果总裁认为某个成员国的汇率安排或汇率政策的改变或其汇率政策行为可能产生重大影响，或可能对其他成员国产生重大影响，则无论该成员国实行什么样的汇率安排，均授权总裁发起并进行与成员国之间的非正式和不公开的讨论。"总裁如果经过上述初步磋商，认为所涉问题很重要，只要情况允许，应该尽快发起和进行与所涉成员国之间的"特别磋商"，而且向执董会提出报告，或非正式地向执董们通报磋商结果。因此，补充监督程序在设计上与《1977年决定》的"第五条程序"相比，适用的情况要多得多。

尽管进行了这样的努力来减轻"第五条程序"磋商所引起的歧视，国际货币基金组织仅在补充监督程序之下进行了两次磋商（在这两次磋商中，执董会都没有发现所涉成员国违反了《国际货币基金组织协定》下的义务）：

1982年10月，瑞典使本国货币贬值将近16%，贬值幅度看来过大。国际货币基金组织的工作人员编写了一份情况介绍文件，将其呈交执董会。有几个执董敦促总裁动用"第五条程序"，原因是这次贬值看来没有正当理由。然而，执董会建议根据第四条款和1979年关于补充监督程序的决定举行一次特别磋商。工作人员编写了一份关于这次贬值的全面报告，其中的结论是，一次幅度较小的贬值将足以解决国际收支问题。执董会同意，"一次较为温和的变化将是适当的"，而且瑞典本应采取更多的财政措施和结构性措施来解决国际收支问题。他们强调，"不应把瑞典的个案视为一次孤立的经历，而是应该将其视为在广泛和没有歧视地针对所有成员国适用既定监督程序方面所作努力的一部分"。

1987年5月8日，国际货币基金组织总裁向执董会报告说，韩国经常账户状况最近好转，使人们对该国的汇率和其他对外政策的适当性产生疑问。他向执董会通报说，他已决定在韩国政府完全同意的情况下发起和进行与该国之间的补充磋商。令人感兴趣的是，特别磋商的原意是讨论在两次第四条款磋商之间出现的事态，但总裁提议把工作人员与韩国政府之间为补充磋商和第四条款磋商举行的讨论结合起来进行。工作人员在访问韩国之后不久编写了一份报告，通报了韩国政府为解决顺差问题准备实行的一整套政策。在随后举行的执董会讨论中，执董们注意到，顺差有助于减少韩国的外债存量，但建议加大汇率政策的使用力度。这些顺差在随后几年逐渐消失，所涉问题因而也不复存在了。

图 2-1 瑞典克朗对美元汇率走势

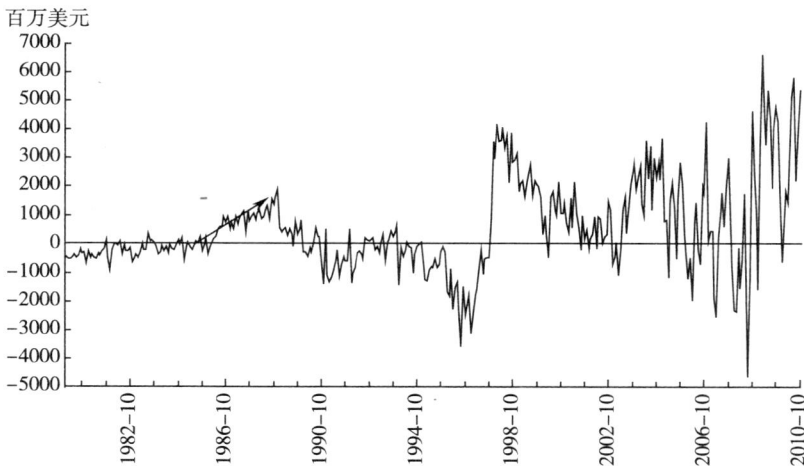

图 2-2 韩国经常账户变化

第三章　国际汇率监督的法理基础：
汇率主权让渡和争夺

一、汇率监督的定义

汇率监督一词的英文是"Surveillance over exchange rate policies"，直接源于国际货币基金组织《1977 年决定》。顾名思义，就是对一国汇率政策的监督。从法律上来说，《国际货币基金组织协定》没有设定监督的范围，即汇率政策没有严格的定义。但是，从《1977 年决定》的行文中明显可以看出，国际货币基金组织在制定《1997 年决定》时认为，汇率政策包括为国际收支目的采取的干预政策和其他外部政策以及为国际收支目的采取的"对资本流动的鼓励或限制超过正常限度的货币与其他国内金融政策"。

监督（surveillance）这一词语本身所包含的意思也值得探究。英文中"supervision"和"surveillance"都可以翻译成"监督"。但前者偏重于"实施领导、管理并进行督促"，是在被监督对象实施行动的过程中进行监督；而后者偏重于"进行调查，收集信息进行事后督导"。国际货币基金组织的汇率监督实际上做不到实时监控，只能基于事后收集信息进行督导。而且，国际货币基金组织的监督更多的是通过沟通、交流、劝说的形式进行的，强制性色彩比较弱。国际货币基金组织前经济顾问 Jacob Frenkel 认为，监督是个"恐怖"的词，给人的印象像是警察追罪犯。因此，监督应该用"合作、伙伴和磋商"代替①。

二、汇率监督的法理基础——汇率主权的让渡

（一）有关法律概念

狭义的汇率监督权是隶属于汇率主权的组成部分。但广义的汇率监督权包括对制订和执行一国汇率制度、汇率水平进行监督的权利，相当于汇率主权。本书中如无特别说明，汇率监督权均从广义理解，与汇率主权等同。

汇率主权源自货币主权。货币主权是指一国对其货币价值、货币发行、货

---

① 《IMF 汇率监督制度研究》，见参考文献［16］。

币流通、货币兑换等制度安排所拥有的权利，它代表着以铸币税为基础的、垄断货币发行权所带来的一组利益，即货币主权利益。货币主权有内外两个维度，表现为对内发行货币、决定货币价格水平和供应量，对外自主决定本国货币汇兑制度、汇率形成机制、汇率水平、与其他国家的货币合作等。汇率主权就是货币主权对外维度中的重要组成部分。

汇率主权具体指自主制订、执行和监督本国汇率制度、汇率水平的权利。因此，汇率主权可被细分为制订的权利、执行的权利和监督的权利。

从历史的角度看，货币走过了一条从商品货币逐步过渡到信用货币的历程。从早期以特定商品（如牛、羊、粮食、贝壳等）作为一般等价物用以计价结算，一直发展到以贵金属（尤其是黄金）作为货币，这是商品货币占据主导的阶段。此后，从国家垄断货币发行权，发行不足值的法币起，信用货币开始诞生，最初，商品货币与信用货币同时存在。信用货币的发展，尤其是国家对信用货币发行权的滥用逐步侵蚀了商品货币存在的基础。1971 年布雷顿森林体系崩溃，黄金不再承担货币职能，商品货币消逝，纸币、银行券、电子货币的兴起代表了人类社会从此彻底进入信用货币的时代。

从逻辑的角度看，从商品货币到信用货币是货币本质逐步明晰的过程。货币是对商品价值的计量、确认（确认的过程即支付的过程）和贮藏，本质上是商品交换者之间的一种认同与承诺，代表着不同利益主体之间的一种信任关系。因此，从商品货币到信用货币的发展，是货币逐步脱离其外在物质桎梏，回归其本质的过程。

因此，无论从历史的视野还是从逻辑的角度看，从商品货币到信用货币的发展都是必然的过程。信用货币的产生意味着以铸币税为代表的政治、经济利益也随之产生。利益的产生必然伴随着对该利益的争夺和对如何分配的界定，而货币主权本质上就是对以铸币税为代表的政治、经济利益的争夺和界定。

汇率监督的管辖权即是对汇率监督权归属的界定，实际上等同于汇率监督权。因此，如无特别说明，汇率主权、汇率监督权和汇率监督的管辖权是可相互替代的概念，一般表述为汇率监督权。

（二）汇率监督权的让渡

作为一种权力，汇率监督权可以在不同主体间进行让渡。按让渡的程度，可分为完全让渡汇率监督权、部分让渡汇率监督权和完整拥有汇率监督权三类。

完全让渡汇率监督权是指一国货币当局通过特定的制度安排，基本失去了监督本国汇率制度和汇率水平的权利。逻辑上，在商品货币的时期，由于信用货币尚未产生，货币主权尚未确立，因此商品货币时期是国家完全没有汇率监督权的时期。信用货币产生之后，随着以铸币税为代表的货币主权利益的确立，国家对货币主权和汇率主权的争夺日趋白热化，完全让渡汇率监督权的情况日益减少，但仍有部分国家实行完全让渡汇率监督权的制度。在严格的金本位制时期，由于各国货币价值与其含金量严格吻合，因此各国就失去了汇率主权。在布雷顿森林体系下，由于实行"双挂钩"（美元与黄金挂钩，其他国家货币与美元挂钩）的制度安排，其实质是一种金本位的体系，因此各国也没有汇率主权。布雷顿森林体系崩溃之后，仍有部分国家实行完全让渡汇率监督权的制度安排，最典型的例子就是部分以美元作为本国货币的中美洲国家和欧元区国家，由于并不拥有发行本国货币的权利，相应地，也就没有汇率监督权。另外一个例子就是货币局制度。货币局制度由于实行以外汇储备为发行保证（一般为100%的保证金）、盯住"锚货币"的制度，虽然货币当局被赋予监督本国货币与"锚货币"间维持固定汇价的职责，但在事实上货币当局受制于"锚货币"国的货币政策，不能自主决定货币供应和汇率水平，实际上已失去了对本国货币发行和汇率水平的主导权，因此也属于完全让渡汇率监督权的典型。

部分让渡汇率监督权是指通过国家间的协议等制度安排，一国将部分汇率监督权让渡给其他国家或超国家的组织（如国际货币基金组织等国际组织），从而该国拥有不完整的汇率监督权。牙买加体系即是各国让渡部分汇率监督权的代表，国际货币基金组织成员国通过签署《国际货币基金组织协定》，将其汇率主权的一部分让渡给国际货币基金组织，从而形成了国际货币基金组织对各国汇率进行监督的权力。

完整拥有汇率监督权是指一国拥有汇率监督的全部主权，可以自主决定该国的汇率体制和汇率水平。原则上，目前世界上尚未加入任何形式的国际货币协定的国家都拥有完整的汇率主权。

（三）主权让渡与国际组织汇率监督权的来源

随着经济、金融的全球化，一国的经济活动日益越过主权国家界线，跨国往来已日渐成为常态，经济主权的边界开始模糊。在此背景下，固守主权的绝对性已不适合全球化的发展趋势。主权的相对性、主权的消亡等理论甚嚣尘上。本书不打算深究有关主权绝对性与相对性之间的关系，反之，本书把主权看成一个主权国家对其利益的占有及相应地对利益边界的界定。之所以以主权来命名这类权力也仅仅是为了表现这是国家所拥有的权力而已，主权在本质上仍是一种权力。在此基础上，主权让渡是指主权国家将部分主权权力转让给他国或国际组织等行使的一种主权行使方式。本书意义上的主权让渡的历史可追溯到国家产生时期，但真正作为一个问题被重视和研究还应追溯到20世纪初，第一次世界大战后国际联盟对战争权的限制可谓是主权让渡的早期尝试。第二次世界大战后的联合国成立、关贸总协定和此后的世界贸易组织、国际货币基金组织、世界银行等一系列国际组织的成立都是主权让渡理论在现实中的应用。

正是由于主权国家向国际组织让渡了部分主权，这构成了国际组织跨国监管权力的源泉。相应地，各主权国家通过签订国际协议让渡部分汇率主权的行为，正构成了国际组织拥有的汇率监督权的来源。从法理上，国际组织拥有的汇率监督权的范围直接受制于国际协议的规定，它不能超出国际协议的规定。

三、汇率监督权之争

（一）国际组织与主权国家对汇率监督权的争夺

从货币本质角度，国际组织与主权国家的汇率监督权之争是超主权信用与主权信用的争夺，是货币本质自我显现和拓展的过程。货币是对商品价值的计量、确认（确认的过程即支付的过程）和贮藏，本质上是商品交换者之间的一种认同与承诺（即信用），代表着不同利益主体之间的一种信任关系。从商品货币到信用货币的发展，是货币逐步脱离其外在物质桎梏，回归其本质的过程。而伴随着商品经济向全球的扩展，货币所代表的信用关系也必然随之扩展，从作为主权信用的体现向超主权信用拓展。从货币本质自我实现的意义上，从主权信用向超主权信用的发展是不可阻挡的历史趋势，我们最多能改变这种发展的方式——将已有的主权信用培育为超主权信用或重新创设另一种超主权信用。

从利益角度，国际组织与主权国家的汇率监督权之争是不同组织对货币主权利益的争夺。货币主权利益就是伴随信用货币产生的以铸币税为基础的一系列利益的总和，包括创造支付手段的自主权、无限融资的权利（如货币当局通过发行货币可不断创造出购买力，由于表现为其资产负债表中的负债，因此可看做货币当局融资的权利）、铸币税等。利益一旦产生，必然会引起争夺，从而形成不同组织间就利益划分的边界。从这个意义上，国际组织与主权国家对汇率监督权的争夺实际上就是两类组织对货币主权利益的争夺，只要组织不消亡或利益不消失，这种争夺必然不会消亡，我们最多积极参与此项争夺，谋取自己的最大利益。

（二）国际组织之间对汇率监督权的争夺

1. 国际货币基金组织及其汇率监督权

正如本章第二节所阐述的，由于主权国家向国际组织让渡了部分主权，这构成了国际组织跨国监管权力的源泉。相应地，各主权国家通过签订国际协议让渡部分汇率主权的行为，正构成了国际组织拥有的汇率监督权的来源。具体而言，目前国际货币基金组织所拥有的汇率监督权主要渊源于《国际货币基金组织协定》及其配套、附属协议。

1976 年，国际货币基金组织"国际货币制度临时委员会"在牙买加召开会议，就布雷顿森林体系崩溃后若干重大的金融问题达成协议，对未来国际货币体系的发展进行勾勒。1978 年 4 月，"牙买加协议"生效，对 1944 年的《国际货币基金组织协定》进行了修订，形成了延续至今的"牙买加体系"。修订后的《国际货币基金组织协定》提供了国际货币基金组织对其成员国汇率进行监督的权力。该协定中对国际货币基金组织汇率监督权的规定为第四条款、第八条款和第十四条款，主要体现在第四条款中。第四条第 3 款"对汇兑安排的监督"赋予了国际货币基金组织对其成员国汇率进行监督的权力，它规定："a. 国际货币基金组织应监督国际货币制度，以保证其有效实施，并监督各成员国是否履行了本条第 1 款规定的义务。b. 为了履行上述 a 项规定的职能，国际货币基金组织应对各成员国的汇率政策实行严格的监督，并制定出具体原则，以在汇率政策上向各成员国提供指导。各成员国应该向国际货币基金组织提供为监督所必要的资料，在国际货币基金组织提出要求时，应就成员国的汇率政策问题与国际货币基金组织进行磋商。"

为增强汇率监督的可操作性，国际货币基金组织根据该协定的第四条款，在 1977 年 4 月 29 日制定了《1977 年决定》，并于 1987 年、1988 年和 1995 年三度修正，对其成员国汇率政策的指导原则、国际货币基金组织对汇率政策的监督原则和监督程序等作出了具体规定。2007 年 6 月 21 日，国际货币基金组织通过了《2007 年新决定》，以此取代《1977 年决定》，以适应不断演进的世界金融形势和国际货币体系，加强问责制，增强国际货币基金组织的汇率监督权。2008 年 8 月 4 日，为进一步指导工作人员行使汇率监督权，国际货币基金组织编写了《关于 2007 年监督决定所涉操作问题的指导》，总结了《2007 年新决定》实施一年来发现的问题，进一步阐释了"外部稳定"、"汇率操纵"等关键概念，增强了汇率监督的操作性。

目前，国际货币基金组织以"外部稳定"为核心划定汇率监督的范围，从原则上讲，凡是可能导致成员国"外部不稳定"的政策都是国际货币基金组织进行监督的对象，包括汇率、货币、财政和金融部门政策，也包括显著影响当前或未来外部稳定的其他政策。因此，在"外部稳定"的口号下，国际货币基金组织原则上几乎可以监督成员国的一切政策。主要可归纳为对成员国汇率制度的监督和对汇率水平的监督。

2. 世界贸易组织及其汇率监督权

作为一个超主权的国际组织，世界贸易组织的权力也必然来自各主权国家的让渡。具体而言，世界贸易组织的汇率监督权主要来自于《1994 年关税与贸易总协定》（以下简称 GATT1994）的有关规定。

世界贸易组织的前身是《关税与贸易总协定》（General Agreement on Tariff and Trade，GATT，简称《关贸总协定》）。在法律意义上，《关贸总协定》仅仅是一项各国政府间的"协定"，不是一个国际组织。但事实上在《关贸总协定》的基础上形成了一个国际组织，它的总部设在瑞士的日内瓦，有常设的秘书处，有缔约方常驻代表组成的理事会以及每年召开的缔约方大会，是各缔约方处理贸易关系的法律架构、贸易谈判的场所和运用其法律体制调解和解决贸易争端的机构。1993 年 12 月 15 日，《关贸总协定》第八轮多边贸易谈判（乌拉圭回合）达成了《关于建立世界贸易组织的协议》，并于 1995 年 1 月 1 日正式成立。这正式宣告了《关贸总协定》在历经半个世纪风雨后，成功完成了历史使命，而建立世界贸易组织的梦想也在历经艰辛之后终于实现。

世界贸易组织以切实降低关税和其他贸易壁垒，在国际贸易关系中消除歧视待遇，建立一个完整的、更有活力的和持久的多边贸易体系为宗旨，秉持非歧视原则、稳定性和可预见性、促进公平贸易、鼓励发展和经济改革等原则。世界贸易组织的法律体系主要由一部基本法（《关于建立世界贸易组织的协议》）、两项程序法（《争端解决规则与程序的谅解》、《贸易政策审议机制》）、三部部门法（《关贸总协定》、《服务贸易总协定》、《与贸易有关的知识产权协定》。这三部部门法也被称为"三大协定"）及其配套、附属协议构成。其中《关于建立世界贸易组织的协议》的附件主要包括多边货物贸易协议（即《1994 年关税与贸易总协定》及其 12 个配套协议）、《服务贸易总协定》、与贸易有关的知识产权协定、相关的争端解决机制和贸易政策审议机制文件等 21 项协定或协议。而关于汇率监督权的规定就主要体现在《1994 年关税与贸易总协定》中。

《1994 年关税与贸易总协定》中涉及"外汇安排"的有第 12 条"为保障国际收支而实施的限制"，第 18 条"政府对经济发展的援助"和第 15 条"外汇安排"，主要体现在第 15 条规定中。《1994 年关税与贸易总协定》第 15 条"外汇安排"由 9 个条款组成，但其核心为第 4 款。以下对第 15 条作简要介绍：

第 1 款规定了世界贸易组织缔约方具有在外汇问题上寻求与国际货币基金组织合作的义务，以便在国际货币基金组织主管的外汇问题和世界贸易组织主管的数量限制和其他贸易措施之间推行一个协调一致的政策。

第 2 款规定了世界贸易组织在审议或处理与货币储备、国际收支或外汇安排有关的问题时应遵循的指导原则：应与国际货币基金组织进行充分磋商，接受国际货币基金组织提供的关于外汇、货币储备或国际收支的所有统计或其他事实的调查结果，并应接受国际货币基金组织有关一缔约方在外汇问题方面采取的行动是否与《国际货币基金组织协定》或该缔约方与缔约方全体之间订立的特殊外汇协定条款相一致的判定。具体而言，缔约方全体在形成最后决议时，应接受国际货币基金组织关于哪些内容造成该缔约方货币储备严重下降、其货币储备水平非常低，其货币储备合理增长率的确定，以及在此类情况下磋商中涵盖的其他事项在财政方面的判定。

第 3 款规定了与国际货币基金组织的磋商程序的确定：应寻求与国际货币基金组织就本条第 2 款下磋商的程序达成协议。

第 4 款是《1994 年关税与贸易总协定》第 15 条的核心，它阐明了第 15 条的精髓：各缔约方不得通过外汇措施使本协定各项条款的意图无效，也不得通过贸易行动使《国际货币基金组织协定》的各项条款的意图无效。通过这一款，把《1994 年关税与贸易总协定》和《国际货币基金组织协定》的精神统一起来，从而成为这两个国际组织相互配合、相互合作的法理基础。第 9 款进一步阐述了这个原则：本协定不得妨碍①一缔约方依照《国际货币基金组织协定》（或该缔约方与缔约方全体订立的特殊外汇协定）使用外汇管制或外汇限制；②一缔约方对进出口实行的限制或管制——除第 11 条、第 12 条、第 13 条和第 14 条所允许的作用之外——其唯一作用是使此类外汇管制或外汇限制有效。

第 5 款规定了对违反第 4 款原则的处理办法：如缔约方全体认为，一缔约方正在实施的有关进口支付和转移方面的外汇限制与本协定对数量限制所规定的例外不一致，则它们应就此向国际货币基金组织报告。

第 6、7、8 款规定了世界贸易组织缔约方应取得国际货币基金组织成员国资格的问题及例外的处理办法：①非国际货币基金组织成员国的任何缔约方应在缔约方全体与国际货币基金组织磋商后确定的时间内成为国际货币基金组织成员国。②如不能成为成员国，应与缔约方全体订立特殊外汇协定。③如一缔约方被终止了国际货币基金组织成员国的资格，则其应立即与缔约方全体订立特殊外汇协定。④没有国际货币基金组织成员国资格的缔约方应提供为履行在本协定项下的职责而可能被要求提供的《国际货币基金组织协定》第八条第 5 款所规定的一般范围的信息。

对于特殊外汇协定，《1994 年关税与贸易总协定》第 15 条也作了规定：（1）一缔约方与缔约方全体订立的特殊外汇协定应成为其在本协定项下义务的组成部分。（2）此特殊外汇协定应使缔约方全体确信，所涉缔约方在外汇事项上采取的行动不会阻碍本协定的目标。（3）任何此种特殊外汇协定的条款不得使缔约方在外汇事项上承担的义务普遍严于《国际货币基金组织协定》要求国际货币基金组织成员国承担的义务。

世界贸易组织的汇率监督权主要表现在《1994 年关税与贸易总协定》第 15 条第 4 款：各缔约方不得通过外汇措施使本协定各项条款的意图无效，也不得通过贸易行动使《国际货币基金组织协定》的各项条款的意图无效。该款界定了世界贸易组织汇率监督权的范围：凡是使本协定各项条款意图无效的外汇措施均在世界贸易组织汇率监督的管辖范围之内。尽管在 GATT 的早期，GATT 和国际货币基金组织之间的分工曾经被认为应当"依据政府措施的技术特性而非这些措施对国际贸易和国际金融的影响"[1]，但在 1981 年，GATT 收支平衡委员会（Balance of Payment Committee）得出了这样的结论：如果一项政府措施，尽管采用的是货币政策的形式，但却具有贸易效果，那么这个措施可以被认为是为了收支平衡而采取的贸易措施。[2] 所以，虽然世界贸易组织的管辖范围在国际贸易领域，但由于汇率问题是影响国际贸易，进而影响一国国际收支平衡的重要因素，因此，世界贸易组织对汇率的监督权具有法律的基础。

世界贸易组织对成员国进行汇率监督的手段取决于对"外汇措施"的不同理解。

《1994 年关税与贸易总协定》第 15 条中涉及外汇的表述有"外汇"、"外汇安排"、"外汇协定"、"外汇限制"、"外汇管制"和"外汇措施"。这其中存在一个问题：这里使用的"外汇"是仅指货币兑换支付，还是兼指货币之间兑换的比率和比价，即外汇是仅指汇率制度，还是包括汇率水平在内？如果"外汇"仅指货币兑换支付（即汇率制度），则世界贸易组织的监督权仅限于汇率制度；如果"外汇"还兼指货币之间兑换的比率和比价，即包含汇率水平的内容，则世界贸易组织对汇率制度和汇率水平均有监督权。

世界贸易组织行使汇率争端的最有效手段就是提交世界贸易组织争端解决机制。根据《争端解决规则与程序的谅解》第 1.1 条规定，世界贸易组织争端解决机制的管辖范围包括与下列贸易协定有关的争端：《世界贸易组织协定》、多边货物贸易协定（包括《1994 年关税与贸易总协定》等）、《服务贸易总协

---

① GATT，B. I. S. D.（3rd Supp.）at 170，196（1955）．转引自贺小勇、管荣：《WTO 与 IMF 框架下人民币汇率机制的法律问题》，2010 年版，第 127 页。

② 参见 World Trade Organization，The Resolutions of the Uruguay Round of Multilateral Trade Negotiations：The Legal Texts，pp. 435 – 436（1994）。转引自贺小勇、管荣：《WTO 与 IMF 框架下人民币汇率机制的法律问题》，127 页，2010。

定》、与贸易有关的知识产权协定、《争端解决规则与程序的谅解》。可见，由汇率问题引发的贸易争端正位于世界贸易组织争端解决机制的管辖范围之内。虽然在实践上还没有因汇率而诉诸争端解决机制的先例，但在理论上，世界贸易组织完全可以引用争端解决机制来行使其汇率监督权。

3. 国际货币基金组织和世界贸易组织关于汇率监督权之争

（1）国际货币基金组织和世界贸易组织的汇率监督合作关系

在国际贸易中，外汇措施与贸易管制措施往往具有交叉重叠的效果，即贸易的目的可以通过外汇的手段来实现，而外汇的目的也可以通过贸易的手段来达成。这种效果上的交叉就构成了主管国际货币事务的国际货币基金组织和主管国际贸易事务的世界贸易组织之间合作管辖的基础。在法律上，国际货币基金组织和世界贸易组织均设置了相关条款来规范这种合作关系。

1948 年 8 月，国际贸易组织（ITO）临时委员会准备了一份《国际贸易组织和国际货币基金组织临时工作安排的修改草案》，该草案规定了关于互相给予观察员地位及磋商要求的条款①。1948 年 9 月，国际贸易组织临时委员会又起草了一份《关于国际贸易组织和国际货币基金组织关系的协议》，规定了双方进行磋商的义务、两个机构之间的政策协调机制、为确保政策协调而建立适当的组织框架（如相互陈述及沟通、共同委员会）等②。但由于国际贸易组织最终未能成立，因此贸易组织和货币组织之间未能建立起正式的合作关系。

在 GATT 机制下，加强与国际货币基金组织合作的努力被继续推动。GATT 下的十八国咨询小组（Consultative Group of Eighteen）的主要职责之一就是便利 GATT 和国际货币基金组织之间的协调。该小组的 1983 年报告指出："为促进 GATT 和国际货币基金组织的合作，GATT 可以做的贡献包括：确保国际货币基金组织及时了解贸易政策中的问题，从而使国际货币基金组织可以与其成员进行讨论，并能够在与成员进行讨论时更好地将其成员各自面临的经济环境考虑在内……"③

在世界贸易组织法律体系下，世界贸易组织与国际货币基金组织的合作与互补关系在世界贸易组织的宪章性文件中有直接的规定。在宣布乌拉圭回合谈

---

① 参见 U. N. Doc. ICITO/EC. 2/2/Add. 2，Rev. 1（dated on Aug. 14，1948）。转引自贺小勇、管荣：《WTO 与 IMF 框架下人民币汇率机制的法律问题》，2010 年版，第 129 页。

② 参见 U. N. Doc. ICITO/EC. 2/SC. 3/6（dated on Sep. 4，1948）。转引自贺小勇、管荣：《WTO 与 IMF 框架下人民币汇率机制的法律问题》，129 页，2010。

③ GATT, B. I. S. D.（26th Supp.）at 99（1980）.

判完成的 1994 年《马拉喀什宣言》（*Marakesh Declaration*）中，部长们一致确认，"他们决心为在贸易、货币和金融领域达成更好的全球政策协调而努力，包括为此目的在世界贸易组织、国际货币基金组织和世界银行之间进行合作"①。《关于建立世界贸易组织的协定》第三条第 5 款规定："为了使全球经济政策保持更高的一致性，世界贸易组织应根据需要与国际货币基金组织、国际复兴开发银行及其附属机构进行合作"，并应"充分尊重这些机构的强制性规范、保密性要求以及决策方面的自主性，避免为（共同成员方）政府设置交叉性限制或额外条件"。《关于建立世界贸易组织的协定》为世界贸易组织与国际货币基金组织的合作奠定了法律基础。

对国际货币基金组织来说，由于《国际货币基金组织协定》的订立在 GATT 成立之前，因此它并没有就其与世界贸易组织的关系问题作出规定。但是其协定的第十条款"与其他国际组织的关系"规定："国际货币基金组织应在本协定条文范围内，与一般的国际组织和在有关领域内负有专门责任的公共国际组织进行合作。"这一条款就为国际货币基金组织与世界贸易组织的合作提供了基础。而 1947 年国际货币基金组织与世界贸易组织之间的一个换文正式确立了国际货币基金组织同意世界贸易组织的请求，承担就货币储备、国际收支或外汇安排方面与世界贸易组织进行磋商的义务。1996 年，国际货币基金组织与世界贸易组织更是达成了合作协议，从而取代了换文，构成了国际货币基金组织答复义务的法律基础。1996 年达成的合作协议第 4 节规定："国际货币基金组织同意参加世界贸易组织收支平衡限制委员会所提出的有关世界贸易组织成员方为保障收支平衡而采取的措施的磋商。对于此类磋商，国际货币基金组织参与的现有程序应继续并可以做适当调整……"合作协议第 8 节还规定："……国际货币基金组织对于其管辖范围内的外汇措施是否符合《国际货币基金组织协定》，应以书面形式通知世界贸易组织的有关机构（包括争端解决专家组）。"

（2）世界贸易组织和国际货币基金组织关于汇率监督之争的法律基础

如前所述，世界贸易组织和国际货币基金组织都拥有对成员国汇率进行监督的权力，在具体行使过程中，在理论上必然会产生相互重合、甚至相互争夺权力的情况。虽然历史上并未出现两大组织之间就汇率问题相互争执的现象，但这并不足以保证以后不会出现类似问题。

---

① World Trade Organization, The Results of the Uruguay Round of Multilateral Trade Negotiations: The Legal Text ⅳ (1994).

世界贸易组织和国际货币基金组织在汇率监督权上的交叉与重合主要体现在《1994 年关税与贸易总协定》第 15 条的规定上。由于国际货币基金组织是负责管理国际货币体系的国际组织，汇率监督是其必不可少的权力。而世界贸易组织作为管理国际贸易的组织，其主要职责不在汇率监督上。两个组织的不同定位决定了其在汇率监督上的主次地位：原则上，国际货币基金组织应该是实施汇率监督的主要机构，世界贸易组织处于辅助、从属和配合的地位。这一点，《1994 年关税与贸易总协定》第 15 条第 2 款和第 5 款作了明确的规定。第 2 款规定，世界贸易组织必须就汇率问题与国际货币基金组织进行磋商，并接受国际货币基金组织的结论，在缔约方全体被提请审议或处理有关货币储备、国际收支或外汇安排问题的所有情况下，它们应与国际货币基金组织进行充分磋商。在此类磋商中，缔约方全体应接受国际货币基金组织提供的关于外汇、货币储备或国际收支的所有统计或其他事实的调查结果，并应接受国际货币基金组织有关一缔约方在外汇问题方面采取的行动是否与《国际货币基金组织协定》或该缔约方与缔约方全体之间订立的特殊外汇协定条款相一致的判定。缔约方全体在对涉及第 12 条第 2 款（a）项或第 18 条第 9 款所列标准形成最后决定时，应接受国际货币基金组织关于哪些内容造成该缔约方货币储备的严重下降、其货币储备水平非常低，其货币储备合理增长率的确定，以及在此类情况下磋商中涵盖的其他事项在财政方面的判定。第 5 款规定，世贸组织在外汇限制问题上有向国际货币基金组织报告的义务："如缔约方全体认为，一缔约方正在实施的有关进口的支付和转移方面的外汇限制与本协定对数量限制所规定的例外不一致，则它们应就此向国际货币基金组织报告。"

然而，由于国际货币基金组织是"软法"性质明显的组织，以对话和劝说为主要监督手段，缺乏必要的强制执行的能力，对成员国的约束力不强，因而不能满足某些国家进行汇率施压的目的。反之，世界贸易组织由于具有争端解决机制，因而是"有牙齿"的组织，拥有制裁成员国的手段。因此，如何打通国际货币基金组织与世界贸易组织在汇率监督上的法律障碍，借世界贸易组织的"刀"行国际货币基金组织的汇率监督权就日益成为现实的问题，尤其在某些西方国家的推动下，这种"借刀杀人"的需求日益强烈。

（3）2007 年汇率监督框架与《1994 年关税与贸易总协定》第 15 条的实施

2007 年汇率监督框架针对 1977 年《汇率政策监督的决议》存在的不足进行了完善，主要表现在引入"外部稳定"概念并将其作为统领原则、强调和明确界定了汇率根本性失衡、诠释了汇率操纵概念、增加了指导成员国汇率政策的 D 原则等几个方面。这些修改的内容增强了国际货币基金组织监督职能的可实施性，增加了国际货币基金组织对其成员国汇率安排作出判定的可能，从而在一定程度上明确了《1994 年关税与贸易总协定》第 15 条被激活的条件，增加了《1994 年关税与贸易总协定》第 15 条被实施的可能。

1）经常项目平衡与国际收支

《1994 年关税与贸易总协定》第 15 条第 2 款规定了在审议和处理有关货币储备、国际收支或外汇安排问题时，世界贸易组织应与国际货币基金组织进行充分磋商，并接受国际货币基金组织的相关判定。这就架起了激活《1994 年关税与贸易总协定》第 15 条的桥梁，为实施第 15 条提供了途径。本文先探讨在国际收支问题上新汇率监督体系可能的影响。

2007 年国际货币基金组织通过的《对成员国政策双边监督的决定》第二部分列举了 7 项指标，以对成员国是否遵守汇率的指导原则作进一步的审查，若出现这 7 种情形，国际货币基金组织将与成员国举行磋商。其中第 6 项指标就是关于经常项目平衡的，规定一成员国若出现大量和持续的经常项目逆差或顺差时，国际货币基金组织需要给予关注。作为国际收支表中的重要一项，经常项目的平衡状况直接影响到国际收支的平衡。如果一国出现大量的和持续的经常项目逆差或顺差，就会引起国际货币基金组织的关注，有可能引致国际货币基金组织与该国进行特别磋商并作出"汇率根本性失衡"和导致"外部不稳定"的结论。在此种情况下，世界贸易组织就可能依据《1994 年关税与贸易总协定》第 15 条得出该国借国际收支失衡影响正常的国际贸易秩序，从而取得对外竞争优势的判断，也就是违背第 15 条第 4 款所列"缔约方不得通过外汇措施而使本协定各项条款的意图无效"，进而引致包括引用贸易争端解决机制在内的一系列后续惩罚措施。

2）外汇市场干预与货币储备

《对成员国政策双边监督的决定》所列 7 项指标的第一项就是在外汇市场进行持续、大规模的单向干预。该项指标在制订过程中还对这种干预特别加上了"特别是伴有对冲"（particularly accompanied by sterilization）的措辞，虽然正本把这个措辞删除了，但这一指标仍然表明了国际货币基金组织在监督中重点关注伴有对冲的持续、大规模的单向干预。伴有对冲的干预是指采取发行票据等方式减少市场的流动性，以抵消因外汇储备增长而带来的流动性的增加，或向市场注入流动性以抵消外汇储备减少而带来的流动性的减少。这种干预直接针对外汇储备（或称货币储备）的变化，妨碍了因外汇储备变化导致的国内价格的调整，进而不仅妨碍了名义有效汇率的调整，也妨碍了实际有效汇率的调整，从而变相地获得了对外竞争的优势。当然，并不是所有的对冲都是需要关注的，只有伴随着汇率失衡的持续、大规模的单向干预才是需要关注的，国际货币基金组织可以据此得出该成员国存在"汇率根本性失衡"的结论，该结论可能被世界贸易组织所引用，用以启动对该成员国是否违背《1994年关税与贸易总协定》第15条的审查。

3）汇率根本性失衡与国际收支

《对成员国政策双边监督的决定》的第5项指标明确了"汇率根本性失衡"，《2007年监督决定的操作指南》中又对"汇率根本性失衡"的判定和处理原则作了明确。根据《对成员国政策双边监督的决定》，一国汇率根本性失衡应满足三个条件：一是汇率出现结构性失衡；二是结构性失衡显著；三是对显著的结构性失衡的判断没有任何"合理怀疑"（reasonable doubt）。而汇率失衡是否"显著"的关键是经常项目失衡是否显著，但"显著"没有数值界定。一旦国际货币基金组织发现成员国的汇率水平满足"根本性失衡"的条件，国际货币基金组织均应使用"根本性失衡"的表述，除非可能导致的经常账户失衡与实际汇率的变化几乎无关。由此可见，国际收支中经常账户的失衡直接影响到对汇率"根本性失衡"的判定，而一旦国际货币基金组织作出了正式判定，世界贸易组织就有可能据此启动针对《1994年关税与贸易总协定》第15条的审查。

4）汇率操纵与《1994年关税与贸易总协定》第15条第4款

国际货币基金组织在《对成员国政策双边监督的决定》中对汇率操纵的含义作了明确界定，并力图作出符合现实需要的诠释。构成汇率操纵需要符合主观和客观方面的条件：第一，客观上，操纵汇率仅通过目的在于影响汇率水平并且实际影响了汇率水平的政策实施。操纵可能造成汇率变动，也可能阻止这种变动。第二，主观上，对于操纵其汇率的某个成员国，只有在国际货币基金组织认定这种操纵是"为阻止有效的国际收支调整或取得对其他成员国不公平的竞争优势"而实施时，才违反了《国际货币基金组织协定》第四条第1款第3项的规定。而只有在满足以下两个条件的情况下，该成员国才被认为是为了取得对其他成员国不公平的竞争优势：该成员国是为造成汇率低估的汇率根本性失衡而实施这些政策，并且造成这种失衡的目的在于扩大净出口。第三，国际货币基金组织对汇率操纵行为的评估要依据证据，而且在存在合理怀疑的情况下不能作出不利于成员国的判定。

虽然新监督体系对国际货币基金组织作出汇率操纵的判定设置了诸多的限制，但通过对汇率操纵的明确界定，仍增加了国际货币基金组织对某个成员国作出汇率操纵判定的可能。汇率操纵直接影响了一国的汇率水平，改变了该国产品在对外贸易中的竞争力，从而直接违背了《1994年关税与贸易总协定》第

15 条第 4 款"各缔约方不得通过外汇措施使本协定各项条款的意图无效"的规定，这就增加了世界贸易组织提起制裁的可能。

5）汇率水平与外汇措施

近年来，美国国会屡次要求把人民币汇率问题诉诸世界贸易组织争端解决机制，但一直未能如愿，其中最大的原因是无法解决一个法律上的难题：无法界定汇率水平与外汇、外汇安排和外汇措施之间的关系。《1994 年关税与贸易总协定》第 15 条中涉及外汇的表述有"外汇"、"外汇安排"、"外汇协定"、"外汇限制"、"外汇管制"和"外汇措施"，这其中存在一个问题：这里使用的"外汇"是仅指货币兑换支付，还是兼指货币之间兑换的比率和比价？如果"外汇"仅指货币兑换支付，那么汇率水平就不包括在外汇措施范围之内，世界贸易组织也就无法援引《1994 年关税与贸易总协定》第 15 条对一国的汇率水平与国际贸易之间的问题作出审查。如果"外汇"还兼指货币之间兑换的比率和比价，即包含汇率水平的内容，那么外汇措施就包括对汇率水平的操纵，也即对一国货币贬值或升值的操纵，如此一来，世界贸易组织就可以援引《1994 年关税与贸易总协定》第 15 条对成员国的汇率水平及对国际贸易的影响进行审查。

在这个问题上，各方向来有不同的理解。例如，美国国会就认为"外汇"是兼指货币之间兑换的比率和比价，因此一再施压美国政府将人民币汇率问题诉诸世界贸易组织争端解决机制。2004 年、2005 年和 2007 年，由美国国会两党议员组成的"中国货币联盟"连续三次向美国政府提出"301 条款"调查申请，要求美国政府将中国的人民币汇率问题诉诸世界贸易组织争端解决机制。但客观地分析，在国际汇率监督新体系建立之前，美国在运用《1994 年关税与贸易总协定》第 15 条对中国提起贸易起诉方面存在较大的法律障碍，即无法解决"汇率水平"与"外汇措施"之间关系的问题。《1994 年关税与贸易总协定》第 15 条第 4 款规定："各缔约方不得通过外汇措施使本协定各项条款的意图无效，也不得通过贸易行动使《国际货币基金组织协定》各项条款的意图无效。"由于《国际货币基金组织协定》和《1977 年决定》对汇率操纵没有定义和惩罚措施，而且"汇率失衡"和"外汇措施"也很难挂钩，国际货币基金组织关于汇率操纵的模糊性成为美国运用《1994 年关税与贸易总协定》第 15 条对人民币汇率和中国出口施压的法律"软肋"。这也是 2010 年美国三次针对人民币汇率问题的国会提案夭折的重要原因。

而《2007 年新决定》通过增加原则 D（应避免实行可能导致外部不稳定的汇率政策）增强了国际货币基金组织成员国在"避免操纵汇率或国际货币制度以阻止国际收支的有效调整或取得对其他成员国不公平的竞争优势"方面的义

务，特别是将汇率操纵与汇率根本性失衡挂钩，增加了在确定汇率操纵问题上的可操作性，在法律框架上为《1994 年关税与贸易总协定》第 15 条的运用创造了条件。《2007 年新决定》的附件规定，如果成员国通过汇率低估保持汇率的根本性失衡，并且该行为旨在增加净出口，成员国就可被认定为汇率操纵。因此，如果未来世界贸易组织认为汇率根本性失衡等同于实行外汇措施，世界贸易组织引用《1994 年关税与贸易总协定》第 15 条的可能性将增大，这将在较大程度上解决上述法律难题，为美国对人民币汇率问题施压预留法律通道。

第四章　国际货币基金组织的
汇率监督：法律基础

一、国际货币基金组织的汇率监督：源起

1944 年 7 月，44 个国家或政府的经济特使聚集在美国新罕布什尔州的布雷顿森林镇，商讨第二次世界大战后的世界贸易格局。会议通过了《国际货币基金组织协定》，决定成立国际复兴开发银行（世界银行）和国际货币基金组织，以及一个全球性的贸易组织。1945 年 12 月 27 日，参加布雷顿森林会议中的 22 个国家的代表在《布雷顿森林协定》上签字，正式成立国际货币基金组织和世界银行，这两个机构自 1947 年 11 月 15 日起成为联合国的常设专门机构。布雷顿森林会议通过的各项协定，连同其后作为补充的《关贸总协定》被统称为"布雷顿森林体系"，即以外汇自由化、资本自由化和贸易自由化为主要内容的多边经济制度。在汇率制度方面，布雷顿森林体系实行的是固定汇率制度，将美元与黄金挂钩，35 美元兑换 1 盎司黄金，每个成员国通过规定其货币与美元的汇率平价而与黄金建立联系，进而决定各成员国货币彼此间的平价关系，各成员国中央银行均有义务维持布雷顿森林体系所确定的汇率平价。

国际货币基金组织成立的目的就是保证各国货币与美元挂钩的汇率平价制度的稳定，即在美元与黄金挂钩、各国货币与美元挂钩的布雷顿森林体系中扮演汇率稳定者角色。国际货币基金组织自成立到 20 世纪 70 年代初的这段时间里，一直要求成员国采用与美元挂钩的固定汇率制，旨在避免重演竞争性贬值行为或对国际收支平衡的随意干预和无序限制。国际货币基金组织承认，各国在经济增长过程中总会面临一些暂时性甚至结构性的国际收支平衡问题，但同时也坚持认为，调整国际收支平衡应当通过有序方式并顾及其他成员国的利益。

20 世纪 70 年代初期曾是世界最大黄金储备国的美国出现黄金储备急剧减少，其黄金储备远远不能满足世界各国兑换要求的局面，美国货币当局选择了中止按照官价兑换黄金的做法，给"布雷顿森林体系"釜底抽薪。国际货币市场随之爆发危机，美元与若干其他国际主要货币汇率事实上浮动起来。国际货币基金组织数次抛售自己的黄金储备，试图联合主要成员国对国际汇市进行干

预，但这些努力均未成功。战后初期建立起来的世界经济秩序面临崩溃，大规模国际货币战的前兆重新浮现。在这个背景下，国际货币基金组织进行改革并使自己继续主导新环境下国际货币事务，维系国际合作。1976年，由国际货币基金组织二十国临时委员会在牙买加召开国际会议，会议确认：各国有权自行选择汇兑安排体制；固定汇率和浮动汇率都可作为被选择的对象；黄金不再作为与成员国汇率挂钩的对象；成员国在汇率体制上的任何调整都应当及时告知国际货币基金组织；国际货币基金组织应继续对成员国汇率政策实行监督。这些政策调整虽然使得浮动汇率制被合法化了，但各国汇率政策仍然不可以作为贸易竞争的手段，国际货币基金组织在新的机制下继续负有国际汇率监督的职责。

《国际货币基金组织协定》从法律角度赋予了国际货币基金组织汇率监督的职责和权力，其第一条款规定"国际货币基金组织的宗旨是：（1）通过设置一个常设机构，便于国际货币问题的商讨与协作，以促进国际货币合作。（2）便利国际贸易的扩大与平衡发展，以促进和维护高水平的就业和实际收入，以及所有成员国生产资源的发展，作为经济政策的首要目标。（3）促进汇价的稳定，维持成员国间有秩序的汇兑安排，并避免竞争性的外汇贬值。（4）协助建立成员国间经常性交易的多边支付制度，并消除妨碍世界贸易发展的外汇管制。（5）在充分保障下，以国际货币基金组织的资金暂时供给成员国，使有信心利用此机会调整其国际收支的不平衡，而不致采取有害于本国的或国际的繁荣的措施。（6）依据以上目标，缩短成员国国际收支不平衡的时间，并减轻其程度。国际货币基金组织的一切政策与决定，均应以本条所列宗旨为原则。"

二、当代国际货币基金组织汇率监督的法律基础：三份文件

国际货币基金组织汇率监督的权力来自成员国汇率主权的让渡，以《国际货币基金组织协定》为根本法律基础。布雷顿森林体系崩溃后，固定汇率制度下的硬性监督不再存在，《国际货币基金组织协定》进行了相应修改，新修订的第四条款成为浮动汇率体制下汇率监督的法律基础。在第四条款基础上，《1977年决定》对汇率监督的各方面作了具体规定。值得注意的是，第四条款是1978年通过的，而《1977年决定》是于1977年4月通过的。这似乎有一个逻辑悖论，即后通过的法律文件反而成了先通过的法律文件的基础。这背后的原因是，布雷顿森林体系崩溃后，国际货币基金组织就一直在酝酿《国际货币基金组织协定》的修改和有关汇率监督文件的制定，因此上述两份文件的起草过程是齐头并进的。

　　《国际货币基金组织协定》第四条款和《1977 年决定》构成了国际货币基金组织汇率监督的法律基础，为全球汇率体系从固定汇率主导有序过渡到浮动汇率主导提供了制度保障。必须看到的是，《国际货币基金组织协定》第四条款和《1977 年决定》都是固定汇率体系瓦解后不久制定的，有着固定汇率时期的烙印，执行起来也并非得心应手。近年来，在全球经济深度一体化的背景下，全球经济不平衡问题也日益突出。信奉新古典经济理论的国际货币基金组织将解决不平衡问题的希望寄托在汇率上，期望通过加强汇率监督来提高有关国家的汇率弹性，再通过汇率这一价格手段促进有关国家的国际收支平衡。在这一背景下，国际货币基金组织于 2007 年通过了《2007 年新决定》，以此替代了《1977 年决定》。

（一）《国际货币基金组织协定》第四条款

　　正如前文所述，国际货币基金组织汇率监督的根本法律基础是《国际货币基金组织协定》第四条款。在布雷顿森林体系下，该条款原来的内容是关于汇率平价的规定。在牙买加体系下，国际汇率体系转向以浮动汇率为主，第四条款进行了重大的修改。由于该条款形成于 20 世纪 70 年代末期，当时虽然布雷顿森林体系不复存在，浮动汇率的体系已经建立起来，但固定汇率实施了近 30 年，其影响仍然挥之不去。整个第四条款有明显的以妥协换变革的痕迹。

　　第四条款关于汇率监督的主要内容在其第 1 款和第 3 款体现，下文将详细论述。第 2 款和第 4 款在矛盾中求得妥协和统一。第 2 款赋予成员国自由选择汇率制度的权力，但仍在其第（c）项埋下伏笔，让国际货币基金组织可以在获得 85% 多数同意的情况下对全球总的汇兑体制作出安排，这就为回归固定汇率体制留下了通道。第 4 款更加直接，保留了布雷顿森林体系下关于汇率平价的规定，体现了国际货币基金组织部分成员国对固定汇率体制的留恋（第六章会谈到法国在其中的作用）。第 5 款是一个针对一国拥有多个货币的技术性条款。

　　1. 通过规定成员国的义务获得成员国部分的汇率主权让渡

　　第四条第 1 款明确规定了成员国的义务。第（i）点是促进经济有序增长。这主要是着眼于国内经济的稳定。促进国内经济有序增长的目的是既要促进价格稳定，又要照顾各国国情，这实际上与"物价稳定＋经济增长（或充分就业）"的经济政策双目标一致。美联储遵循的就是这一双目标使命（dual mandate）。国际货币基金组织各位执行董事认为，如果一国的经济增长有序，且价格相对稳定，是有助于实现外部稳定的。无序的国内经济和金融状况会影响国际收支。如果各国实行出其不意的货币政策或竞相贬值等政策，无疑会引致各国经济无序增长，最终对国际货币体系造成不良后果。第（ii）点规定成员国应实施促进经济稳定的政策，其中包括与货币制度相关的政策，这与汇率有关。与前一点强调经济增长不同，本点强调稳定。这一方面体现出国际货币基金组织需要照顾众多成员国不同的经济目标（有的偏向增长，有的偏向稳定），另一方面，有序增长与经济稳定本身也是相辅相成的。因此，这两点的核心概念是一致的，即"有序、稳定"。第（iii）点涉及成员国具体的汇率政策义务，其核心，一是不能操纵汇率，二是不能操纵国际货币制度。对什么是操纵的界定是从其目标分析的，即阻碍国际收支的有效调整，或取得对其他成员国不公平的竞争优势。

第四条第1款第（iii）点是国际货币基金组织汇率监督权力来源的核心。《1977年决定》和《2007年新决定》中汇率监督的原则A即照抄第四条第1款第（iii）点，该原则形成成员国的义务，而其他原则都只是建议。这在下文的分析中还会提到。

2. 赋予国际货币基金组织汇率监督的权力

第四条第3款赋予了国际货币基金组织具体的汇率监督权力。第3（a）项指明了汇率监督的内容，即"监督国际货币制度"、"保证实施"和"监督各成员国履行义务"。第3（b）项要求国际货币基金组织对各成员国的汇率政策进行严格监督，并制定出具体原则。根据这一要求，国际货币基金组织制定了《2007年新决定》，以将各项原则具体化。第3（b）项也规定了成员国提供资料和接受磋商的义务，给国际货币基金组织实施汇率监督提供了必要基础（资料）和具体手段（磋商）。

专栏4-1 《国际货币基金组织协定》第四条款

第四条 关于汇兑安排的义务

第1款 成员国的一般义务

鉴于国际货币制度的主要目的是提供一个便利国与国之间商品、服务和资本的交换以及保持经济健康增长的框架，而且主要目标是继续发展保持金融和经济稳定所必要的有秩序条件，各成员国保证同国际货币基金组织和其他成员国合作，以保证有序的汇兑安排，并促进形成一个稳定的汇率制度。具体说，各成员国应：

（i）努力将各自的经济和金融政策的目标放在实现促进有秩序的经济增长这个目标上，既可实现合理的价格稳定，又适当照顾到自身的国情；

（ii）努力通过创造有序的经济、金融条件以及不致经常造成动荡的货币制度以促进稳定；

（ⅲ）避免操纵汇率或国际货币制度来阻碍国际收支的有效调整或取得对其他成员国不公平的竞争优势；

（ⅳ）奉行同本款各项保证一致的汇兑政策。

第2款　总的汇兑安排

（a）在本协定第二次修改日之后30天内各成员国应把其在履行本条第1款规定的义务方面计划采用的汇兑安排通知国际货币基金组织，汇兑安排的任何改变，应及时通知国际货币基金组织。

（b）根据1976年1月1日的国际货币制度，汇兑安排可以包括：

（ⅰ）一个成员国可以采用特别提款权或黄金之外的其他尺度来确定本国货币的价值；

（ⅱ）通过合作安排，建立起成员国的本国货币与其他成员国的货币的比价；

（ⅲ）成员国选择的其他汇兑安排。

（c）为适应国际货币制度的发展，在得到总投票权85%的多数同意的条件下，国际货币基金组织可就总的汇兑安排作出规定，但又不限制各成员国根据国际货币基金组织的目的和本条第1款规定的义务选择汇兑安排的权利。

第3款　对汇兑安排的监督

（a）国际货币基金组织应监督国际货币制度，以保证其有效实施，并监督各成员国是否遵守本条第1款规定的义务。

（b）为了履行上述（a）款规定的职能，国际货币基金组织应对各成员国的汇率政策实行严格的监督，并制定出具体原则，以在汇率政策上向各成员国提供指导。各成员国应该向国际货币基金组织提供监督所必要的资料，在国际货币基金组织提出要求时，应就成员国的汇率政策问题与国际货币基金组织进行磋商。国际货币基金组织制定的原则应该符合各成员国确定本国货币对其他成员国货币比价而采用的合作安排，并符合一个成员国根据国际货币基金组织的宗旨和本条第1款规定选择的其他形式的汇兑安排。这些原则应该尊重各成员国国内的社会和政治政策，在执行这些原则时，国际货币基金组织应该对各成员国的境况给予应有的注意。

第4款　平价

在国际经济条件允许的情况下，国际货币基金组织可在占总投票权85%的多数票支持的情况下作出决定，采用以可调整的稳定平价为基础的普遍的汇兑安排制度。国际货币基金组织在世界经济基本稳定的基础上作出决定，为此应考虑到价格变动和成员国的经济增长率。这项决定应考虑国际货币制度的演变，特别是要考虑流动资金的各项来源，为了保证平价制度的有效实施，还要考虑使国际收支顺差国和逆差国都能采取迅速、有效而对称的调整行动，以及对国际收支不平衡进行干预和处理的各项安排。在作此决定时，国际货币基金组织应通知成员国附录C的各项规定。

第5款　成员国领土内的其他各种货币

（a）成员国根据本条对本国货币采取的行动应该被认为适用于该成员国根据第三十一条第2款（g）项的规定接受本协定的所有领土的各种货币，除非成员国宣布，它的行动仅是针对宗主国的货币，或者仅仅针对一种或几种特定的各种货币或者针对宗主国的货币和一种或几种特定的各种货币。

（b）国际货币基金组织根据本条采取的行动应该被认为是针对上述（a）项里所提到的一个成员国的所有货币，除非国际货币基金组织另有说明。

（二）《1977 年决定》

由于《国际货币基金组织协定》新的第四条款没有界定国际货币基金组织监督工作的职权范围，工作人员们和执董会花费了很大力气来探索这一问题，并于1977 年4 月22 日由执董会通过《1977 年决定》。

《1977 年决定》根据《国际货币基金组织协定》第四条第3（b）项要求制定关于成员国汇率政策的指导原则，分为四个部分。第一部分（一般原则）表明，按照第四条第3（b）项的具体指示，《决定》无意涵盖国际货币基金组织监督的所有方面，而是只处理汇率政策问题。第二部分确定了三项成员国汇率政策指导原则，第三部分（国际货币基金组织监督原则）确定了一些具体指标，以指导国际货币基金组织监督成员国遵循这些原则情况，还为此阐明了国内政策与对外政策之间密切的关系。第四部分（监督程序）确定了包括第四条款磋商在内的监督工作的程序框架。

由于新的国际货币体系的运作仍有极大的不确定性，国际货币基金组织难以确定应按何种原则对实行各种汇兑安排的成员国进行同样密切的监督，《1977 年决定》采用最低限度原则，留出了很大余地以供国际货币基金组织根据其成员国的具体情况作出判断，所以《1977 年决定》仅确立了以下三项指导原则：原则A 只重复了第四条第1 款关于禁止操纵的规定，禁止的是为了取得不公正的竞争优势或阻止外部调整这一特定目的而操纵汇率的行为，通常被理解为针对实行严格管制汇率的国家。原则 B 专门针对实行浮动汇率制度的国家：在20世纪70年代人们特别关注需要避免在交易量不大的市场中汇率的无序波动，这项原则的目的是鼓励成员国对汇市进行干预，以对付汇率无序的波动。原则 C 原则上对所有成员国适用，它鼓励各国考虑到干预对其他成员国的影响，尤其是需要避免扰乱储备货币的汇率。

《1977年决定》指出，其原则和程序"不一定全面，应根据经验对其进行检查"。在连续13次两年期监督审查中，审议了《1977年决定》作为监督依据是否继续适当问题。但绝大多数审查将重点大都放在实施监督上，而不是正式审查《1977年决定》上，只有两次例外。第一次是在1986～1987年审查中，考虑到《1977年决定》的范围过窄，提出了几项修正意见，例如，引入汇率的目标区间或国内政策工具的可监督指标，澄清和扩大操纵行为的种类等。但由于分析困难和政治阻力，这些建议未得到执董会足够支持。第二次是1995年墨西哥危机之后，在国际货币基金组织监督原则中列入了监督私人资本流动问题。具体而言，在监督指标中列入了"不可持续的私人资本流动"，在评估指南中列入了"资本流动的规模和可持续性"，作为需予考虑的国际收支动态。

专栏4－2　1977年汇率政策监督决定

1. 执董会讨论了《国际货币基金组织协定》第二次修订稿第四条款的实施工作，并批准了所附的题为"汇率政策监督"的文件。国际货币基金组织应在第二次修订生效时依据此文件开展工作。在此之前，国际货币基金组织应依据现有的程序与决定继续进行磋商。

2. 国际货币基金组织将每两年一次或在列入执董会议程的情况下审议题为"汇率政策监督"的文件。

> 1977年4月29日第5392 －（77/63）号决定
> 经1987年4月1日第8564 －（87/59）号决定、
> 1988年4月22日第8856 －（88/64）号决定
> 和1995年4月10日第10950 －（95/37）决定修正

汇率政策监督

一般原则

第四条第3款（a）规定，"国际货币基金组织应监督国际货币制度，以保证其有效实施，并监督各成员国是否履行了本条第1款规定的义务。"第四条第3（b）项规定，为了履行第3（a）项规定的职能，"国际货币基金组织应对各成员国的汇率政策实行严格的监督，并制定出具体原则，以在这些政策上向各成员国提供指导。"第四条第3（b）项还规定，"国际货币基金组织制定的原则应该符合各成员国确定本国货币对其他成员国货币比价而采用的合作安排，并符合一个成员国根据国际货币基金组织的宗旨和本条第1款规定选择的其他形式的汇兑安排。这些原则应该尊重各成员国国内的社会和政治政策，在执行这些原则时，国际货币基金组织应对各成员国的国情给予应有的注意。"此外，第四条第3（b）项要求，"各成员应该向国际货币基金组织提供为监督所必要的资料，在国际货币基金组织提出要求时，应就成员国的汇率政策问题与国际货币基金组织进行磋商。"

为了履行第3（b）项规定的职能，国际货币基金组织通过了下述原则和程序。它们适用于所有成员国，不论其采取何种汇率安排，也不论其国际收支状况如何。它们不一定很全面，可根据经验予以重审。它们不直接涉及国际货币基金组织在第3（a）项下的职责，尽管认为国内经济政策与国际经济政策之间存在密切联系。第四条款强调了这一联系，其中指出："鉴于［国际货币制度的］……的主要目标是继续发展保持金融和经济稳定所必要的有序条件，各成员国保证同国际货币基金组织和其他成员国合作，以保证有序的汇兑安排，并促进形成一个稳定的汇率制度。"

成员国汇率政策指导原则

A. 成员国应避免为阻止有效的国际收支调整或取得对其他成员国不公平的竞争优势而操纵汇率或国际货币体系。

B. 成员国在必要时应干预外汇市场，对付失序状况，例如，对付本币汇价破坏性的短期变动等。

C. 成员国在采取干预政策时应考虑其他成员国的利益，其中应顾及本币被干预的国家的利益。

国际货币基金组织对汇率政策的监督原则

1. 应根据国际调整的需要对汇率政策进行监督。执董会和临时委员会应持续审查国际调整进程的运作情况，并应在实施下述原则时考虑到对国际调整进程的评估结果。

2. 国际货币基金组织在对成员国遵守上述原则的情况进行监督时，应将以下情况视为可能有必要与成员国讨论的情况：

（i）在外汇市场进行持续、大规模的单向干预；

（ⅱ）以国际收支为目的的不可持续的官方或准官方借款，或过度的、长时间的短期官方或准官方贷款；

（ⅲ）（a）出于国际收支目的，实行或大力强化或长期维持对经常交易或支付的限制性或鼓励性措施；

（b）出于国际收支目的，实行或大幅修改对资本流动的限制性或鼓励性措施；

（ⅳ）出于国际收支目的，实行非正常鼓励或限制资本流动的货币和其他国内金融政策；

（ⅴ）汇率走势似乎与基本经济和金融状况（包括影响竞争力和长期资本流动的因素）无关；

（ⅵ）不可持续的私人资本流动。

3. 国际货币基金组织对成员国汇率政策的评价应基于对成员国国际收支走势的评估，包括根据成员国储备头寸和对外负债评估资本流动的规模与可持续性。应在对成员国基本经济状况和经济政策战略进行综合分析的框架内作出评估，并应认识到国内政策和对外政策能够促进国际收支的及时调整。评估应考虑到，包括汇率政策在内的成员国政策，在继续推动实现金融稳定、促进经济持久和稳健增长以及保持合理就业水平所需的有序基本条件方面所发挥的作用。

监督程序

Ⅰ. 在第二次修订生效后 30 天内，各成员国应当把其根据第四条第 1 款义务将要实施的汇兑安排，适当详细地通知国际货币基金组织。各成员国还应迅速向国际货币基金组织通报其汇兑安排的任何变动。

Ⅱ. 成员国应定期与国际货币基金组织进行第四条款磋商。原则上，第四条款磋商应涵盖根据第八条款和第十四条款进行的定期磋商，每年进行一次。这应包括成员国遵守上述原则以及根据第四条第 1 款履行义务的情况。在工作人员与成员国磋商结束后 3 个月内，执董会应作出结论，从而结束第四条款磋商。

Ⅲ. 执董会将定期检查汇率基本走势，例如，在《世界经济展望》框架内讨论国际调整进程时进行这种检查。国际货币基金组织将继续为准备这些讨论进行特别磋商。

Ⅳ. 总裁应与成员国就其汇兑安排与汇率政策保持密切接触，并准备应成员国要求，讨论其在汇兑安排或汇率政策方面拟作出的重要变动。

Ⅴ. 在两次第四条款磋商之间，如果总裁在考虑了其他成员国可能表达的任何意见后，认为某成员国的汇率政策可能不符合汇率原则，则应以非正式和机密的方式向该成员国提出这一问题，并应就该国是否存在不遵守原则问题迅速作出结论。如果总裁认为存在这一问题，则应以机密方式发起并与该国进行第四条第3（b）项下的讨论。在讨论结束后，总裁应尽快（无论如何不应晚于讨论启动后4个月内）向执董会报告讨论结果。但如果总裁确信原则得到遵守，则应非正式地通报所有执董，工作人员应在报告下次第四条款磋商时通报有关讨论情况；但是，总裁不应将这一问题提交执董会讨论，除非该成员国提出这一要求。

Ⅵ. 执董会应每两年一次或在列入执董会议程的情况下审议国际货币基金组织对成员国汇率政策的监督概况。

（三）《2007 年新决定》

2007 年 6 月 21 日，国际货币基金组织执董会通过了《2007 年新决定》，这是《1977 年决定》的彻底修订，标志着国际货币基金组织对成员国汇率监督框架进行了重大改革。《2007 年新决定》旨在加强国际货币基金组织双边监督职能，改革其监督框架，以便更好地履行国际货币基金组织监测全球经济金融形势，维护全球货币稳定的职能。

1. 《2007 年新决定》深刻的历史背景和全球背景

首先，经济金融全球化高度发展。30 年来，经济金融全球化快速发展，主要发达国家资本账户基本开放，全球资本流动加快，金融衍生产品层出不穷。在这种背景下，主要国家汇率的变化对资本流动的影响增强，从而深刻影响一国的宏观经济政策的工具组合和政策效果。而不同国家汇率的变化是否反映经济基本面，是否有故意保持出口竞争力的意图从而导致对别国的不公，将会对资本流动产生重要影响，因此成为国际上关注的焦点。

伴随经济全球化的是全球经济不平衡进一步发展。相比 1977 年，目前全球经济不平衡快速发展。一是全球跨国公司实行扁平化的战略，使国际贸易分工更加垂直化，发达国家部分低附加值的生产外移至新兴市场经济体，使美国等发达国家贸易逆差增加，而新兴市场经济体贸易顺差增加；二是发达国家的低储蓄和新兴市场经济体的高储蓄互为对偶，也加剧了全球经济的不平衡；三是近年来美国的低利率政策过度刺激了美国房贷和消费；四是石油价格的快速上升导致石油生产国经常项目盈余快速增加。总体看，1998 年以来，在全球的顺差方，石油生产国、亚洲新兴市场经济体、德国和日本贡献最大；而在全球逆差方，美国等一些发达国家和其他地区贡献最大（见图 4-1）。因此，当全球经常账户的顺差和逆差同时增加时，双方的矛盾也进一步加剧。

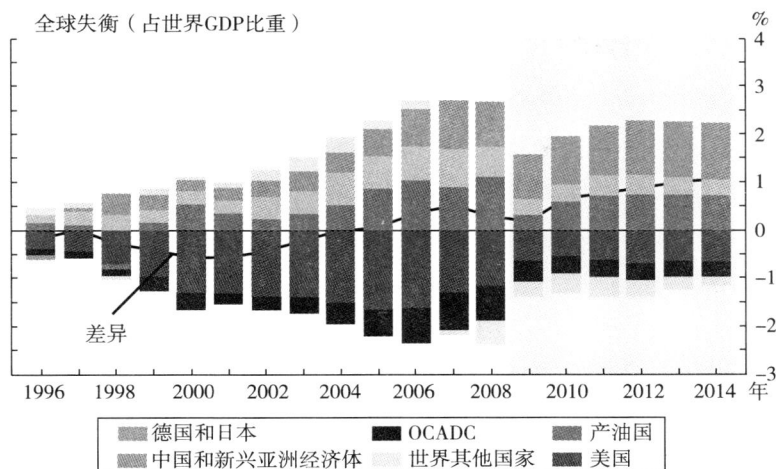

全球失衡（占世界GDP比重）

图 4-1 的图表

注：OCADC 指保加利亚、克罗地亚、捷克、埃萨尼亚、希腊、匈牙利、爱尔兰、拉脱维亚、立陶宛、波兰、葡萄牙、罗马尼亚、斯洛伐克、斯洛文尼亚、西班牙、土耳其和英国。

图 4-1　全球经常项目不平衡进一步发展多边监督

在这种背景下，国际货币基金组织旧汇率监督的规则已不能适应经济全球化的发展。在《1977 年决定》中，国际货币基金组织对成员国的汇率监督比较模糊，如未清晰地定义什么是汇率操纵，如何判断成员国是否操纵汇率，如何进行惩罚。国际货币基金组织在过去的监督历史中，也没有因为判定某国操纵汇率而实行惩处的案例。可以说，国际货币基金组织在其核心职能方面监督力度和影响的缺失已经影响了国际货币基金组织在经济、金融全球化的今天稳定国际货币体系的能力。因此，人们通常认为，国际货币基金组织是"没有牙齿"的组织。为适应新的全球化形势，国际货币基金组织经过 1 年的论证修订，在《2007 年新决定》中提高了规则的清晰性和责任性，增强了规则的可操作性。

2. 《2007 年新决定》的具体内容

《2007 年新决定》引进了"外部稳定"的定义，进一步明确了"汇率操纵"的判断标准，增强了双边监督的问责力度和惩罚的可操作性。

一是引进"外部稳定"的定义，为"汇率操纵"定义的明确奠定理论基础。"外部稳定"是国际货币基金组织第四条款的核心，在国家层面上等同于"有序的汇率安排和汇率体系的稳定"。《国际货币基金组织协定》要求成员国与国际货币基金组织和其他成员国保持有序的汇率安排，以促进汇率体系的稳定（系统性稳定，systemic stability）。《2007年新决定》认为，汇率体系的稳定应通过外部稳定来实现，而"外部稳定"指的是成员国的国际收支状况不可能导致汇率的破坏性波动的情形，当然，"外部不稳定"则指的是国际收支状况可能导致汇率破坏性波动的情形。"外部稳定"的概念需要从三个方面来把握：第一，注重国际收支状况对汇率的影响。如果一国国际收支出现大幅顺差，则在未来可能导致汇率的大幅升值；一国外部稳定时的国际收支情况是，潜在的经常账户差额大致等于均衡经常账户差额，资本和金融账户情况不会产生汇率的急剧调整。没有满足外部稳定的情况称为外部不稳定。外部不稳定指成员国中期可能发生汇率的急剧调整，目前出现的汇率急剧调整并不意味着外部不稳定。第二，在大多数情况下是"未来时"概念。国际收支的不平衡可能在现在没有导致汇率的破坏性波动，但在未来可能产生这种影响也是外部不稳定；第三，外部不稳定也可能源于一国的贸易伙伴国国际收支状况的影响。

根据上述定义，在双边监督中，国际货币基金组织将着重评估目前和未来对成员国外部稳定有重大影响的政策，包括货币政策、财政政策、汇率政策、对外部门政策、金融部门政策等，评估其是否有利于促进外部稳定，并对成员国促进外部稳定提出政策建议。

国际货币基金组织认为，成员国在制定或执行国内政策时，应促进外部稳定，而不能只顾国内稳定，导致外部不稳定。判断成员国是否促进了外部稳定有以下标准：其一是国内经济、金融政策有利于促进有序的经济增长和物价稳定；其二是保持有序的潜在经济、金融条件和货币制度，这些制度不会造成经济破坏性的波动。例如，国际货币基金组织会考察成员国促进经济的潜在水平快速增长是否会影响内部稳定和外部稳定。但国际货币基金组织不会要求履行第四条款义务的成员国为了保持外部稳定而改变国内经济政策。

尽管一国的外部稳定与其内部稳定密切相关，国际货币基金组织对成员国的内部稳定不监督。内部稳定指有序的增长和稳定的物价。只有当成员国内部稳定的有关政策对外部稳定产生重要影响时，国际货币基金组织才会研究、关注这些政策。例如，当成员国的政策可以促进内部稳定时，它也促进了外部稳定。国际货币基金组织有权评估成员国的内部稳定政策，但不会因为外部稳定而要求成员国改变国内政策。

二是确立判定操纵汇率的原则和指标，增加原则D，创造汇率"根本性失衡"（fundamental misalignment，FM）概念。与《1997年决定》相比，在判定汇率操纵方面，《2007年新决定》增加了原则D和7项指标。因此，《2007年新决定》汇率监督主要是4项原则和7项指标。其中，原则A是成员国义务，原则B－D是国际货币基金组织对成员国的建议。

原则A：成员国应避免操纵汇率或操纵国际货币体系，以阻碍有效的国际收支调整，或对其他国取得不公平的竞争优势。该原则实际上就是《国际货币基金组织协定》第四条第1款的内容。在执行中需把握两点：首先，应准确掌握其含义，其含义为，如果国际货币基金组织确定成员国操纵汇率或国际货币体系，为了实现某一汇率水平操纵汇率，为获得对其他成员国的不公平竞争优势操纵汇率，均可认为成员国违反了第四条款。《2007年新决定》进一步认为，如果成员国为了促进出口低估汇率使汇率失调，那就是获得了对其他国家的不公平优势。其次，国际货币基金组织应客观评估成员国是否遵守原则A。成员国对其汇率政策目的的解释应被视为对国际货币基金组织判断的合理怀疑。

原则B：成员国在外汇市场出现无序波动（即在短期具有破坏性的波动）时，应干预外汇市场。

原则C：成员国对外汇市场的干预应考虑其他成员国的利益，包括那些干预货币发行国的利益。例如，许多亚洲国家是用美元干预汇市，因此要考虑美国的利益。

原则D：成员国应避免可能产生外部不稳定的汇率政策。

其中原则D是汇率监督新体系的新原则，该原则引入了"外汇稳定"概念。以前，国际货币基金组织分析外部稳定主要从国际收支的角度看，而原则D则强调汇率政策也可能导致外部不稳定。为判定何种汇率政策会导致外部不稳定，《2007年新决定》进一步制定了7项指标。如果成员国的汇率政策出现以下情况，国际货币基金组织将对成员国进行全面审查并与成员国进行讨论。这相当于目前我国政府对企业管理中的谈话制度，虽然不构成法律上的罪行，但相当于有犯罪嫌疑。

7项指标主要有：

（1）对外汇市场长期、大量、单方向的干预；

（2）为平衡国际收支，出现不可持续的官方或准官方借款，或该项借款导致不可承受的高流动性风险，官方或准官方外汇资产的积累规模过大或时间过长；

（3）为平衡国际收支，实行、大幅加剧或长期保持对经常交易或支付的管制或激励，出于国际收支的目的，对资本的流出、流入实行或大幅改变管制或激励；

（4）为平衡国际收支，采取可能异常鼓励或打击资本流动的货币和其他金融政策；

（5）出现汇率的根本性失衡；

（6）出现经常账户大量持续的逆差或顺差；

（7）出现大量的外部脆弱性，包括由于私人资本流动产生的流动性风险。

其中，汇率根本性失衡和经常账户大量持续顺（逆）差是新的参考指标。而汇率根本性失衡涉及对一国均衡汇率的计算，需要对一国中期经常账户顺差的均衡值进行计算，而有关方法主要是根据计量模型计算，这就增加了国际货币基金组织判断均衡汇率的随意性。

表 4 - 1　　　　　　　　　　　新旧决定的比较

	《2007 年新决定》	《1977 年决定》
成员国义务原则	A. 成员国应避免操纵汇率或操纵国际货币体系，以阻碍有效的国际收支调整，或对其他成员国取得不公平的竞争优势。 B. 成员国在外汇市场出现无序波动（即在短期具有破坏性的波动）时，应干预外汇市场。 C. 成员国对外汇市场的干预应考虑其他成员国的利益，包括那些干预货币发行国的利益。 **D. 成员国应避免可能产生外部不稳定的汇率政策。**	A. 成员国应避免为阻止有效的国际收支调整或取得对其他成员国不公平的竞争优势而操纵汇率或国际货币体系。 B. 成员国在必要时应干预外汇市场，对付失序状况，例如，对付本币汇价破坏性的短期变动等。 C. 成员国在采取干预政策时应考虑其他成员国的利益，其中应顾及本币被干预的国家的利益。
参考指标	（i）对外汇市场长期、大量、单方向的干预； （ii）为平衡国际收支，出现不可持续的官方或准官方借款，或该项借款导致不可承受的高流动性风险、*官方或准官方外汇资产的积累规模过大或时间过长*； （iii）为平衡国际收支，实行、大幅加剧或长期保持对经常交易或支付的管制或激励；出于国际收支的目的，对资本的流出、流入实行或大幅改变管制或激励； （iv）为平衡国际收支，采取可能异常鼓励或打击资本流动的货币和其他金融政策； **（v）出现汇率的根本性失衡；** **（vi）出现经常账户大量持续的逆差或顺差；** （vii）出现大量的外部脆弱性，包括由于私人资本流动产生的流动性风险。	（i）在外汇市场进行持续、大规模的单向干预； （ii）以国际收支为目的的不可持续的官方或准官方借款，或过度的、长时间的短期官方或准官方贷款； （iii）（a）出于国际收支目的，实行、大力强化或长期维持对经常交易或支付的限制性或鼓励性措施； （b）出于国际收支目的，实行或大幅修改对资本流动的限制性措施或鼓励性措施； （iv）出于国际收支目的，实行非正常鼓励或限制资本流动的货币和其他国内金融政策； （v）汇率走势似乎与基本经济和金融状况（包括影响竞争力和长期资本流动的因素）无关； （vi）不可持续的私人资本流动。

续表

	《2007年新决定》	《1977年决定》
监督程序	（1）成员国告知国际货币基金组织汇率安排。当成员国加入国际货币基金组织后，应在30天内告知其为了履行第四条款而设计的汇率制度安排；如果成员国改变了汇率制度安排，应及时告知国际货币基金组织。 （2）对成员国磋商。国际货币基金组织应定期与成员国进行第四条款年度磋商，在磋商时同时就第八条款和第十四条款情况进行磋商。 （3）定期多边监督检查。国际货币基金组织应在1年两次《世界经济展望》的框架中讨论国际收支调整问题。 （4）国际货币基金组织总裁与成员国就汇率安排问题保持密切联系。当总裁认为经济金融环境的一些重要变化可能影响成员国的汇率政策或汇率行为时，应发起与成员国的非正式的秘密讨论。讨论后，总裁应向执董会汇报有关情况，或非正式地建议执董会考虑与该成员国进行第四条款的特别磋商。 **（5）每三年对《双边监督决定》进行审查。**	（1）通报。成员国应该向国际货币基金组织通报其汇兑安排及其任何变化。这是每个加入国际货币基金组织的成员国应尽的报告义务。对其汇兑安排应该在其加入后的30天内通报该安排的任何变化。 （2）第四条款磋商。成员国应该根据第四条款与国际货币基金组织定期磋商。第四条款磋商包括第八条款和第十四条款磋商。 （3）定期检查。除第四条款磋商外，国际货币基金组织通过在《世界经济展望》框架内定期检查汇率走势，讨论国际调整进程。 （4）根据以上的磋商和定期检查的结论，国际货币基金组织总裁根据具体情况作出反应，这包括两种情况：（a）如果重大的经济和金融变化可能影响某一成员国的汇率政策或其货币的汇率稳定，国际货币基金组织总裁会首先以非正式和保密的方式与该成员国沟通、讨论，并将讨论结果通报执行董事会；（b）如果出现需要进行第四条款特别磋商的情况，那么就按特别磋商程序继续磋商。

注：斜体加黑部分为新增加的内容。

三是强化双边监督程序。国际货币基金组织对成员国汇率的双边监督按以下程序执行，其中部分程序在旧体系中存在，新体系增加了特别磋商程序：

第一，成员国告知国际货币基金组织汇率安排。这也是旧体系的内容。当成员国加入国际货币基金组织后，应在30天内告知其为了履行第四条款而设计的汇率制度安排；如果成员国改变了汇率制度安排，应及时告知国际货币基金组织。

第二，国际货币基金组织对成员国进行常规磋商。国际货币基金组织应定期与成员国进行第四条款年度磋商，在磋商同时就第八条款（经常项目可兑换义务）和第十四条款（即成员国在特殊情况下可在告知国际货币基金组织后实行外汇管制，作为过渡性的安排）情况进行磋商。《2007年新决定》进一步强化了磋商的监督力度，包括磋商时国际货币基金组织应考察成员国执行上述监督原则的情况；国际货币基金组织应在磋商后的 65 天内完成第四条款磋商，形成结论；国际货币基金组织执董会应在成员国与工作人员磋商完成后的三个月以内形成对成员国磋商的结论。

第三，国际货币基金组织总裁与成员国就汇率安排问题保持密切联系。国际货币基金组织总裁应就成员国履行第四条款汇率义务情况保持与成员国的密切联系，如成员国可能改变汇率安排或政策方面，总裁应与成员国讨论有关动议。

第四，建立特别磋商机制（ad hoc consultation）。如果国际货币基金组织管理层担忧某成员国没有遵守"汇率政策指导原则"，或成员国的汇率可能出现根本性失衡，即使根本性失衡不是由于汇率政策导致（例如，成员国汇率完全自由浮动），国际货币基金组织总裁可提议启动特别磋商程序，但要经国际货币基金组织执董会认可；启动特别磋商程序只是为了表明国际货币基金组织在按照透明度原则行事，并不表明国际货币基金组织对成员国的汇率已预设结论，或者成员国只有改变名义汇率才可以消除国际货币基金组织的担忧。作为国际货币基金组织与成员国进行深度讨论汇率安排的制度框架，特别磋商将形成对成员国汇率是否根本性失衡或是否未遵守汇率政策原则的最终结论。特别磋商一般需在 6 个月内完成。特别磋商完成后，国际货币基金组织工作人员应送交特别磋商报告给执董会；送交的此报告应附有国际货币基金组织秘书部的通知，即在送交此报告 15 天内此报告应在执董会讨论；秘书部通知还会附上决定草稿，该决定草稿的内容主要从工作人员报告中摘录，不需要对特别磋商报告的观点进行事先讨论和通过；该决定草稿在上会后 2 周内，如果执董没有修改要求，或总裁决定将工作人员报告列入执董会议程，就视为此工作人员报告意见被执董会采纳。如果工作人员报告被列入执董会议程，执董会应讨论该报告并形成结论。

第五，每三年对《2007 年新决定》进行审查。国际货币基金组织执董会每三年对《2007 年新决定》进行审查。如果有关问题提交执董会讨论也可在其他时间进行这类审查。

从以上原则和操作程序看，虽然国际货币基金组织是一个"没有牙齿"的组织，但是上述原则和操作程序还是增强了国际货币基金组织在汇率监督方面的权力。其对成员国具有较强威慑力的有 4 项原则、7 项指标和特别磋商程序，其操作性依次加强。

从整个国际货币基金组织对成员国的监督规则来看，成员国受国际货币基金组织的监督压力首先来自第四条款磋商；然后由国际货币基金组织工作人员判定成员国的汇率政策是否符合 4 项原则和 7 项指标；如果违反原则 A，则是涉嫌未履行成员国义务，国际货币基金组织就要启动对其特别磋商程序；如果特别磋商的决定认为该成员国违反原则 A，则国际货币基金组织将判定成员国违反成员国义务。这是一个法理上的定罪，但国际货币基金组织并没有给成员国惩罚的"武器"。虽然如此，国际货币基金组织对成员国汇率政策的判定仍然可作为其他国际组织（如世界贸易组织）对成员国或美国对其贸易伙伴实施贸易制裁措施的依据。因此，国际货币基金组织对成员国汇率政策的判定是一切国际制裁的第一步，应引起我国政府部门和企业的高度重视。

三、国际货币基金组织汇率监督的内涵：目标、内容和手段

（一）目标：汇率体制的稳定

国际货币基金组织汇率监督的目标是随国际货币体系的演变而变化的。在布雷顿森林体系下，维持"双挂钩"① 的固定汇率体系（或称平价体系，Par value system）。1971 年至 1973 年，布雷顿森林体系崩溃后，国际汇率体系进入了无组织状态，各国频繁调整汇率，20 世纪 30 年代以来，以邻为壑的汇率政策似乎有卷土重来的趋势。1976 年牙买加体系建立后，适应浮动汇率制度的新要求，汇率监督的目标转向"保证有序的汇兑安排，并促进形成一个稳定的汇率制度"②，即侧重于汇率制度的稳定，而非汇率水平本身的稳定。

（二）内容：汇率制度和汇率水平

监督的内容根据其监督对象可分为汇率水平监督和汇率体制监督，监督的内容随监督目标而变。

在布雷顿森林体系下，汇率监督的主要内容就是对汇率水平的监督，判断各国货币对美元汇率是否偏离规定的水平，形成对其贸易伙伴的不公平竞争。如果是，再通过对该国进行特别磋商等机制进一步监督。

在牙买加体系下，许多国家开始实行自由浮动的汇率体制，也有国家仍保持固定汇率制，介于这两者之间还存在爬行盯住、盯住一篮子、有管理的浮动等其他中间汇率体制。汇率体制的不同直接影响着汇率水平的确定，国际货币基金组织对各国汇率体制的监督也开始着手实施。国际货币基金组织在《2007 年新决定》中明确，监督包括三个方面的内容：一是对汇率制度的监督，即对成员国选择的汇率制度的监督；二是对汇率水平的监督，即对货币间兑换率进

① 即美元与黄金挂钩（1 盎司黄金 = 35 美元），其他货币与美元挂钩。
② 参见《1977 年决定》第一条"一般原则"。

行监督，看其是否存在汇率偏差、汇率操纵等对世界经济稳定构成负面影响；三是对成员国的财政、金融等与汇率相关的制度进行监督，这一内容是新增加的，属于与汇率监督相关的衍生内容。

在牙买加体系下，虽然没有任何一个机构要求各国实行统一的汇率体制，但是主要国际组织和国家明显表现出了浮动汇率制优于其他汇率体制的倾向，对非浮动的其他汇率体制发表负面评论，国际汇率监督表现出多层次化和不确定性。

1. 对汇率制度的监督

关于汇率制度的监督就是对一国采取的汇兑安排，包括对确定汇率的原则和依据、维持与调整汇率的方法、本外币兑换交易（经常项目下和资本项目下）的规定等进行监督。国际货币基金组织对成员国汇率制度进行监督的原则是，努力在各成员国之间建立一项经常性交易的多边支付制度，维护一个稳定的国际货币体系，并通过消除限制来促进世界贸易的均衡发展。

国际货币基金组织的宗旨中就包含了对汇率制度进行监督的内容。《国际货币基金组织协定》中规定了国际货币基金组织的宗旨：一是通过设置一个常设机构就国际货币问题进行磋商与协作，从而促进国际货币领域的合作；二是促进国际贸易的扩大和平衡发展，从而有助于提高和保持高水平的就业和实际收入以及各成员国生产性资源的开发，并以此作为经济政策的首要目标；三是促进汇率的稳定，保持成员国之间有秩序的汇兑安排，避免竞争性通货贬值；四是协助在成员国之间建立经常性交易的多边支付体系，取消阻碍国际贸易发展的外汇限制；五是在具有充分保障的前提下，向成员国提供暂时性普通资金，以增强其信心，使其能有机会在无须采取有损本国和国际繁荣的措施的情况下，纠正国际收支失调；六是根据上述宗旨，缩短成员国国际收支失衡的时间，减轻失衡的程度。其中，第3项宗旨就是直接对汇率制度监督的体现。

2. 对汇率水平的监督

关于汇率水平的监督就是对一国货币价值的监督，包括该货币与其他货币（主要是与美元、欧元、日元、英镑等主要国际货币）间的比价关系的监督和该货币有效汇率的监督。

布雷顿森林体系实行可调整的盯住汇率制，即各国货币对美元的汇率只能在法定汇率上下1%的幅度波动，若市场汇率超过此波动幅度，则各国应通过干预市场来维持汇率稳定。成员国只有为纠正国际收支"基本失衡"并征得国际货币基金组织同意时，才能对汇率作出调整。而国际货币基金组织设立的最初目的就是监督成员国货币间的比价关系，维护这种"双挂钩"的固定汇率制。

因此，对汇率水平的监督构成了国际货币基金组织汇率监督的核心。应该说，这个时期国际货币基金组织对汇率水平的监督还是非常成功的。各国对其国际收支的调整主要还是通过国内的需求管理政策而不是通过改变汇率平价来实现。1950～1970 年，英镑和荷兰盾只贬值了一次，法国法郎和德国马克贬值了两次，而日元、瑞士法郎、意大利里拉和比利时法郎等几乎没有变化，美国也维持了美元对黄金的稳定价格。

在牙买加体系下，对汇率水平的评估不再围绕平价体系，而是基于一国汇率水平应与该国当前与中期内经济基本面相适应的理念。与汇率水平监督紧密联系的是《2007 年新决定》中"外部稳定"和"汇率根本性失衡"两个核心概念。外部稳定指一个国家的国际收支状况现在不导致、而且今后也不大可能导致破坏性的汇率变化的状态。根本性失衡定义为现行实际有效汇率经剔除周期性和短期因素后、显著和持续偏离与可持续宏观经济基本面相一致的中期均衡水平[1]。关于这两个概念，本书第五章还将详细论述。

（三）　监督手段：报告和磋商

运用非强制性手段进行监督是国际货币基金组织行使汇率监督权的典型特征，正如其在《2007 年新决定》中表述的："对话和劝说是有效监督的关键支柱。"其总体思路，一是通过影响成员国货币当局的声誉来实施监督；二是通过提高透明度，增强市场信心，增加监督的效率。

具体而言，国际货币基金组织行使汇率监督权的手段包括：第一，要求成员国提供及时、可靠和全面的包括汇率在内的宏观经济统计数据，如进出口值及国别分布、经常账户和资本账户收支的详细分类收支情况、国民收入、物价指数、汇率、外汇管制情况等；第二，要求成员国及时报告所采用的汇兑安排及其任何变动；第三，定期或不定期地与成员国进行双边磋商，包括第四条款磋商、特别磋商等，向成员国提出政策建议和劝告；第四，定期或不定期地举行或参与多边磋商，如国际货币基金组织定期与欧盟、西非经济与货币联盟等地区性组织进行磋商，并参与一些地区性机构的活动，此外，国际货币基金组织还参与七国集团、亚太经合组织论坛和二十国集团的政策讨论；第五，定期或不定期地对各国及全球汇率和外汇管制情况进行评价，并发布研究报告，包括就国际金融市场发展和具体国家某项金融制度发表评论的工作人员报告、《世界经济展望》、《全球金融稳定报告》及基于成员国自愿原则公布的第四条款磋商报告等。

---

[1]　参见本书附录四。

1. 对汇率制度进行监督的手段

国际货币基金组织主要通过每年发布《汇兑安排与汇兑限制年报》行使对汇率制度的监督权。自1950年以来，国际货币基金组织每年对成员国在汇兑方面采取的措施（包括管制情况）进行回顾和总结，并对每个成员国的汇率体制进行分类。如在2008年的报告中，国际货币基金组织将成员国的汇率体制分为没有独立货币的汇率制度、货币局制度、国际货币其他传统盯住的汇率制度、在水平区间内的盯住汇率制、爬行盯住制、爬行区间制、非预定路径的有管理浮动制和独立浮动制8类。

此外，国际货币基金组织还通过工作人员报告研究不同汇率制度的特征、经济绩效及不同成员国采取的汇兑安排的变迁等。

2. 对汇率水平进行监督的手段

一是第四条款磋商。根据《国际货币基金组织协定》第四条款的规定，国际货币基金组织与成员国定期举行磋商，通常每年一次，讨论影响成员国外部稳定状况的经济政策，对该成员国汇率水平作出判断。国际货币基金组织工作人员将根据磋商的情况撰写磋商报告，提交国际货币基金组织执董会讨论。国际货币基金组织将按照成员国自愿的原则以公共信息公告（PIN）的形式向外界公布执董会讨论磋商报告的情况，甚至公布磋商报告。国际货币基金组织从2000年开始公布关于我国磋商讨论情况的公共信息公告。近几年来，在第四条款磋商中，国际货币基金组织屡次对人民币汇率作出不利的判断，如2008年关于我国第四条款磋商报告就认为人民币汇率被大幅低估。

表4-2　　　　　　　　第四条款磋商报告关于人民币汇率的评估

年份	表述
2004	没有确切证据证明人民币汇率被低估
2005	不断扩大的外部顺差表明人民币汇率低估程度不断扩大
2006	人民币汇率已与经济基本面不相适应，人民币汇率被低估，且低估程度不断扩大
2007～2008	人民币汇率被大幅低估

二是《世界经济展望》。目前，国际货币基金组织每年出版两期《世界经济展望》供执董会讨论全球经济和金融形势，并对外公布。作为其中的重要部分，《世界经济展望》对主要国家的汇率水平进行评估，如2010年《世界经济展望》逐一点评了美元、欧元、日元和新兴市场经济体货币汇率的走势，认为欧元、日元目前的汇率符合中期趋势，而美元汇率则高于中期趋势，许多新兴市场经济体货币汇率低于其中期趋势。

三是启动特别磋商。根据《2007 年新决定》，国际货币基金组织总裁可就重大的、可能影响成员国汇率政策或其货币汇率走向的经济金融变化提议发起第四条款特别磋商，经执董会批准后正式启动。《关于 2007 年监督决定所涉操作问题的指导》（附录六）中将启动特别磋商的建议权扩展到管理层，"管理层打算建议，无论何时，如果它非常担心出现以下情况，都应使用《2007 年新决定》第 20 段下的特别磋商程序"。

除了国际货币基金组织外，国际清算银行（BIS）也每月计算 58 个国家的名义有效汇率和实际有效汇率并对外公布，也部分行使对汇率水平的监督权。

四、国际货币基金组织汇率监督的技术基础：两大支点

与国际货币基金组织汇率监督的主要内容——汇率体制和汇率水平——相对应的技术手段，是国际货币基金组织关于汇率体制分类和汇率水平评估的理论和实践。第五、第六章将分别对此进行论述。

第五章 汇率监督支点一：
对汇率水平的评估

对汇率水平的监督是国际货币基金组织汇率监督的核心，也是国际货币基金组织判断成员国汇率是否被严重低估或高估，是否存在根本性失衡的基石。2007年以前，国际货币基金组织对汇率水平的监督比较模糊，往往没有量化评估成员国汇率水平是否实现均衡汇率，也不对成员国的汇率水平提出明确的政策建议。要判断一国汇率水平是否与其经济基本面相适应，就需要计算一国在中期的均衡汇率，从而得出现实汇率与均衡汇率的偏差，即汇率失衡程度。因此，如何计算均衡汇率便成为国际货币基金组织对汇率水平监督的重要环节。由于学术上对均衡汇率的计算方法众多，争议很大，如何找到可以适合计算国际货币基金组织大多数成员国均衡汇率的方法非常重要。

虽然《2007年新决定》提到了汇率根本性失衡的概念，但并未对如何计算根本性失衡提出具体操作方法。2008年8月4日，国际货币基金组织公布了《2007年监督决定的操作指南》（以下简称《指南》），对如何评估汇率水平提出了非常具体的操作方式。《指南》特别指出，评估成员国汇率均衡水平可参考CGER方法。因此，国际货币基金组织的CGER方法对成员国汇率的评估结果在汇率监督中将起重要的作用，研究CGER方法对于深入理解国际货币基金组织评估汇率的规则和方法具有重要意义。

一、国际货币基金组织 CGER 方法产生的背景

1995～1996年，国际货币基金组织成立了汇率咨询小组（Consultative Group for Exchange Rate，CGER），主要对七国集团（G7）汇率水平的内部评估，有关评估结果由国际货币基金组织口头告知七国集团。2001年3月，国际货币基金组织工作人员开始向执董会提交对11个工业国家汇率评估的结果。最早，国际货币基金组织只是根据经常账户收支方法进行汇率评估，2001年开始使用均衡实际有效汇率方法。2006年11月，随着各方面要求国际货币基金组织加强对成员国汇率监督呼声的提高，CGER汇率评估国范围扩大至27个国家，其中除七国集团以外，还包括中国、韩国、新加坡、马来西亚等新兴市场国家。

2007 年 6 月 15 日，国际货币基金组织公布了《2007 年新决定》，标志着国际货币基金组织汇率监督进入新的阶段，CGER 在汇率监督中的作用明显提高。此前，CGER 汇率评估的范围较窄，计算结果往往只作为对主要工业国家汇率监督的参考，国际货币基金组织执董会和成员国对 CGER 的关注只是限于学术研究。而《指南》认为，《2007 年新决定》和 CGER 使用了类似的对均衡汇率分析的理论框架，CGER 中的宏观经济均衡法（MB）可以最直接地运用于《2007 年新决定》，均衡实际汇率法（ERER）和外部可持续法（ES）可以为判断均衡汇率提供其他有用的信息。因此，在大多数情况下，CGER 结果加上对成员国国情的考虑，可以提供《2007 年新决定》所需要的判断成员国均衡汇率水平的最佳估计。《指南》的上述表述表明，CGER 将成为判断一国汇率是否存在根本性失衡的重要方法，其重要性已不再局限于学术研究，而是法律判定的重要依据。

为适应国际货币基金组织加强对汇率监督的新趋势，国际货币基金组织正在计划将 CGER 汇率评估扩大至所有成员国。目前国际货币基金组织的地区部纷纷成立专门的汇率评估小组，运用多种方法对本地区部分成员国进行汇率评估，作为对国际货币基金组织总体评估的一个补充。汇率评估的广泛化在国际货币基金组织正成为一种趋势。

二、CGER 汇率评估方法介绍

（一）CGER 的三种汇率评估方法

CGER 方法包括三种方法：

一是宏观经济均衡法（Macroeconomic Balance Approach，MB）。这种方法是国际货币基金组织评估汇率的核心方法，由 Swan 于 1963 年提出，后经 Williams 等人进一步扩展，与学术界通常使用的 FEER（Fundamental Equilibrium Exchange Rate）方法的原理基本类似。主要根据经济基本面因素估计出"经常账户差额标准（Norm）"，再根据按现行汇率估计的中期经常账户差额与经常账户差额标准之差判断所需要的实际有效汇率的调整程度，即汇率失衡程度。在最近的计算中，国际货币基金组织研究部通过对 54 个国家的面板数据进行回归分析得到经济基本面与经常账户差额之间的关系，经济基本面变量及其作用方向如下：

财政结余以财政结余（顺差或逆差）占 GDP 的比重表示，与经常账户顺差呈正相关关系。

人口变量以老龄人口占年轻人口的比重表示老人赡养率，根据跨代消费模型假设，当人越接近老龄，越倾向于花完一生的储蓄，因此储蓄越少，经常账户顺差减少；人口变量还包括人口增长率。

净国外资产对经常账户顺差的影响有两轮效应：第一轮效应，净国外资产越大，一国可以承受更大的贸易赤字，经常账户差额减少；第二轮效应，净国外资产越大，国外资产在境外的投资收益回流越多，经常账户差额将扩大。国际上经典的开放经济模型认为第二轮效应更大。

石油进出口差额以石油净出口占 GDP 的比重表示。石油净出口越大，经常项目余额越大。选择石油进出口差额主要由于石油对国际货币基金组织成员国的经常项目影响很大，对于石油出口国而言，石油价格的大幅上升引起的石油进出口差额的增加并不能期望这些国家用汇率快速升值进行调整；而对于石油进口国而言，在石油价格上升后，石油进口的大幅增加也不能用汇率快速贬值进行调整。

经济增长用两个指标反映。实际人均 GDP 增长率反映本国经济增长的情况。根据 Obstfeld 和 Rogoff 的研究，对于经济增长在同样起始阶段的经济体，投资率越高，进口越多，经常项目余额越低。相对收入（以 PPP 方法计算的人均收入与美国对应人均收入的比例）反映成员国的经济发展阶段。

经济危机在模型中作为虚拟变量。在经济危机中，由于经济增长下滑，经常项目会产生急剧恶化，成员国在境外筹资的能力也会受到较大影响。

金融中心也是模型中的虚拟变量。如果一国或地区（如比利时、中国香港、卢森堡、新加坡、荷兰、瑞士）是国际资本流动的中心，该国通常会出现较大经常项目顺差或较大的净贷出头寸。需要说明的是，财政结余、老人赡养率、人口增长率、石油进出口差额、人均 GDP 增长率以及人均收入变量均是相对变量，即本国上述变量的变化率与贸易伙伴国上述变量变化率的平均水平之差。运用宏观经济均衡法进行面板数据回归的结果及经常项目标准值分别见表 5 - 1、表 5 - 2。

表 5 - 1　　　　　　　　宏观经济均衡法：经常账户回归

	混合数据估计	固定效果估计
财政状况	0.19 ***	0.32 ***
老人赡养率	- 0.14 **	- 0.23 **
人口增长率	- 1.22 ***	- 0.46
初始净国外资产	0.02 ***	…
石油差额	0.23 ***	0.31 ***
产出增长	- 0.21 **	- 0.27
相对收入	0.02 *	…
银行危机	0.01 *	…

续表

	混合数据估计	固定效果估计
亚洲危机	0.06 ***	0.07 ***
金融中心	0.03 ***	…
调整的 R²	0.52	0.56

注：*、**、***分别表示置信度水平为10%、5%和1%。

资料来源：Research Department，CGER Methodology for Exchange Rate Assessments，国际货币基金组织，2006 年 8 月。

表 5－2　　　　　　宏观经济均衡法：经常账户标准值

（占 GDP 的百分比）

国家	经常账户[①]		经常账户标准值[②]
	观察值 2005 年	中期 2011 年	
发达国家			
欧洲	0.0	− 0.1	− 0.3
其他	− 3.4	− 4.0	− 1.5
石油输出国	14.0	6.6	6.9
新兴市场			
亚洲	5.0	4.0	− 0.7
拉丁美洲	0.6	− 1.3	− 1.5
中东欧国家	− 3.2	− 4.2	− 3.7
其他	− 2.7	− 1.9	− 2.2

注：①数据来自 2006 年 7 月《世界经济展望》数据库。

②为根据合并估计和固定效果估计计算得出的标准的平均值。

资料来源：Research Department，CGER Methodology for Exchange Rate Assessments，国际货币基金组织，2006 年 8 月。

二是均衡实际汇率法（Equilibrium Real Exchange Rate Approach，ERER）。2003 年以来，CGER 才开始使用均衡实际汇率方法对 11 个发达国家进行汇率评估。该方法认为一国的经济基本面决定其中期均衡汇率，因此，通过对 1980 ~ 2004 年 48 个国家的经济基本面与实际汇率的面板数据回归，直接估计出各国的均衡汇率水平；通过均衡汇率与现实汇率的比较，判断一国汇率是否存在高估或低估。经济基本面变量及其与均衡实际汇率的关系如下：

净国外资产以净国外资产在进出口贸易总量中的比重表示。根据跨代预算约束理论，净国外资产越多，一国就可以承受在汇率升值的同时为贸易赤字融资；债务国需要使汇率贬值以扩大贸易顺差偿付外债。

劳动生产率之差以本国贸易部门的人均产出与非贸易部门人均产出差表示。根据 Balassa – Samuelson 效应,如果贸易部门的劳动生产率增长快于非贸易部门,贸易部门的工资就会上升,对非贸易部门工资产生压力,导致非贸易部门的相对价格提高,即实际汇率上升。根据国际货币基金组织计算,中国在 1990~2002 年相对于贸易伙伴的劳动生产率增长了 50%,导致中国均衡实际汇率升值 10%。

商品的贸易条件以本国主要出口商品价格的加权平均值除以进口商品价格的加权平均值表示。商品的贸易条件上升,表明商品的出口价格相对于进口价格上升,因此,一国的实际收入上升,实际汇率也应该上升。

政府消费以政府消费占 GDP 之比表示。政府消费往往是对非贸易品增加支出,因此政府消费越多,非贸易品的相对价格就上升,导致实际汇率升值。

贸易限制指数为 1 表示贸易未开放,为 0 表示贸易开放。贸易限制越多,国际便宜的商品进口越困难,国内价格越高,导致实际汇率升值。

价格管制以管制价格在 CPI 篮子中的比重表示一国物价与转轨国家市场价格的偏离情况。当价格管制取消后,管制价格向市场价格靠拢(提高),导致实际汇率上升。

这种方法的优势在于能直接预测实际有效汇率与长期基本面之间的关系;缺陷是国别特点考虑不充分,基本面数据的均衡值不确定。

表 5 – 3　　　　　　　　　均衡实际汇率方法:回归

净国外资产	0.04 ***
生产率差异	0.15 **
商品贸易条件	0.46 ***
政府消费	2.64 ***
贸易限制指数	0.13 ***
价格管制	− 0.04 **
观测数	861
调整的 R^2	0.60

注:*、**、***分别表示置信度水平为 10%、5% 和 1%。

资料来源:Research Department,CGER Methodology for Exchange Rate Assessments,国际货币基金组织,2006 年 8 月。

三是外部可持续方法(External Sustainability Approach,ES)。该方法通过计算与某个稳定的(或可持续的)"基准"净国外资产水平相适应的经常账户差额与实际经常账户差额之差,来判断一国汇率所需的调整幅度。其理论依据是跨代预算约束假设,即一国未来的贸易顺差应足以偿付目前的外债。因此,为使该假设成立，应保证净国外资产稳定在与经济规模相适应的水平，以控制对外资产或负债的无限增长。

根据以上原理，国际货币基金组织推导出均衡经常账户余额与国内外资产的收益率、经济增长率和国外资产之间的关系：

$$bgst^s = -\frac{r^A - g}{1 + g}b^s + \frac{r^A - r^L}{1 + g}a^s$$

其中，$bgst^s$ 为 NFA 稳定在均衡水平时的包含服务和转移的经常账户余额，由于样本国家数据难以同时获得，国际货币基金组织选择了 2004 年作为基准年（均衡年）；r^A 和 r^L 分别为对外资产和对外负债的实际收益率；a^s 为均衡时的对外资产（以目前至中期的对外资产占 GDP 比例的平均值表示），b^s 表示均衡时的 NFA。

当经济增长率越高，债务国可以承受更大的经常账户逆差，或债权国将产生更大的经常账户顺差；如果对外资产的回报率大于经济增长率，均衡的贸易余额也可以较小；如果对外资产的回报率大于对外负债回报率，均衡的贸易余额较大。

表 5 – 4 显示，国际货币基金组织研究部采用的国别分组的计算结果，该表比较了在当前实际汇率水平下的使 NFA 稳定的经常账户差额和中期经常账户差额。在除欧洲以外的发达经济体中（主要是美国），在中期经常账户赤字将导致外币负债大量增加，反映了中期美国经常账户不平衡将进一步扩大。相反，石油出口国中期经常账户盈余将导致 NFA 增加。亚洲国家中期经常账户差额超过了能将 NFA 头寸稳定在 2004 年水平所需要的水平，亚洲地区的净债权国应汇率升值以保证 NFA 的稳定。相反，中东欧的中期经常账户将恶化，减少 NFA。

表 5 – 4   外部可持续性法：经常账户

（将净国外资产稳定在 2004 年的水平）

（占 GDP 百分比）

	净国外资产	经常账户	
	2004 年	中期 2011 年	稳定净国外资产 在 2004 年的水平
发达国家			
欧洲	− 5.8	− 0.1	− 0.3
其他	− 7.7	− 4.0	− 0.6
石油输出国	19.8	6.6	0.8

续表

	净国外资产	经常账户	
	2004 年	中期 2011 年	稳定净国外资产 在 2004 年的水平
新兴市场			
亚洲	18.5	4.0	1.3
拉丁美洲	−42.6	−1.3	−2.5
中东欧国家	−53.4	−4.2	−3.3
其他	−29.5	−1.9	−2.1

资料来源：Research Department，CGER Methodology for Exchange Rate Assessments，国际货币基金组织，2006 年 8 月。

Lane 和 Milesi - Ferretti（2006）净国外资产数据库，世界经济展望（2006 年 7 月），国际货币基金组织成员国估计。

（二）国际货币基金组织运用 CGER 方法的主要情况

国际货币基金组织在近年对主要国家均衡汇率的计算中，往往同时运用上述三种方法，然后将三种结果进行简单平均，得出国际货币基金组织对某一成员国汇率失调程度的总体结论。但《指南》指出，MB 方法往往比较可靠，其他两种方法可作为验证和支持。这可能预示着国际货币基金组织在未来汇率的监督中将增加对 MB 方法的使用力度和重要性。

近年来，由于国际货币基金组织管理层加快汇率监督进程，其地区部希望增强在汇率评估中的话语权，相继建立了汇率小组。目前，其中东部已经对 GCC 国家建立区域面板数据评估模型，其亚太部的汇率小组也已成立。其地区部对所负责的国家的汇率评估具有以下特点：一是建立具有国别特点的估算模型。一般而言，国际货币基金组织国别经济学家倾向于同情成员国，一些国别经济学家在参考 CGER 模型的基础上加上国别变量，有的甚至完全不用 CGER 模型（如新加坡、马来西亚）。二是选用与所负责成员国类似的国家进入样本。如中东部开发的面板数据模型只包括石油输出国（GCC 国家），各国的经常账户顺差均较大，因此用这种样本回归出的均衡经常账户差额很大，如沙特阿拉伯的均衡经常账户差额高达 GDP 的 20%，而其实际的经常账户差额为 GDP 的 27%。三是从理论上辩护。保加利亚当局认为国际货币基金组织经常账户差额法的理论基础是传统的跨代储蓄模型，但是保加利亚不适用于这一模型。保加利亚目前正在计划加入欧元区，人们对本国工资向欧元区靠拢产生了强烈的预期，因此不顾实际超前消费，使本已较大的经常账户逆差继续扩大。这种预期可能会持续至保加利亚加入欧元区的后几年，因此不能用跨代储蓄模型解释。保加利亚当局的这种分析得到国际货币基金组织工作人员的认可，尽管保加利亚经常账户逆差高达 GDP 的 20%，但国际货币基金组织仍未认为其汇率根本性失衡。

三、均衡汇率的计算对国际货币基金组织汇率监督的适用性争论

CGER 方法能否运用于国际汇率监督，在国际货币基金组织内部、国际学术界和成员国之间均引起了很大的争论。很明显，一个尚不成熟的方法运用于具有法律判定性质的场合是有失公允的，但是发达国家对国际货币基金组织加强国际汇率监督的倒逼压力又迫使国际货币基金组织强行将 CGER 方法运用于对汇率水平的判定。这将在国际货币基金组织未来的汇率监督中引起很多争议，国际货币基金组织能否坚持公平性，CGER 方法能否进一步完善并得到学术界和成员国的普遍认同，将决定 CGER 方法在国际货币基金组织的汇率监督中是否真正具有生命力。

（一）CGER 方法对国际汇率评估的主要贡献

CGER 方法最突出的贡献是其国际性，因此具有国际汇率评估较好的开端和制度框架。

一是国际性。CGER 方法虽然很不成熟，但是，作为一个多边组织，国际货币基金组织利用其强大的多边数据优势，使得国际货币基金组织在对成员国汇率的计算中能够最大限度地全面反映成员国和贸易伙伴的关系，这是许多学界人士难以做到的。例如，国际货币基金组织在计算成员国的相对劳动生产率的增长时，基本穷尽了成员国贸易伙伴的劳动生产率增长数据。此外，国际货币基金组织运用面板数据回归方法对大样本国家经济基本面与均衡汇率的关系进行研究，研究结果具有一定的全球代表性。

二是一致性。由于从全球来看各国经常账户差额之和应等于零，因此各国汇率失衡程度的计算结果也应保证汇率的调整使各国经常账户差额之和等于零。这项工作只有在全球层面汇总才可能完成。例如，石油输出国和亚洲国家均可能认为其经常项目标准的顺差应该很高，而美国可能认为其经常项目标准逆差应该很高，但是如果全球经常账户标准不等于零，某个国家过高的标准就不能成立。因此，全球一致性检验也在一定程度保证了国际货币基金组织汇率评估的公平性。

三是互补性。CGER 方法运用 MB、ERER 和 ES 方法互相进行检验，有助于弥补某一种方法的缺陷。例如，在 MB 方法下，可能一国认为其经常账户的标准应该很高。但是在 ES 的分析框架下，如果未来经常账户顺差大，就意味着目前的净国外资产可以较少，如果该国目前的净国外资产很大，就会产生矛盾。此

外，CGER 的三种方法的优势也能互补。如 MB 方法对宏观经济基本面与汇率的关系阐述较为清晰，但是历史数据太长难以反映转轨国家短时间内巨大的制度变化；ERER 方法能直接预测实际有效汇率与长期基本面之间的关系，缺陷是国别特点考虑不充分，基本面数据均衡不确定；ES 方法对于经济体的潜在增长率、通货膨胀率和外部资产和负债回报率的假设较少，不需要依赖计量经济方法，但缺陷是很难确定基准净国外资产。

（二）CGER 方法存在的缺陷

1. 理论方面的缺陷

一是以经济基本面为依据的汇率分析模型缺乏一定的理论支持。美国加州大学伯克利分校的著名经济学教授 Andrew Rose 根据大量实证研究认为，大部分的汇率变化均无一定的规律可循，即服从所谓的"随机游走过程"（Random Walk）。传统的宏观经济变量对汇率变化的解释力非常有限，两者之间并无明显的强相关关系。特别是对于那些低通胀的国家而言，目前经济文献中并未发现汇率与宏观经济基本面之间存在一致性的较强联系。他认为，一般人们预测未来某一时点的汇率都是在给定经济基本面的前提下进行的，实际中很难预测与经济基本面相一致的汇率水平。

二是传统的封闭经济模型已不能解释当前全球经济不平衡问题。魏尚进等学者认为，在全球化下，投资收益更决定一国直接投资的流向。由于新兴市场国家经济增长率高于发达国家，新兴市场国家大量吸引直接投资，从而形成出口能力；而发达国家大量输出直接投资，从而获得投资收益。因此，如果增长率之差保持相对较长的时间，跨代模型对当今全球不平衡问题就不具备解释力。此外，尽管某些国家（如美国）的经常账户不平衡已持续较长时间，但并不意味着其汇率出现大的失衡。

三是使用标准的经常账户模型作为衡量各成员国汇率均衡水平的依据不尽合理。日本东京大学教授 Tokatoshi Ito 认为，各国的储蓄模式和成因不同，不应采用同一个模型来评估各国的经常账户均衡水平；各国经常账户差额的构成也不尽相同，例如，日本经常账户顺差的一半来自于收益项目，而不是主要来自贸易项目，因此，仅以同一个经常账户模型得出各国"均衡经常账户差额"的判断是不恰当的。

四是 CGER 无法反映以政府管制为主的新兴市场国家的情况。美国加州大学 Santa Cruz 分校的著名经济学教授 Michael Dooley 认为，CGER 汇率分析的假设和结论是建立在标准的以私人部门行为为主的模型上的，而现实中新兴市场经济体主要体现为政府管制汇率，因此，该分析框架的结论可能是错误的。

2. 模型方面的缺陷

一是运用于新兴市场国家存在明显缺陷。国际货币基金组织自己就承认CGER方法本身存在明显的缺陷，包括重要的宏观经济关联关系不稳定，不同国家的上述经济关系存在差异，一些变量存在严重的度量问题以及模型的不合理性。这些问题在新兴市场国家可能更为严重，因为其经济结构变化较大、数据的可获性不强及样本长度不够的问题更加严重。由于新兴市场国家差异较大，国情各不相同，这些分析方法对评估新兴市场国家的汇率水平可能存在较大问题，还需进一步完善。

二是一些假设不一定适合某类成员国。例如，MB方法回归的关系反映，经济增长率越高，进口越多，经常账户标准越小，这一假设与出口对GDP拉动作用较强的我国情况正好相反。此外，汇率弹性、中期均衡值等假设均有很大的不确定性。再如，CGER中的ERER方法假设，成员国在中期的实际有效汇率基本不变，最多变化不超过2%。这一假设主要是为了使各国的计算结果通过全球一致性检验。但是，这一假设对于人民币实际有效汇率快速升值的中国并不适合，2005年以来人民币实际有效汇率每年都在升值，累计升值了20%以上。

三是数据期限不一定反映转轨国家的经济结构快速变化的特点。在MB方法中，国际货币基金组织采用1973～2004年54个发达经济体和发展中国家经济体的四年平均数据序列，估计经常账户差额与经济基本面因素的关系。过早的数据难以反映近年来我国加入世界贸易组织、国际外包加速、税收和财政支出调整等重要制度变化对经常项目盈余的影响。

四是全球样本剔除了一些重要代表性国家。沙特阿拉伯、新加坡这类经常账户顺差超大国并未包括在面板数据样本中。CGER小组认为，由于加入沙特阿拉伯后所有国家的计算结果被严重扭曲，因此剔除了沙特阿拉伯。但是沙特阿拉伯经常账户顺差与GDP的比重很高，剔除沙特阿拉伯后，面板数据回归出来的经常账户标准将偏低。这样，对于经常项目顺差较大的国家，其经常项目顺差与经常项目标准的差就会扩大，所计算出来的汇率低估程度也会扩大。

（三）CGER方法运用于国际汇率监督的可能趋势

由于CGER方法仍不完善，其运用于未来国际货币基金组织的汇率监督可能产生以下风险。

一是国情原则的运用分歧将增加。由于CGER对成员国汇率的评估最终应在全球框架下进行，在多大程度上考虑成员国的国情最终需要经过全球一致性检验，因此国际货币基金组织并不会允许过多考虑成员国国情。例如，如果很多经常账户顺差大的国家均要求将经常账户标准提高，而要求将经常账户标准降低的国家偏少，而全球的经常账户标准就会偏高，因此不能反映全球经常账户差额应该为零的全球经常账户平衡原则。

二是汇率监督的不对称性可能增加。由于 CGER 方法的变量、时间区间和样本的选取并未在《指南》中进行原则性地规定，因此，国际货币基金组织在 CGER 的计算程序方面具有较大的操作空间。由于发达国家是市场经济体，往往可以以市场调控为由不接受国际货币基金组织的汇率评估，这就迫使发展中国家作出更大的调整，因此不能排除在发达国家的压力下国际货币基金组织方面对发展中国家的汇率评估出现严重不合理的可能。此外，国情原则的运用也给国际货币基金组织很大的操作灵活性。例如，对于发达国家同情的成员国，国际货币基金组织可能较多地运用国情原则；而对于发达国家希望施加压力的成员国，国际货币基金组织则可能较少地运用国情原则。而国际货币基金组织灵活度的提高可能会损害法律的公正性和国际货币基金组织汇率监督的公平性和权威性。

三是与成员国就模型的理论前提、假设、数据、有关变量选取等问题的争论将持续不断。由于 CGER 模型的理论性和实证性均很强，还要通过全球一致性检验，成员国科学测算本国均衡汇率并说明国际货币基金组织将成为今后汇率谈判的主要内容。由于本国均衡汇率的计算需要通过全球一致性检验，这将给成员国的测算带来新的挑战。成员国建立全球均衡汇率模型，甚至模仿国际货币基金组织的测算均有可能成为今后各国评估本国汇率的趋势。

总之，作为充满争议的方法，CGER 方法被运用于国际汇率监督中，将增加对成员国汇率政策的压力，迫使成员国加快经济结构调整，提高对汇率水平的关注。我国政府和经济学家们应加强运用全球一致性的方法研究人民币均衡汇率及与其他主要货币均衡汇率的关系，这将促使我们更深刻地理解我国经济结构调整在促进全球经济再平衡中的作用。

第六章　汇率监督支点二：
对汇率体制的监督

一、汇率体制分类对汇率监督的意义和作用

汇率体制（Exchange Rate Regime）一般指关于汇率决定及其调节的一系列制度安排。其构成内容：一是汇率的形成机制，即确定合理的汇率水平的依据、汇率的波动幅度的确定；二是维护汇率水平的手段和调节方式。

汇率是货币之间的价格。在开放经济下，一国对外经济交往大多需要通过汇率来折算价格。汇率水平在微观层面上影响每一个涉外经济主体的成本和收益，在宏观层面上对国际贸易、投资、融资以及所有其他国际收支项目产生影响，进而影响经济总产出和就业，并最终影响国民福利。汇率体制不同，汇率灵活性就不同；面对同样的经济形势，汇率的走势和水平就不同，汇率对经济活动的影响因此就产生了巨大的差别。20 世纪 90 年代新兴市场经济体频发货币危机，汇率体制选择不当是重要因素。如何选择一个适当的汇率制度来保持金融的稳定，同时达到最好的经济绩效，长期以来一直是国际宏观经济学最为关注的问题之一。

对国际货币基金组织而言，对成员国汇率体制的分类是其实施汇率监督的基础。国际货币基金组织每年都发布《汇兑安排和汇兑限制年报》，对成员国实际的（De Facto）汇率制度进行分类。虽然《汇兑安排和汇兑限制年报》的结论不具有法律效力，但却被各国政府、国际组织、学术界和金融市场广泛引用，作为对各国汇率进行评价的基础。

二、汇率体制的历史演进和争论

（一）国际汇率体制的演进

与汇率体制紧密关联的是国际货币体系。从 19 世纪末英国建立全球性的殖民霸权、英镑充当国际货币算起，国际货币体系经历了金本位制、金汇兑本位制、布雷顿森林体系到牙买加体系的变迁，一百多年来，国际上占主导地位的汇率体制也经历了"金本位下的固定汇率—两次世界大战期间的浮动汇率—以

美元为中心的固定汇率—浮动汇率"的更替（见表6-1）。

表6-1   国际货币体系和汇率体制的变迁

时段	国际货币体系	汇率体制
1870~1914年	金本位制	固定汇率（金平价）
1919~1922年	两次世界大战间的混乱时代	浮动汇率
1922~1931年	金汇兑本位制	固定汇率（金平价）
1932~1939年	第二次世界大战前的混乱时代	浮动汇率
1944~1973年	布雷顿森林体系	固定汇率（以美元为中心的"双挂钩"）
1976年至今	牙买加体系	以浮动汇率为主

金本位制时期。英国从1774年开始实行金本位制，但金本位体系在全球确立要从19世纪70年代法国、德国、美国相继实行金本位制算起。金本位制下，自然、精妙而严肃的汇率平价增加了国际贸易和投资的稳定性，减少了外汇价格变换，有力促进了国际贸易和投资的发展。金本位制内在稳定性的优点至今仍让人称道，甚至还有人提出要恢复金本位制。但是，客观上世界黄金产量增长有限，难以满足世界商品生产和商品销售迅速增长对货币材料的需要，限制了黄金世界货币职能作用的发挥。1914年第一次世界大战爆发，金本位制结束。

金汇兑本位制时期。第一次世界大战爆发后，许多国家为了筹集庞大的军费，纷纷发行不兑现的纸币，禁止黄金自由输出，金本位制随之告终。这期间各国货币之间的汇率处于混乱的自由浮动状态。1922年，主要国家在意大利热那亚召开世界货币会议，决定采用"节约黄金"的原则，除美国实行金本位制外，英国、法国实行金块本位制，其他国家都实行金汇兑本位制。这一制度暂时缓和了黄金不足的问题，维系了固定汇率体系。但是，1929年后，全球经济陷入危机，各国相继放弃了金汇兑体制。此后，全球陷入了货币竞相贬值、贸易壁垒林立的"以邻为壑"的时代，直到第二次世界大战全面爆发。

布雷顿森林体系时期。关于布雷顿森林体系的论述汗牛充栋，本文不再赘述。该体系的核心是以美元为中心的、可调整的"双挂钩"固定汇率制。这期间世界主要货币的平价十分稳定。1950~1970年，英镑只贬值了一次，法国法郎贬值了两次，德国马克贬值两次，荷兰盾贬值一次，而日元、瑞士法郎、意大利里拉和比利时法郎等几乎没有变化。美国也维持了美元对黄金的稳定价格。稳定的汇率极大地促进了国际贸易和投资，推动了全球经济的新生和腾飞。战后的 20 年是世界贸易和国际支付迅速增长、国民收入迅速增加的黄金时期。但是布雷顿森林体系无法克服"特里芬悖论"的难题，最终瓦解。

牙买加体系时期。1971 年 8 月 15 日，美国实行"新经济政策"，宣布停止美元兑换黄金，这从根本上动摇了布雷顿森林体系的基础。一些国家开始实行浮动汇率。1973 年美元危机再次爆发，西欧各国与日本政府宣布本币与美元脱钩，汇率自由浮动。1976 年 1 月，国际货币基金组织在牙买加首都金斯顿召开临时会议，达成了"牙买加协议"，核心是黄金非货币化，储备货币多样化，汇率制度灵活化。同年 4 月，国际货币基金组织理事会批准了《国际货币基金组织协定》（第二修正案），国际货币体系进入牙买加体系。有必要指出的是，在当时签订的"牙买加协议"中，国际货币基金组织仍要求实行浮动汇率制度的成员国根据经济条件，应逐步恢复固定汇率制度。同时约定，经总投票权的 85% 多数票通过，国际货币基金组织可以决定采用稳定而可调整的货币平价制度，即固定汇率制度。但实际上，20 世纪 70 年代全球经济陷入滞胀，美元汇率不断下挫，70 年代末，时任美联储主席保罗·沃尔克采取高息政策后美元汇率又急速攀升，1985 年"广场协议"后又趋贬值。主要储备货币汇率动荡如此，恢复固定汇率制的蓝图终于被遗忘。

（二）汇率体制选择的争论

在国际金融理论领域，汇率体制的浮动和固定之争是经典话题。赞成浮动汇率的经济学家有哈伯勒、约翰逊、弗里德曼等，赞成固定汇率的有蒙代尔、金德尔伯格等。浮动汇率的优点是市场决定汇率水平、自动调节国际收支、促进经济内外平衡、隔绝通货膨胀国际传递；固定汇率的优点主要是稳定跨境交易价格，有利国际贸易和投资发展。

浮动汇率制与固定汇率制之间还存在以"盯住制"为代表的中间汇率制度，多被新兴市场国家采用。但 1994～1999 年新兴市场国家发生一系列危机后，国际学术界普遍认为，在国际资本市场高度发达的情况下，新兴市场国家实行的盯住汇率制度有问题。以 Exchengreen、Obstfeld 和 Regoff 为代表的学者提出了"中间制度消失假说"（The hypothesis of the vanishing intermediate regime），认为可调节的固定汇率制度是不稳定的，易引起危机，各国须在超级固定和超级浮动之间择其一。其主要理论依据是"不可能三角"，即政府不可能同时达到货币主权、汇率稳定和资本自由流动这三个目标。但是，以 Frankel 为代表的经济学家认为，"中间制度消失假说"过于绝对，除了完全放弃或完全保留汇率稳定目标外，还可以选择放弃上述三个中的两个目标，或者各放弃一半，从而实行中间汇率制。经验证据也显示，各国并未像"中间制度消失假说"所预言的那样迅速地移向两端而使中间地带腾空。

从世界经济发展史看，自从国际贸易体系建立后，国际分工和全球贸易格局多由各国资源禀赋和历史经济基础决定，国际经济环境变动较慢，稳定的汇率大多数时候是有益于全球经济的；但近几十年来信息化和工业自动化发展迅速，国际分工在相对较短的时间内就经历了多次变迁，加上国际金融业飞速发展，金融交易超过了实际经济交易，使得国际经济环境快速变化，浮动汇率制顺势成为主流。但是仍需看到，对于部分经济仍欠发达的国家，固定汇率制仍然是可行的选择；部分实体经济和金融部门都处于结构性变化的国家则实行中间汇率制。制度本无绝对的优劣，关键在于应时而变。

三、国际货币基金组织的汇率体制分类框架

从国际货币基金组织成立起，国际货币基金组织的汇率体制分类共经历了七次改变，但核心思想一直是按固定汇率和浮动汇率分类。布雷顿森林体系时期，主要分为固定汇率和浮动汇率两大类；布雷顿森林体系崩溃后，较多国家选择了中间汇率制。自1982年起，国际货币基金组织将成员国汇率制度分为三大类，"硬盯住"（hard peg）、"软盯住"（soft peg）和"浮动"（floating）。

（一）以官方汇率体制为主的分类框架

1998年前，分类标准中主要以成员国官方宣称的汇率体制（de jure）为准，主要经历了五次变更。

1. 布雷顿森林体系时期（1944年7月至1971年7月）

（1）平价（Par value）：成员国货币汇率围绕平价在±1%的区间内波动。1959年以后，成员国货币之间的交叉汇率波幅放宽至±2%，但每个货币与平价（以美元或黄金计价）之间汇率的波幅仍维持在±1%以内。

（2）浮动（Fluctuating）：虽然《国际货币基金组织协定》没有明确允许浮动汇率，但还是有18个成员国在某些时段采取了浮动汇率安排。

2. 史密斯森林体系时期（1971年12月至1974年1月）

（1）平价（Par value）：成员国货币汇率围绕平价在±2.25%的区间内波动，成员国货币之间的交叉汇率波动区间放宽至±4.5%。平价可以仍以成员国的货币、黄金或SDR衡量。1973年11月7日后，成员国可以盯住某一干预货币在±2.25%的区间内波动，无论这一干预货币的汇率围绕其平价的波幅或其交叉汇率的波幅是否超出了规定的区间。

（2）浮动（Fluctuating）：虽然《国际货币基金组织协定》没有明确允许浮动汇率，但还是有一些成员国在此期间采取了浮动汇率安排。

3. 1975 年分类体系（1975 年 6 月至 1976 年 9 月）

（1）盯住单一货币（Pegged to a single currency）：成员国货币盯住某一货币，围绕中心汇率的 ±2.25% 波动。

（2）盯住一篮子货币，包括盯住 SDR（Pegged to a composite，including the SDR）：成员国货币盯住一篮子货币或 SDR，围绕中心汇率的 ±2.25% 波动。

（3）浮动汇率制度：根据一系列指标进行调整（Floating：Adjusted according to a set of indicators）：成员国货币汇率围绕中心汇率在 ±2.25% 的区间内波动。成员国当局根据一系列指标，定期对中心汇率进行调整。

（4）浮动汇率制度：联合浮动（Floating：Common margins）：一些成员国在统一的合作框架下，任何两个货币的双边汇率围绕中心汇率在 ±2.25% 的区间内波动，同时通过干预维持本币和内部其他货币的汇率稳定。这些成员国货币总的对外价值（被称做"蛇形汇率"）由内部各国货币共同决定。

（5）浮动汇率制度：单独浮动（Floating：Independently）：货币汇率围绕中心汇率的波幅可以超过 ±2.25%。

4. 1977 年分类体系（1976 年 10 月至 1981 年 12 月）

（1）盯住单一货币（Pegged to a single currency）：成员国货币盯住某一货币，围绕中心汇率的 ±2.25% 波动。

（2）盯住一篮子货币（包括盯住 SDR）（Pegged to a composite，including the SDR）：成员国货币盯住一篮子货币或 SDR，围绕中心汇率的 ±2.25% 波动。

（3）浮动汇率制度：根据一系列指标进行调整（Floating：Adjusted according to a set of indicators）：成员国设定一个短期（通常为 1 天或 1 星期）内的中心汇率，并根据一系列事先设定的或以其他方式确定的明确指标设定一个较窄的汇率波动区间。当局可以无限制地买卖外汇来将汇率稳定在此区间内。

（4）合作性的汇率安排（Cooperative exchange arrangements）：一些成员国组成集团，在统一的合作框架下，任何两个货币的双边汇率围绕中心汇率在 ±2.25% 的区间内波动，同时通过干预维持本币和内部其他货币的汇率稳定。这些成员国货币总的对外价值（被称做"蛇形汇率"）由内部各国货币共同决定。

（5）其他（Others）。

5. 1982 年分类体系（1982 年 1 月至 1998 年 4 月）

（1）盯住单一货币（Pegged to a single currency）：成员国货币盯住某一货币，波动幅度为零或者极少超出 ±1%。从 1982 年起，完全美元化的国家被归入此类（之前，这些国家的分类与其盯住的货币归为同一类）。

（2）盯住一篮子货币，包括盯住 SDR（Pegged to a composite, including the SDR）：成员国货币盯住一篮子货币或 SDR，波动幅度为零或者极少超出 ±1%。

（3）围绕单一货币浮动（Flexibility limited vis – à – vis a single currency）：成员国货币盯住一篮子货币或 SDR，围绕中心汇率的 ±2.25% 波动。

（4）合作性汇率安排下的浮动（Flexibility limited vis – à – vis a cooperative arrangement）：一些成员国组成集团，在统一的合作框架下，任何两个货币的双边汇率围绕中心汇率在 ±2.25% 的区间内波动。

（5）根据一系列指标进行调整（Adjusted according to a set of indicators）：成员国设定一个短期（通常为 1 天或 1 星期）内的中心汇率，并根据一系列事先设定的或以其他方式确定的明确指标设定一个较窄的汇率波动区间。当局可以无限制地买卖外汇来将汇率稳定在此区间内。

（6）其他有管理的浮动（Other managed floating）：属于灵活的汇率安排，但不属于"根据一系列指标进行调整"或"独立浮动"。

（7）独立浮动（Independently Floating）：当局允许汇率由市场决定。即使当局要进行干预，也仅是通过买卖外汇来影响汇率的调整速度，而不是完全中和（neutralize）汇率波动。

（二）以实际汇率分类为准的分类框架

1998 年后，国际货币基金组织对汇率体制分类进行了调整，采用了以实际汇率分类（de facto）为准的分类框架，主要经历了两次变更。

1. 1998 年分类体系（1998 年 5 月至 2008 年 5 月）

（1）无单独法定货币汇率安排（Exchange Arrangement with No Separate Legal Tender）。指一国把另一国货币作为自己的唯一法定货币（正式的美元化），或者单一货币区（如欧元区）。

（2）货币局安排（Currency Board Arrangement）。这种货币制度明确承诺以一定的固定汇率实现本币与某种特定外币的兑换。为此，货币当局的货币发行受到限制，即货币发行以严格的特定外汇做发行准备。货币当局从而失去了中央银行传统的诸如货币控制和最后贷款人等的作用。

（3）其他传统固定盯住安排（Other Conventional Fixed Peg Arrangement）：

盯住单一货币或盯住篮子货币的安排，基本特点是，货币波动幅度长期内不超过中心平价的±1，或汇率最大值和最小值之差3个月内不超过2%。

（4）区间盯住（Pegged Exchange Rates within Horizontal Bands）：汇率波动维持在一定的区间范围内，但幅度大于传统盯住安排的情形，即围绕中心汇率的波动超过±1%，或汇率最大值和最小值之差超过2%。这种安排也包括欧洲货币体系（EMS）的汇率机制（ERM）（自1999年1月1日之后，该汇率机制被ERM II取代）。

（5）爬行盯住（Crawling Pegs）：以固定汇率为基础，随着时间的推移，为了对一定的经济冲击作出反应而对汇率水平作出小幅度的调整。

（6）区间爬行汇率制（Exchange Rates within Crawling Bands）：汇率调整维持在一定的区间内，但与爬行盯住相比，其汇率调整的幅度稍大，例如，超过中心汇率的±1%，或最大值和最小值之差超过2%。

（7）无预定路径的管理浮动（Managed Floating with No Predetermined Path for the Exchange Rate）：货币当局试图干预汇率，但没有特定的汇率路径和目标。管理汇率的依据来自比较广泛的判断，例如，国际收支头寸、国际储备变动、平行市场发展状况等。对市场的干预可能是直接的，也可能是间接的。

（8）独立浮动（Independently Floating）：汇率由市场决定，不存在任何形式的市场干预。

1998年，国际货币基金组织再次对汇率制度的标准进行了改革。以前分类标准中主要以成员国官方宣称的汇率体制为准，而忽略了汇率的实际形成机制和政策目标差异，新的汇率分类标准主要以实际汇率走势（de facto）为标准。

2. 最新分类体系（2008年6月至今）

2008年6月，国际货币基金组织执董会通过了关于实施最新汇率体制分类框架的报告，并在10月出版的2008年《汇兑安排和汇兑限制年报》中公布。新旧分类对比如表6-2所示，除了"硬盯住"大类内涵未变外，其他各类别的内涵都发生了较大变化。

表6-2　　　　　　　　　汇率体制新旧分类对照表

1998年分类			新分类		
大类	子类别	包含成员国的数量	大类	子类别	包含成员国的数量
硬盯住		22	硬盯住		22
	无单独的法定货币	9		无单独的法定货币	9
	货币局	13		货币局	13

1998 年分类			新分类		
大类	子类别	包含成员国的数量	大类	子类别	包含成员国的数量
		83			93
	传统固定盯住	71		传统固定盯住	39
软盯住	水平区间盯住	5		类盯住	29
	爬行盯住	6	软盯住	水平区间盯住	9
	爬行区间	1		爬行盯住	1
		82		类爬行	14
浮动安排	有管理的浮动	47		爬行区间	1
	独立浮动	35			59
			浮动安排	浮动	31
				自由浮动	28
			剩余类别	其他有管理的安排	13
合计		187	合计		187

（1）"软盯住"大类：四个子类别内涵缩小，相应增加两个子类别，其中"类爬行"内涵扩大。"传统固定盯住"、"水平盯住"、"爬行盯住"和"爬行区间"四个子类别改为依据成员国宣布的汇率体制确定，内涵缩小。根据新分类标准，只有成员国宣布的汇率体制和其汇率走势对应的实际的汇率体制类别一致时，该成员国的汇率体制才能被归为"传统固定盯住"、"水平盯住"、"爬行盯住"或"爬行区间"类别，这四个子类别的内涵都有所缩小。

新增"类盯住"和"类爬行"两个子类别。一些原属于以上四个类别的成员国由于宣布的汇率体制不属于以上分类，被相应地划分到新增加的"类盯住"和"类爬行"类别中。

"类爬行"的趋势波幅评估期缩短为 6 个月，内涵比原"爬行盯住"扩大。此前，国际货币基金组织在原分类中并未明确"爬行盯住"制成员国的汇率应在多长时间内"爬行波幅不超过 ±1% 或 ±2%，其内部评估时一般按 1 年掌握。但是，根据新分类标准，成员国汇率在 6 个月以内的趋势波幅不超过 2%，应被归为"类爬行"。由于爬行波幅的评估期缩短，很多成员国 6 个月内汇率波幅都达不到 2%，"类爬行"的内涵比原"爬行盯住"有所扩大，原属于"爬行盯住"的国家仅有 6 个，但新分类下属于"类爬行"的就有 14 个。

（2）"浮动安排"大类：定义更加严格。取代"有管理的浮动"的"浮动"

类别定义更严。国际货币基金组织认为，"有管理的浮动"类别是原分类框架下的剩余类别，不能归入其他分类的成员国都归入此类，导致该分类中的成员国汇率体制的异质性现象突出。为此，国际货币基金组织在新分类下取消了"有管理的浮动"分类，代之以"浮动"分类。"浮动"类别的定义在"有管理的浮动"定义的基础上增加了两个约束条件：一是汇率满足"类盯住"和"类爬行"统计指标的将不能被归为"浮动"类，除非可以清楚地判定汇率不是政府行为的结果；二是外汇干预的目的在于减少汇率的不恰当波动，但如果是盯住某一汇率水平，则不能被归为"浮动"类。

取代"独立浮动"的"自由浮动"类别定义更严。"自由浮动"在"独立浮动"的基础上增加了两个约束条件：一是只有成员国当局能提供信息证明，"在评估前6个月中，该国除了因市场异动而进行干预外，没有其他外汇干预措施"，该国汇率体制才能被归为"自由浮动"类别；二是6个月内只允许3次就市场异动进行外汇干预，每次不超过3个工作日。

（3）增加"其他有管理的安排"作为剩余类别。

新分类中增加了"其他有管理的安排"作为剩余类别，不能归入其他类别的成员国（例如，汇率体制变更频繁的成员国）将被归为此类。

（三）　与汇率安排相对应的货币政策框架

对于一个特定的国家而言，在一定时期内，一定的汇率安排总是与一定的货币政策框架相联系。所谓货币政策框架（monetary policy framework），可以理解为是一国货币政策当局在实施货币政策过程中所遵循的基本目标原则。不同的汇率制度选择可能对应着不同的货币政策框架，例如，实行传统盯住汇率制度的国家一般会以维持本币与一定货币锚之间双边汇率稳定作为自身的基本货币政策框架。而具有相同汇率安排的国家也可能在货币政策框架上存在差异，例如，同为实行独立浮动制度的国家，英国以通货膨胀目标作为自己的货币政策框架，而美国在货币政策目标方面则没有明确的承诺，在实施货币政策时，它一般会综合考虑多种宏观经济指标（如非加速通货膨胀失业率、通货膨胀率等）。按照国际货币基金组织的分类，货币政策框架主要有以下几种：

（1）汇率锚（exchange rate anchor）。这种货币政策框架的基本特征是，货币当局随时准备着以给定的汇率买入外汇或卖出外汇，以便将汇率维持在预定的水平或范围内。在该框架内，汇率的作用是作为货币政策的名义锚或中介目标。与该货币政策框架相对应的汇率制度主要包括无独立法定货币的制度安排、货币局制度、区间与非区间盯住以及区间与非区间爬行盯住等。

（2）货币总量锚（monetary aggregate anchor）。在该政策框架下，货币当局运用政策工具的主要目标是实现货币总量（例如，储备货币量、M1 或 M2 等）的目标增长率。换言之，目标总量是货币政策的名义锚或中介目标。

（3）通货膨胀目标框架（inflation targeting framework）。这一框架要求货币当局公开宣布自己的通货膨胀中期目标，并对于目标的实现作出制度上的承诺。

该框架的其他关键特征还包括：货币政策制定者要就其政策计划和目标与公众和市场增进交流，并强化中央银行实现通货膨胀目标的责任。货币政策的决策受预期通胀率偏离所宣布通胀率的程度的支配，因而，通货膨胀的预测性操作（既可能是隐性的，也可能是显性的）是货币政策的中间目标。

（4）国际货币基金组织支持或其他货币计划（fund – supported or other monetary program）。这一框架将货币政策和汇率政策的实施限制在一定范围内以为国际储备构筑一定的底部支持，而对中央银行的净国内资产数量设置一定的上限要求。这一制度体系有可能附加一定的关于储备货币的指示性目标。

（5）其他货币政策框架。采取这一政策框架的国家没有明确承诺和宣布的名义锚，但在实施货币政策的过程中，它们更可能对多个宏观经济指标进行监控。这一框架包含的另一种情况是，关于该国的货币政策体系，缺乏相关信息。

四、各国汇率体制的变化趋势

布雷顿森林体系瓦解后，国际汇率体系进入一个多元化和多极化的新时期，各国汇率制度的频繁变化，成为世界经济新的突出特点。

（一）汇率制度转换的频率和时间

从 1975 年到 1999 年，各国汇率制度的变动频率高，变动次数合计达 310 次之多。其中退出次数最多就是单一货币盯住制度，而同时转换到这一制度的为 39 次，进入合计次数最多的就是任意干预的管理浮动汇率，达 82 次。这一现象表明，各国的汇率政策已经从简单的随从主义开始向拥有更大自主权、更加灵活多变的汇率制度转移了。

从每种汇率制度采用的时间来看，严格盯住制度的久期最长，均值为 14.9 年，中值为 23 年；单一货币盯住和货币篮子盯住的久期次之，均值为 9～10 年，中值为 6～8 年；而浮动汇率制度的久期最短，均值约为 4～6 年，中值为 2～4 年。这也从实践的角度说明了汇率制度转换的必然性。没有任何一种制度会一劳永逸，当决定汇率的主导因素或汇率制度存在的环境发生重大变化时，原有的汇率制度必然面临着重新选择，会被新的汇率制度所代替。

（二）汇率制度转化的趋势

从整体上来看，不管是旧的分类标准还是新的分类标准，不仅体现了汇率制度转换频繁的特点，而且反映了国际货币基金组织成员国汇率制度变化的一个趋势，也即两极汇率制度的比例大大增加，而中间汇率制度的比例大大减少，这自 20 世纪 90 年代以来表现尤为明显。硬盯住汇率制度的国家从 1990 年的 16.7% 上升到 2002 年的 25.7%，浮动汇率制度的国家从 1990 年的 16.1% 上升到 2002 年的 37.4%，而中间汇率制度的国家则从 1990 年的 69.2% 下降到 2002 年的 36.9%。

（三）新兴市场经济体的汇率制度转型

新兴市场经济国家汇率制度的转型更加明显。在新兴市场经济国家中，盯住汇率制度国家从 1990 年的 6.7% 上升到 2002 年的 12.5%，浮动汇率制度国家从 1990 年的 16.7% 上升到 2002 年的 69.3%，而中间汇率制度则从 1990 年的 76.6% 下降到 2002 年的 28.1%。

（四）新兴市场经济国家汇率制度转型的模式

制度变迁的模式有渐进性变迁和强制性变迁，而强制性变迁又根据其变迁的本质不同，分为自愿平稳型的主动性变迁和危机推动型的被动性变迁。所谓自愿平稳型是指有准备的主动进行的转型，在转型前 6 个月至转型后 6 个月内，市场汇率贬值幅度不超过 25%。危机推动型的被迫性转变是指在转型前 6 个月至转型后 6 个月内，市场汇率贬值幅度超过 25%（Ahmet，Atil Asici，and Charles Wyplosz，2003）。1990~2002 年，有 28 个新兴市场经济国家进行汇率制度转型，其中 20 个转向更具弹性的汇率制度，8 个国家转向盯住汇率制度。它们的转型有些属于自愿型，有些属于危机推动型。20 世纪 90 年代以来的金融危机的惨痛教训表明，盯住汇率制非常脆弱，想不经历危机就退出盯住汇率制是极为困难的，只有极少数国家不经历危机就成功地通过盯住汇率实现稳定，并随后转为浮动汇率制，事实上这样的国家只有两个：以色列和波兰，且这两个国家都是在罕见的、非常有利的环境下退出盯住汇率制度。

五、中国的汇率体制分类

（一）改革开放以来我国汇率体制的演进

改革开放以来，我国汇率体制经历了四次大的改革，汇率从双轨制到单一制，外汇市场从分割走向统一，汇率灵活性总体提高（见图 6-1）。

1. 1979~1985 年，内部双轨固定汇率制

官方汇率为 1 美元 = 1.5 元人民币。为解决人民币汇率水平相对非贸易外汇

价格偏低，而对于贸易外汇价格偏高的问题，人民币官方汇率实行了贸易内部结算价和非贸易公开牌价的双重汇率制度，进出口和非贸易外汇收支分别采取不同的汇价结算。1981 年，贸易外汇内部结算价是按当时全国出口商品平均换汇成本加 10% 利润计算，定为 1 美元合 2.8 元人民币，适用于进出口贸易的结算，同时继续公布官方汇率，沿用原来的"一篮子货币"计算和调整，用于非贸易外汇的结算。两个汇率对鼓励出口和照顾非贸易利益起到了一定作用，但在使用范围上出现了混乱，给外汇核算和外汇管理带来了不少复杂的问题。1985 年 1 月 1 日取消内部结算价，重新实行单一汇率，汇率为 1 美元兑 2.8 元人民币。

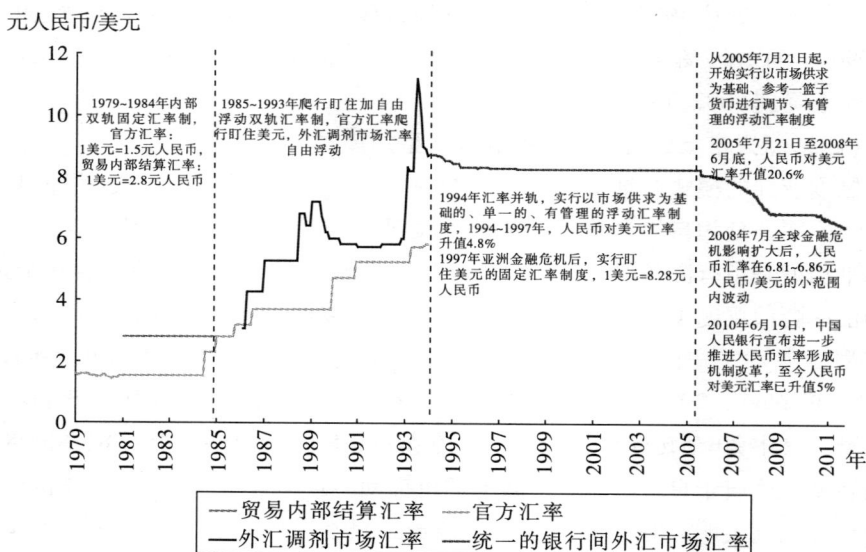

图 6 - 1　中国汇率制度的演进（1979 年至今）

2. 1985 ~ 1993 年，爬行盯住加自由浮动双轨汇率制：官方汇率盯住美元，外汇调剂市场汇率自由浮动

1985 ~ 1990 年，我国根据国内物价的变化，多次大幅度调整汇率。由 1985年 1 月 1 日的 1 美元兑 2.8 元人民币，逐步调整至 1990 年 11 月 17 日的 1 美元兑 5.22 元人民币。这几年人民币汇率的下调主要是依据全国出口平均换汇成本的变化，汇率的下调滞后于国内物价的上涨。

同时，实行官方汇率和外汇调剂市场汇率并存的汇率制度。为配合对外贸易，推行承包制，取消财政补贴，从 1980 年起，各地开始陆续实行外汇调剂制度，设立外汇调剂中心，开办外汇调剂公开市场业务，外汇调剂量逐步增加，形成了官方汇率和调剂市场汇率并存的汇率制度。从 1991 年 4 月 9 日起，对官方汇率的调整由以前大幅度、一次性调整的方式转为逐步微调的方式，即实行有管理的浮动。至 1993 年年末调至 1 美元兑 5.8 元人民币，比 1990 年 11 月 17 日下调了 9%。同时，放开外汇调剂市场汇率，让其随市场供求状况浮动。但由于外汇调剂市场按行政区划设置，外汇资源缺乏横向交流，各地调剂价格不尽相同。而且，由于地区和部门外汇留成的比例不同，形成多种汇率，基本上是一地一价。

3. 1994 年至 2005 年 7 月，以市场供求为基础的、单一的、有管理的汇率制度

有管理的浮动汇率制度正式启动于 1994 年的汇率并轨。1993 年 11 月，党的十四届三中全会通过的《中共中央关于建立社会主义市场经济体制若干问题的决定》明确要求"建立以市场供求为基础、有管理的浮动汇率制度和统一规范的外汇市场"。1994 年 1 月 1 日，人民币官方汇率与调剂汇率并轨，正式开始实行以市场供求为基础、单一的、有管理的浮动汇率制度。其中特别提到要实行单一的汇率制度，改变了 1994 年以前我国实行的双重汇率制度，将官方汇率与因外汇留成而形成的外汇市场调剂和交易的汇价统一起来。

1994 年的汇率体制改革还包括实行银行结售汇制和取消外汇留成和上缴等措施，简化了银行和企业的用汇手续，有力地调动了企业出口创汇的积极性；同时，在全国建立了统一的银行间外汇交易市场，标志着人民币汇率形成机制开始转向以市场供求为基础的新阶段。人民币汇率作为重要的价格调控工具，开始逐步发挥在外汇资源配置中的基础性作用。1994 年汇率并轨时的汇率是 8.7 元/美元的调剂汇率价格，这既反映了以市场供求作为定价的基础，也体现了支持出口改善外汇储备不足的要求。到 1997 年亚洲金融危机深化时人民币对美元名义汇率较并轨时累计升值近 5%，为 8.3 元/美元，说明 1994～1997 年人民币汇率是有波动的，是浮动的，体现出以市场供求为基础、有管理的浮动汇率制的特征。

4. 2005 年 7 月至今，以市场供求为基础、参考一篮子货币进行调节、有管理的浮动汇率制度

2005 年 7 月，我国政府改革人民币汇率形成机制，实行以市场供求为基础、参考一篮子货币进行调节、有管理的浮动汇率制度。市场供求在人民币汇率形成中的作用日益加大，人民币汇率弹性明显增强。2005 年汇改至 2011 年 8 月底，人民币对美元升值 29.59%；2005 年汇改至 2011 年 8 月，国际清算银行计

算的人民币名义有效汇率升值13.53%，实际有效汇率升值23.09%。

2008年国际金融危机爆发，许多国家货币对美元大幅贬值，我国经济也遭遇了出口减速、资本外流的显著冲击。在此背景下，我国政府克服困难，坚持稳定人民币汇率，为抵御国际金融危机发挥了重要作用，为亚洲乃至全球经济的复苏作出了巨大贡献。

当前全球经济逐步复苏，中国经济回升向好的基础进一步巩固，经济运行已趋于平稳。2010年6月19日，我国根据国内外经济金融形势和中国国际收支状况，决定进一步推进人民币汇率形成机制改革，增强人民币汇率弹性。坚持以市场供求为基础，参考一篮子货币进行调节。继续按照已公布的外汇市场汇率浮动区间，对人民币汇率浮动进行动态管理和调节。

进一步推进人民币汇率形成机制改革以来，国内市场运行平稳，人民币升值预期趋于收敛，企业、个人和金融机构反应平稳，人民币汇率弹性明显增强。

（二）国际货币基金组织对我国汇率体制分类

1998年以前，国际货币基金组织主要以官方宣布的汇率体制来对我国汇率体制进行分类。这里着重研究1998年以后我国汇率体制的分类。

1. 1998～2005年："传统固定盯住安排"

1998年至2005年7月汇改前，人民币兑美元汇率保持稳定，我国汇率体制相应地被归为"传统固定盯住安排"。2005年7月汇改后人民币对美元升值，但截至2005年年底升幅不大，因此在国际货币基金组织2006年《年报》中我国汇率体制仍被归为"传统固定盯住安排"。

2. 2006～2008年："爬行盯住"

在国际货币基金组织2007年《年报》里，我国汇率体制的分类从"传统固定盯住安排"类别被重新划分为"爬行盯住"类别。国际货币基金组织将我国汇率体制划入"爬行盯住"类别，部分肯定了人民币汇率形成机制改革的成果。

从2007年《年报》的表述可以看出，国际货币基金组织改变我国汇率体制类别主要有以下原因：一是汇改后人民币汇率灵活性逐步增强，使我国满足了退出"传统固定盯住安排"类别的要求。"传统固定盯住安排"的定义要求"在3个月以上的时间内汇率最高点不超过最低点的2%"，因此人民币汇率应满足"至少在一个3个月以内的时间区间中，汇率最高点超过最低点的2%"的要求，才能退出"传统固定盯住安排"类别。2007年7月10日，人民币兑美元汇率比三个月前（4月10日）升值2.01%，使我国满足了上述标准。二是汇改后人民币兑美元汇率中间价逐步升值，使我国满足了"爬行盯住"类别的标准。从日均浮动幅度来看，2005 年人民币兑美元汇率日均约浮动 17 个基点，2006 年上升到 40 个基点，2007 年上升到 60 个基点，汇率弹性不断扩大，满足了"爬行盯住"类别"目标汇率定期进行小幅度的调整"的标准。国际货币基金组织决定从 2006 年 8 月起将我国汇率体制划入"爬行盯住"类别，是综合考虑了上述两个因素的结果。

　　值得注意的是，我国宣布人民币汇率体制为"有管理的浮动"，但根据国际货币基金组织现行分类技术标准，我国汇率体制被定义为"爬行盯住"。虽然 2008 年以来人民币汇率弹性不断增强，但根据国际货币基金组织新分类的技术标准，我国汇率体制仍将被定义为"爬行盯住"，主要原因如下：一是由于人民币兑美元的波动性小于人民币兑其他货币和人民币名义有效汇率的波动性（见图6－2、图 6－3），国际货币基金组织将人民币兑美元汇率作为参考汇率；二是考察期内（以 6 个月为准，参考 1 年内数据）人民币兑美元汇率走势未超出趋势值 ±1% 的区间（见图 6－2）。

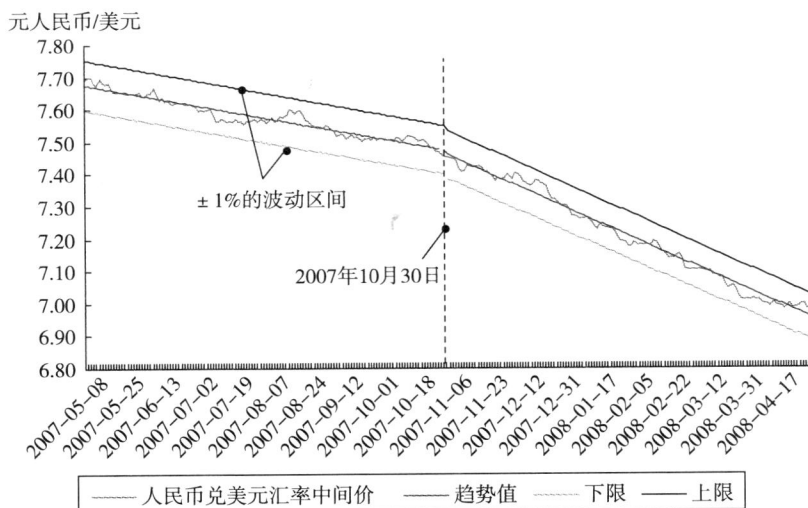

注：此图中后 6 个月汇率走势为国际货币基金组织判定人民币汇率体制的依据。

图 6－2　人民币兑美元汇率波动（2007 年 5 月 8 日至 2008 年 4 月 30 日）

3．2008 ~ 2010 年："稳定安排"

2008 年国际金融危机恶化后，人民币兑美元汇率保持稳定。根据最新分类框架，这期间我国汇率体制被归为"稳定安排"。

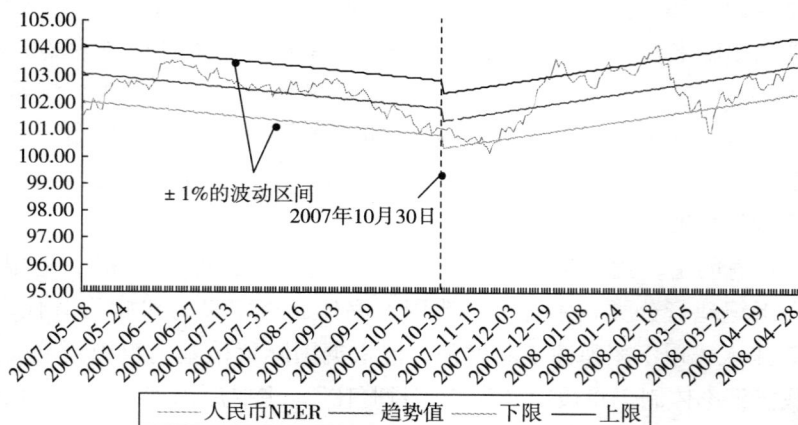

图6-3 国际货币基金组织测算的人民币名义有效汇率波动
（2007年5月8日至2008年4月30日）

4. 2010年6月19日至今："准爬行盯住"

2010年6月19日人民银行宣布重启汇改，进一步提高人民币汇率形成机制的灵活性，人民币对美元汇率在±2%的爬行区间内缓慢升值。国际货币基金组织将我国汇率体制归为"准爬行盯住"。

专栏6-1　中国和马来西亚汇率体制分类比较

2005年7月21日，中国和马来西亚同时进行了汇率改革。与中国不同的是，马来西亚没有选择每日公布汇率中间价，而是让林吉特自由浮动，并在必要的时候入市干预。汇改以来，由于两国货币汇率的升值速度、波动幅度和两国干预汇市的频率不同，国际货币基金组织对两国汇率体制的评估也不同。2006年，马来西亚的汇率体制便从"传统固定盯住安排"类别被重新划分为"有管理的浮动汇率"类别，比中国退出"传统固定盯住安排"早，且进步大。

一是林吉特的升值速度高于人民币。汇改后至2006年4月，林吉特对美元升值达4.59%，而同期人民币对美元的升幅（不含一次性升值因素）仅为1.16%。因此，林吉特兑美元汇率于2006年3月16日便满足了"至少在一个3个月以内的时间区间中，汇率最高最低点之差超过2%"的标准，比中国早16个月。

　　二是林吉特波动幅度大于人民币。汇改后至 2006 年 4 月，林吉特对美元汇率日内波幅最大值和平均值为 0.80% 和 0.17%，到 2007 年 4 月进一步上升到 1.18% 和 0.26%。而截至 2007 年 4 月，人民币对美元汇率日内波幅最大值和平均值仅为 0.33% 和 0.07%。

　　三是马来西亚当局对汇率干预较少，外汇储备增长慢于中国。由于马来西亚货币当局对汇率干预较少，马来西亚的外汇储备增速也低于中国。中国 2006 年外汇储备增速为 30.2%，2007 年 1～4 月进一步提高到 39.3%，而马来西亚同期的增速仅为 17.8% 和 21.4%。也正是基于这一原因，国际货币基金组织将马来西亚汇率体制划分为"有管理的浮动"类别，而将中国的汇率体制划分为"爬行盯住"类别。

第七章　国际汇率监督的新趋势

一、国际汇率监督的新体系

2008 年全球金融危机后，二十国集团凭借其在发达国家和发展中国家的代表性，在协调全球经济金融问题中发挥了核心作用。汇率监督问题也由此提上二十国集团的主要议事日程。在 2009 年的二十国集团匹兹堡会议上，世界主要领导人认为，国际货币基金组织在解决国际金融危机方面应发挥重要作用，呼吁建立系统的国际合作关系，要求国际货币基金组织前瞻性地分析成员国宏观经济政策是否互相协调，以促进全球经济强劲的、可持续的平衡增长，支持二十国集团的互评估机制（Mutual Assessment Progress，MAP）。在 2010 年的二十国集团韩国首尔峰会上，二十国集团提出要对具有系统重要性国家使用量化指标来考察，主要体现了各国在平衡国际收支方面的努力。可以说，在后危机时期，二十国集团在国际汇率监督中的核心作用进一步发挥。

国际货币基金组织的新的监督体系主要由多边监督、金融部门监督和双边监督组成，三者之间紧密联系，互为支撑。图 7-1 表示了三者之间的关系。

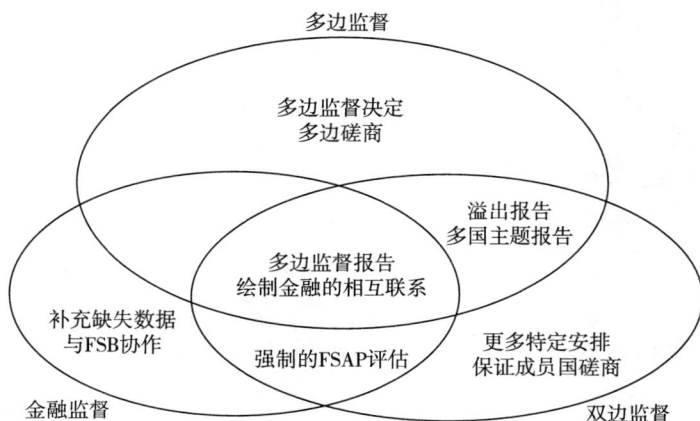

图 7-1　国际货币基金组织各种监督工具关系图

（一）扩大多边监督体系

国际货币基金组织在进行多边监督中，主要运用《世界经济展望》、《全球金融稳定报告》、《地区经济走势报告》三个分析工具，以及金融部门评估规划。

《世界经济展望》是国际货币基金组织对全球经济走势进行研究和预测的重要工具。过去的世界经济展望主要分析主要地区的世界经济形势，而对世界经济的风险提示不够。《2007 年新决定》发布后，《世界经济展望》加强了对具有系统重要性国家政策的评估和评论，如在最近几期的《世界经济展望》中，均有对中国汇率水平的评论。

从 2006 年开始，国际货币基金组织撰写《全球金融稳定报告》，分析评估全球金融市场、全球不平衡和脆弱性对金融市场稳定性的影响。未来，国际货币基金组织还将整合上述两个报告，从而向成员国高层提出更加明确的建议。

《地区经济走势报告》分析全球五大主要区域的经济运行情况，并与区域内的二十国集团成员国密切合作。在区域监督上，国际货币基金组织还对主要区域撰写汇率监督的区域评估报告。

为分析评估系统重要性国家的全球溢出效应，国际货币基金组织建立了多边磋商机制。每年，国际货币基金组织将派团对系统重要性国家进行访问，分析各国宏观经济政策的外溢效应和相互影响，并评估其对全球经济平衡的影响。但是，过去的多边磋商报告较为笼统。2010 年，国际货币基金组织提出要对中国、欧元区、日本、英国和美国撰写溢出效应报告，说明还会通过多边磋商对重要国家加强监督。而在五个重要国家中，中国排在首位，这也是第一次。为加强国际货币基金组织维护全球金融稳定的职能，2010 年，国际货币基金组织还提出，多边监督报告应作出多边监督决定，并开始考虑多边监督决定所包含的内容。

（二）建立对金融部门的监督机制

从 1999 年开始，国际货币基金组织建立金融部门评估规划（FSAP）。过去，金融部门评估主要是针对成员国的，具有双边性质。全球金融危机爆发后，国际货币基金组织进一步认识到应对全球重要国家的金融风险进行全球层面的分析。2010 年，国际货币基金组织在加强监督的职能计划中提出，将研究全球金融的相互关联性，建立全球风险图。2011 年，国际货币基金组织提出，要对全球 25 个最重要的金融体系进行 FSAP 评估。

国际货币基金组织还加强了早期预警系统。早在亚洲金融危机后，国际货币基金组织就建立了早期预警系统，当时主要以加强成员国金融数据的报送为主，全球层面的工作仍显不足。全球金融危机后，国际货币基金组织认为，应加强多边监督与双边监督的联系，而联系的工具就是早期预警系统。早期预警系统由国际货币基金组织和金融稳定论坛共同开发，主要是识别全球经济金融体系中正在出现的风险并将之分级，分析金融和行业之间的风险联系，市场的溢出效应。

（三）加强双边监督

国际货币基金组织认为，以前对成员国的监督不够坦诚和有力，在新体系中，国际货币基金组织加强了对成员国的汇率监督。其汇率监督主要通过三层监督来实现：

一是通过双边第四条款磋商机制对成员国进行常规性的监督。一般国际货币基金组织对第四条款磋商主要通过4项原则和7项指标来实现。其中，4项原则是：

原则A：成员国应避免操纵汇率或国际货币体系来阻碍国际收支的有效调整或获得对其他成员国不公平的竞争优势。

原则B：成员国应在必要时干预外汇市场，对付失序状况，例如，对付本币汇价破坏性的短期变动。

原则C：成员国在采取干预政策时应考虑其他成员国的利益，其中应顾及本币被干预的国家的利益。

原则D：成员国应避免采取导致外部不稳定的汇率政策。

与《1977年决定》相比，《2007年新决定》增加了原则D，即将外部稳定概念引入。其中外部稳定指一国经常项目差额可持续，汇率没有出现根本性失衡。从法律角度看，只有原则A是成员国义务，如果成员国违反原则A，就被认为是没有履行成员国义务。其他三项原则都是道义上的原则。但是，由于原则D意指汇率不能出现根本性失衡，这就给国际货币基金组织的汇率监督增加了明确评估成员国汇率水平的监督内容。

为了判断成员国是否遵守上述4项原则，国际货币基金组织还设计了7项指标。主要有：

（1）在外汇市场进行持续、大规模的单向干预；

（2）以国际收支为目的的不可持续的或带来过高流动性风险的官方或准官方借款，或过度的、长时间的官方或准官方外国资产积累；

（3）出于国际收支目的，实行、大幅强化或长期维持对经常交易或支付的限制性或鼓励性措施；或出于国际收支目的，实行或大幅修改对资本流入或流出的限制性或鼓励性措施；

（4）出于国际收支目的，实行非正常鼓励或阻止资本流动的货币和其他国内金融政策；

（5）根本性汇率失衡；

（6）大量和持续的经常账户逆差或顺差；

（7）私人资本流动导致的对外部门显著脆弱性，包括流动性风险。

二是通过特别磋商机制对有问题的成员国进行进一步磋商。如果国际货币基金组织发现某成员国的汇率有根本性失衡情况，或导致了其他外部不稳定，国际货币基金组织将发起对该成员国的进一步的磋商。此外，在多边磋商中，如果在正常磋商期间发生严重的经济事态，国际货币基金组织也可对具有系统重要性国家发起特别磋商。

三是通过三年监督检查对国际货币基金组织的双边监督进行总结。

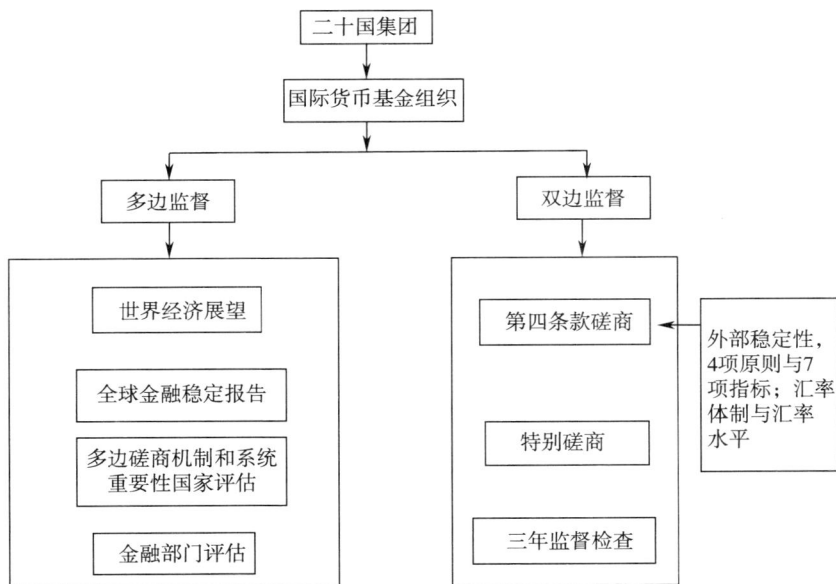

图 7 - 2　汇率监督新体系

二、对汇率监督新体系的评价

（一）国际货币基金组织的评估：对汇率的关注增强，但坦诚度不够

2008 年，国际货币基金组织对双边监督发布了指南，指出双边监督有三个主要目标，加强对监督的重视；加强对汇率问题的关注；国际货币基金组织对成员国对外部稳定和汇率问题应该坦诚和清晰。国际货币基金组织认为，迄今，前两个目标基本实现，第三个目标——坦诚和清晰原则的实现情况并不理想。

为此，国际货币基金组织要求工作人员对于汇率情况满足有关"根本性失衡"指标的成员国，应使用"根本性失衡"的措辞。

根据三年监督检查的程序，2010 年 7 月，国际货币基金组织公布了自《2007 年新决定》公布后第一个三年检查报告，主要对 2004 年双边监督评估后的汇率监督情况进行评估。该报告主要通过采访成员国当局官员、媒体、金融部门人士等，形成对双边监督的评估。该报告总体对双边监督实践给予了很高评价，主要如下：

一是外部人士对国际货币基金组织监督质量的价值高度认可。各成员国官员和当局认为，国际货币基金组织对成员国经济的分析放在全球宏观经济的框架下，国际货币基金组织对成员国的政策建议可以通过成员国与国际货币基金组织方面的不断对话进行完善；媒体人士认为国际货币基金组织向国际社会提供了详细的成员国经济信息，而且此信息是可信的、独立的、高质量的；金融界的人士认为国际货币基金组织的分析质量高于与其竞争的机构。

二是向成员国当局提供了国际组织对其经济的评价。国际货币基金组织对成员国的磋商报告既向国际社会提供了成员国的经济信息，也向该成员国提供了国际货币基金组织对其经济的分析和评价，相当于对成员国的经济提供了国际视角。

三是对发展中国家参考价值最大。调查表明，国际货币基金组织双边监督对发展中国家的政策参考价值最大，对新兴市场经济体和发达国家次之。这是因为，在发展中国家，国际货币基金组织的意见往往是这些国家为数不多的、独立的、在整体宏观框架下的经济政策建议。而在发达国家和新兴市场经济体，不同的、独立的经济研究智库较多，国际货币基金组织建议的参考价值相对较弱。

四是国际货币基金组织的财政政策建议是双边监督中价值最大的部分。国际货币基金组织将财政政策放在宏观经济框架中分析的技术对欧洲国家价值较大，特别是长期财政可持续性分析、对于更广义的公共部门的隐藏财政成本的分析很有价值。国际货币基金组织大部分工作人员磋商报告均清晰地分析了成员国近中期财政建议，并将短期政策建议放在中期财政稳健路线图中。

五是磋商报告对成员国经济状况的评估和近期前景的判断也得到了好评。

（二）新监督体系下的成员国义务

新监督体系虽然没有直接增加成员国义务，但是强化了成员国义务。新监督体系是以外部稳定为核心，以汇率水平根本性失衡为判断汇率操纵的重要依据，以对成员国磋商和启动特别磋商为主要监督手段的汇率监督体系。与旧监督体系相比，新监督体系定义更加明确，更加注重对汇率水平根本性失衡的判断，判断依据更加注重参考经常项目指标，因此操作性更强。

对成员国的汇率进行评估时，《2007 年新决定》赋予了国际货币基金组织工作人员较大的随意性（Discretion）。从法理学的角度来说，一部法律如果判罪标准随意性太大，就不能称之为法律。按照刑法的一般原则，只要对犯罪事实存在合理性怀疑（Reasonable Doubt），就不能定罪。《2007 年新决定》虽然也强调"国际货币基金组织在有合理怀疑的情况下不作出不利于该成员国的判定"，但是什么是"合理性怀疑"却由国际货币基金组织工作人员决定，这就好比国际货币基金组织既当原告又当法官，影响了依据《2007 年新决定》所作出的结论的公正性。此外，《2007 年新决定》对判定汇率水平根本性失衡的标准定得很高，国际货币基金组织在作出裁决时更需要考虑是否存在对其判定结论的合理性怀疑，例如，成员国的汇率政策是否增加了汇率弹性，其宏观经济政策是否有助于纠正外部失衡等。如果存在这种合理性怀疑，就不应该判定该成员国的汇率存在根本性失衡。

在多边监督方面，国际货币基金组织近期加强多边监督的努力，专门对系统重要性国家的金融部门评估、建立全球早期预警系统、进行溢出效应评估、勾画全球风险图等均有利于国际社会深刻理解主要国家经济、金融、风险之间的相互联系，将有利于提高国际社会对金融危机的预见性和反应，敦促主要国家加强政策协调，减少金融危机的爆发频率。

三、《2007 年新决定》公布后汇率监督的实践和未来趋势

（一）《2007 年新决定》公布后的汇率监督实践

国际货币基金组织公布《2007 年新决定》后，对成员国的汇率监督进一步加强。国际货币基金组织已经于 2010 年对汇率监督新决定的实施情况进行了评估。近期汇率监督的主要特点表现为：

一是对有关国际货币基金组织核心职能内容的监督力度大大提高。国际货币基金组织对成员国的磋商报告对影响成员国内部和外部稳定的政策的关注进一步提高。在磋商报告的专题研究中，86% 的报告均对国际货币基金组织双边监督决定所涉及的汇率、货币政策、财政政策和金融部门政策进行阐述，该比例较 2004 年的监督评估提高了 9 个百分点。

二是对成员国的磋商更加坦诚和透明。过去，国际货币基金组织对成员国的磋商报告往往不直接写该国的汇率失衡多少，而《2007 年新决定》公布后，国际货币基金组织在磋商报告中直接给出成员国汇率的失衡程度。如 2006 年国

际货币基金组织独立评估办公室发现，只有 2/3 的磋商报告对成员国的汇率水平进行了评估。但到 2008 年的三年评估，90% 以上的磋商报告均作出了汇率评估。如 2009 年，在对马来西亚的报告中认为林吉特低估了 25%。这种透明加大了成员国的压力，也会给市场买入林吉特以激励，还可能成为成员国的贸易伙伴申请对其进行贸易制裁的借口。

三是对汇率问题的分析更加深入。如 2006 年时，国际货币基金组织独立评估办公室发现，国际货币基金组织磋商报告对成员国汇率水平的评估只是基于实际有效汇率图，而对复杂的计量经济模型运用较少；而本次监督评估发现，大多数国际货币基金组织磋商报告已经开始运用 PPP 方法、CGER 模型来评估成员国的汇率水平。

四是对经常项目顺差国和经常项目逆差国的监督力度不对称。对于经常项目顺差国，国际货币基金组织往往通过增加中期磋商等形式加强监督。例如，对我国的磋商报告曾屡次试图提出人民币汇率大幅低估。但由于我国政府的据理力争，未能成功。而对于美国等经常项目逆差国，国际货币基金组织的监督并不有力。例如，有一半的国际货币基金组织执董认为，国际货币基金组织对发达经济体的磋商报告中只有极少数对影响监督的关键性问题作集中分析，而且近年来这种情况也没有改善。

五是与双边监督相配合的其他类型监督快速增加。双边监督主要是对成员国的汇率监督。国际货币基金组织同时还加强了多边监督。如通过《世界经济展望》、《全球金融稳定报告》等形式对全球经济、金融、汇率进行监督，加强对跨国溢出效应的分析。例如，国际货币基金组织曾对欧元区国家、全球具有体系重要性的国家（包括中国）进行多边磋商。目前，国际货币基金组织的监督形式多样，有多边监督、区域监督、金融部门监督、双边监督等。

六是重新进行汇率体制分类。新的汇率分类标准更加细化，将过去较模糊的有管理浮动汇率体制更加细分，并使灵活汇率体制的标准更加严格。虽然汇率体制分类并不是汇率监督的直接内容，但是如果按新的汇率体制分类标准，一些过去分类为有管理浮动汇率体制的国家被归类为类爬行或类盯住类，从而使更多的成员国被分类为更不灵活的体制，通过市场形象增加其促进汇率灵活性的压力。

（二）2011 年国际货币基金组织决定重写新监督决定

2011 年 3 月，国际货币基金组织启动了新一轮监督政策和效果的 3 年期审议，考虑对《2007 年新决定》进行评估。在中国等新兴市场国家的呼吁下，2011 年 10 月 24 日召开的执董会决定重写一个覆盖多边和双边监督、更广泛地覆盖全球稳定的新监督决定，要求国际货币基金组织工作人员在 2012 年初推出修订监督法律框架的具体报告，并在 4 月国际货币基金组织春会前再次提交执董会。这标志着未来国际货币基金组织监督职能改革有可能朝着更为合理的方向发展。

随着经济总量的不断增大，新兴市场国家在国际货币基金组织的份额也在不断增加。在此条件下，国际货币基金组织决定重写新监督决定，将对新兴市场国家以及我国提高国际影响、利用国际规则维护其利益提供一个契机，从而更有效地参与国际货币基金组织汇率监督职能改革。

（三）国际汇率监督的未来趋势

从上述分析可以看出，为了在解决全球不平衡和应对国际金融危机中发挥重要作用，国际货币基金组织正在大力加强汇率监督力度，扩大监督范围，扩张其监督管辖权。虽然国际货币基金组织本次三年监督评估报告认为汇率监督已有很大的改进，但是国际货币基金组织的监督总体上没有实现预期目标。我们预计未来国际货币基金组织的汇率监督的内容将更加全面、重点将更加突出、影响将更加扩大。下一步汇率监督可能向以下方向发展：

一是扩大监督管辖权。目前，国际货币基金组织已提出，希望具有在资本账户方面的管辖权。这一要求早在 1997 年国际货币基金组织香港年会前就酝酿推出，后因爆发亚洲金融危机未果。现在，国际货币基金组织提出具有在资本账户方面的管辖权，将使很多顺差国减少运用资本账户管制应对大量资本流出入的工具，从而减少当局影响汇率水平的能力。可以预见，如果这一管辖权建立，亚洲等经常账户顺差国的汇率将面临更大的升值压力。

二是加强对具有系统重要性国家的外溢效应分析。目前，国际货币基金组织对成员国的磋商大部分只注重外部经济对成员国的内溢效应影响；而对成员国经济对外部的外溢效应的分析不够。金融危机证明，对于有重要系统性影响的国家，需要加强外溢效应的分析。

三是加强对风险的分析和预警。2008 年双边监督评估中发现，只有 60% 工作报告明确指出成员国经济的短期风险，另外 40% 的报告没有明确指出。一半的磋商报告没有明确给出中期基线情景或对其进行详细分析；约 1/3 的报告未能预测到重要的外部风险，或者只提供了很长的风险单子，但未对风险的程度进行分级；约 8% 的报告根本未提及风险。特别是国际货币基金组织磋商报告未能及时预警美国次贷危机风险，被经济较好的表象所迷惑，放松了对于脆弱性和风险的分析，未能及时连通不同风险点。下一步，国际货币基金组织磋商将对基线方案的风险进行更系统的评估，并向成员国更有效地指出其担忧；加强对可能产生严重破坏性影响的风险监督；进一步强调多边和地区层面的风险可能会对成员国产生的影响，不仅要指出外部经济会对成员国产生什么风险，而且要指出外部风险向内传导的渠道。

四是汇率监督应与宏观经济和金融部门监督密切协调。加强连通风险点，加强对宏观经济与金融部门的风险联系分析，加强对金融部门的外溢效应分析；加强制度建设，提高监督制度对风险防范的适应性；加强国际货币基金组织对外沟通力度。

五是加强多边监督。加强成员国的内溢效应和外溢效应的分析，加强跨国溢出效应分析。在这方面，二十国集团的领导作用将进一步增强。

六是加强汇率评估。国际货币基金组织未来将汇率分析放在宏观经济的框架中评估，并更坦诚地向成员国陈述国际货币基金组织立场；加强对汇率问题的坦诚度和公平。这实际上是要求国际货币基金组织工作人员勇于给成员国贴上汇率低估或高估的标签。

四、国际汇率监督新趋势的宏观影响

（一）国际汇率监督新趋势的积极影响

一是有利于促进国际货币体系的稳定发展。20 世纪两次世界大战结束之后，为了充分汲取战争的教训，避免各国在经济政策方面的矛盾，加强宏观政策协调和货币金融合作，国际货币基金组织应运而生。作为在布雷顿森林体系下建立起来的国际机构，国际货币基金组织已经历了六十多年的发展历程，对促进世界经济的发展和维护全球金融的稳定发挥了重要的作用。近年来，尽管国际货币基金组织受到了各种批评，并正承受着改革的压力，但作为当前货币金融领域最重要的国际机构，汇率监督一直是国际货币基金组织的核心使命。国际汇率监督新趋势有助于增强对主要工业国家和发展中国家汇率向合理、均衡水平趋近的压力，促进发展中国家汇率体制的改革。

二是有利于促进全球失衡的有序调整。当前全球失衡在全球经济、金融、货币领域均有深层次的根源与体现，是各国不同经济发展阶段和模式共同作用的产物。各主要国家应共同承担经济调整的成本，形成共识与合力。全球经济失衡的调整不可能一蹴而就，也不可能分散进行，要在全球经济金融规则和秩序重建的基础之上，寻求国际间协调的经济治理方式。各自为政、以邻为壑、保护主义泛滥将不利于全球经济走出衰退，甚至会影响全球经济增长模式和全球经济治理框架的重建。国际汇率监督的新发展是国际社会在解决全球失衡方面的重要努力，能在一定程度上促进全球失衡的有序调整。

三是有利于丰富汇率监督理论的内涵。国际货币基金组织有关均衡汇率和汇率体制的探索和研究十分强调系统化的思维方式,分析视角并不仅仅局限于单个宏观经济部门,努力反映宏观经济变量之间的内在联系。特别地,这些方法一般采用多边的视角来评价一国的汇率水平,并由发达国家逐步扩展到一些新兴市场国家。此外,它还试图运用三种不同的方式来综合评价一国的汇率水平,强调用数据说话,并相信市场的力量,认为价格应在资源配置中发挥基础性的作用。这些既是西方经济的传统理念,同时也大大丰富了汇率监督理论的现实内涵。

(二) 国际汇率监督新趋势面临的现实挑战

此次金融危机充分暴露了现行国际金融体系的弊端。当前国际金融体系缺乏全面、合理、有效的监督治理组织架构,防范和解决全球性金融危机的"全球最后贷款人"缺位,现行国际货币体系过度依赖少数国家信用货币,个别国际储备货币发行国宏观经济政策缺乏有效约束、对外过度输出流动性,这些都是造成此次危机的深层次原因。当前国际汇率监督新趋势并没有汲取此次全球金融危机的教训,未能体现国际货币基金组织监督的公平性和关键点。全球金融危机证明,对全球系统性稳定有关键影响的主要是国际储备货币发行国的宏观经济和金融监管政策。这会导致国际货币基金组织今后对监督有系统性影响的、国际储备货币发行国重视不够,轻视了汇率自由浮动的发达国家应承担的政策义务(温建东,2009)。近期,一些国家和国际组织提出改革国际金融体系或治理结构的倡议。特别地,我们应高度重视汇率监督方面的挑战。

1. 汇率监督问题的政治化

尽管国际货币基金组织的汇率监督十分强调分析技术的重要性,但在具体问题的处理和政策建议中却时常带有较强的政治意图,而且往往具有很强的隐蔽性(伍戈,2009)。例如,关于汇率体制转型的路径选择,其实国际货币基金组织内部有许多很务实的研究和政策建议,但到了国际货币基金组织的管理层,它们似乎只强调汇率的水平,而"故意"忽视转型路径的选择,并试图向一些发展中国家施加政治压力。

现阶段,以美国为首的发达国家有意推卸全球经济失衡的责任,认为亚洲诸国货币汇率低估和鼓励性外资政策是造成全球失衡的重要原因,因此在不同场合要求亚洲诸国调整汇率政策,通过国际经济组织不断施加压力,并致力于推动国际货币基金组织关于成员国汇率监督问题的改革(梁艳芬,2008)。因此,欧美主导的国际货币基金组织实际上是在借所谓全球经济失衡修改汇率监督机制。事实上，很多理论研究都表明，全球经济失衡有着复杂的原因，是各国经济政策与经济活动相互作用的结果，需要各国共同努力解决。汇率只是众多调节失衡工具中的一种。我们赞成各国共同承担调整的责任，协调行动，对全球失衡进行有序渐进的调整，这也是符合各国利益的。但发达国家在世界经济中占据着更重要的地位，它们理应承担更大的责任。因此，作为国际组织，国际货币基金组织应该更加公正、客观地看待和参与解决全球失衡问题，而不能成为发达国家转嫁责任的"工具"。虽然国际货币基金组织双边监督是一种以对话和劝说为基础的合作过程，但是国际货币基金组织作为一个管辖国际货币体系的权威机构，其结论自然会被视为比美国更为客观（虽然事实上并不一定如此，美国是唯一可以否决国际货币基金组织重大决定的国家）。《2007 年新决定》可能给有关国家对顺差国家加强贸易保护主义措施、加大贸易摩擦提供口实。

2. 汇率监督重点的错位

长期以来，国际汇率监督的重点都放在了发展中国家，而忽视对发达国家特别是主要国际储备货币发行国的监督。在对各国经济政策进行评价时，国际货币基金组织往往采用"双重标准"，例如，我们很难听到国际货币基金组织对美国经济政策的批评，更多的是在美国颁布某经济政策的第一时间对其"歌功颂德"（事实上，美国经济政策中也有许多是不合理的），这不得不让人怀疑国际货币基金组织经济分析的科学性和政策建议的真实意图。当然，可以理解的是，美国是国际货币基金组织的第一大出资人，具有绝对的"一票否决权"，在这种治理结构下，确实很难保证该组织汇率监督的公正和公平。事实上，2008年以来的国际金融危机再次证明了对主要国际储备货币发行国宏观经济政策以及汇率进行监督的重要性。

现阶段主要经济体货币当局继续通过低息和量化宽松的货币政策等手段刺激经济增长。2010 年第三季度以来，美联储、欧洲中央银行、英格兰银行基准利率水平分别维持 0～0.25%、1% 和 0.5% 不变，日本中央银行时隔四年多重启零利率政策。特别值得一提的是，2010 年 11 月 3 日，美联储重启第二轮量化宽松货币政策，宣布到 2011 年 6 月底以前购买 6000 亿美元的美国长期国债，以进一步刺激美国经济复苏。2011 年 10 月，美国又宣布实行扭转操作，旨在延长美国国债期限，实行变相的量化宽松货币政策。美元是全球储备货币，美联储的量化宽松的货币政策势必进一步制造大量流动性。流动性泛滥将推升国际大宗商品等价格，造成世界型通胀压力。与此同时，受发达经济体资金回报率低和美元贬值等因素影响，这些流动性大量流向新兴市场国家，催生新的资产泡沫，危及世界经济金融的稳定发展。近期国际上有人提出对美元汇率指数的波动设置数量参考性指南，以约束美联储量化宽松的货币政策，防止美元汇率的无序贬值。这些都是值得研究和探讨的，国际货币基金组织有必要对这些系统性重要发达国家的政策进行协调和监督。

3. 汇率监督范围不够全面

此次次贷危机的爆发是由于美国房地产价格下跌波及金融市场，但问题的背后是全球性的经济金融结构失衡，以及建立在这个失衡基础上的制度性缺陷以及监管的缺失（詹才锋，2009）。在美国，投资银行业务不受美联储的监管，在场外市场交易的金融衍生产品也游离于美国证券交易委员会（SEC）的监管范围之外，这就使得投资银行的金融衍生产品交易完全不受政府的掌控。在过去的20多年里，具有高额收益率的金融衍生产品以超常规的速度发展，并成为全球金融市场上份额最大的金融产品。1999年美国通过《金融服务现代化法案》取消了对金融机构混业经营的限制，进一步刺激了金融衍生产品市场的发展，包括次级住房贷款支持证券在内的大量衍生产品被推向市场。在金融创新的带动下，全球金融衍生产品市场的发展速度达到了惊人的程度。在市场繁荣的掩盖下，金融机构持有的资产被信用交易的杠杆效应放大了数倍甚至数十倍，积累了巨大的市场风险。一旦宏观经济状况发生逆向变化，金融市场可能就从原来高比例的杠杆放大带来的繁荣，通过必然的"去杠杆化"过程而引发大规模的资产缩水。

虽然金融创新是当代金融和经济发展的重要动力，但在金融衍生产品市场超常发展的同时，对市场的监管制度明显落后。美国金融监管漏洞非常大，尤其是对金融衍生产品市场的关注度不够，甚至放任自流。金融创新本身没有错，问题关键在于金融监管是否能同步跟上。美联储前主席格林斯潘曾认为，金融市场自我监管比政府监管更有效，但金融风暴后他在接受美国国会质询时，终于承认放任金融市场监管的做法存在部分错误（partially wrong）。国际货币基金组织应将发达国家金融衍生产品市场作为可能引起外部不稳定的因素，纳入汇率监督的考量范围。这应该是国际货币基金组织在实践中细化《2007年新决定》内容时需要加强的一个重要方面。

4. 汇率监督技术工具的欠科学性

目前国际货币基金组织的汇率监督运用大量的模型工具来进行经济分析，但各国复杂的现实情况难以完全用模型来描绘。例如，国际货币基金组织的经济学家们正试图将CGER的定量方法逐步扩展到许多发展中国家的第四条款的磋商中，但事实上，该方法理论基础依然很薄弱且仍在不断完善之中，直接将这些并不太成熟的方法运用于各国尤其是发展中大国的政策评估的正式文件中，似乎显得有些草率，缺乏足够的说服力。从 CGER 推荐的 3 种理论分析方法来看，每种分析方法均存在较大的局限性（刘斌，2010）。

例如，宏观经济均衡法以准确测算一国经常账户余额的均衡水平为假设，均衡实际汇率法以合理确定中期均衡实际有效汇率水平为基础。外部可持续法以可持续的对外净资产规模为前提。理论方法所涉及的 3 个核心变量，目前在理论界尚无公认的测算方法。基于上述假设，简化的汇率分析模型离实际运用还有较大的差距。国际货币基金组织也承认 CGER 目前推荐的 3 种方法均存在一定的技术缺陷，分析模型只是给成员国的中期汇率失调的评估分析提供了一种参考思路，以上模型运用到对成员国汇率政策指导尚需进一步完善和检验。此外，CGER 方法所用数据跨越年份较长，一般在 20 年左右。由于全球化进程不断推进，全球范围内的分工和各国经济结构不断变化，许多国家都经历了较大的制度变迁，这些都没有反映在 CGER 模型中。

此外，汇率监督应该有更为系统的思维视角，即经济是一个不断变化的系统，"头痛医头，脚痛医脚"和"刻舟求剑"都是行不通的，经济中许多问题的解决都必须考虑政策组合的作用，注重结构问题，而不应过分依赖汇率这个单一政策工具。事实上，国际货币基金组织过于强调汇率政策工具调整外部失衡的思路在现实中正面临着重大挑战。

（三）中国的应对

一是强化技术分析，全面掌握汇率监督理论的细节。经济学是一门社会科学，许多经济政策建议和评价的背后不可避免地带有利益偏向和价值取向，甚至可能隐藏着十分复杂的政治意图。国际金融舞台是"没有硝烟的战场"，国际货币基金组织有关汇率监督的理论和模型也被用于许多政治性很强的经济论战之中。有时，一个并不是很强的经济命题（甚至是伪命题）被反复引用或"炒作"，还有可能真的成为杀伤力很强的"武器"，即所谓的"谎言重复一千遍就成为真理"。这对于那些并不熟悉这些西方经济理论和模型等技术性细节的人而言，无疑是吃"哑巴亏"，在这方面许多发展中国家明显处于"理论"和"技术"的劣势。对于有些重大的经济金融问题，其实中国无法回避，因为中国经济已经开始影响着世界。因此，懂得西方经济理论和模型等技术性细节是十分重要的，只有这样才能"师夷长技以制夷"。

二是与时俱进，高度警惕国际汇率监督的隐蔽化和变相化趋势。2010 年，美国提出到 2015 年 G20 各国将本国经常项目差额占 GDP 的比重控制在 ±4% 之内的量化指标，并希望在 G20 公报中有所反映。经常账户失衡过大通常是国内经济结构重大失衡的外部反映，历史经验表明，这种失衡如果大于 5% 时易引发危机。历史上只有少数国家在少数年份出现这种情况。我国近几年经常账户顺差占比从 2007 年的 11% 逐年下降，到 2011 年降到 28% 左右。未来，随着我国人口老龄化的加快，储蓄率将逐渐降低，为此，应深入研究经常账户失衡的量化指标及其潜在影响，这本质上与汇率问题是高度相关和一致的。同时，也应研究和监测我国老龄化对经常账户顺差的影响。因此，应与时俱进，高度警惕国际汇率监督的隐蔽化和变相化趋势并制定相应对策。

三是根据具体国情，进一步完善有管理的浮动汇率制度。中国改革开放三十多年来走的是一条不同于西方学者所提出的"华盛顿共识"的道路，我们并没有盲目相信西方学者的建议，而是形成了我们自己的"北京共识"。这被证明是相当成功的。因此，在充分借鉴西方经济理论且坚定不移走市场化道路的同时，我们应努力结合我国的现实情况，具体选择发展路径。只有这样，才能作出有益于 13 亿人口大国的最佳经济决策。

目前，我国实行以市场供求为基础、参考一篮子货币进行调节、有管理的浮动汇率制度。这是我国根据国情和发展战略自主作出的正确决策，也是社会主义市场经济体制的重要组成部分，是我国既定的政策。2010 年 6 月 19 日，中国人民银行宣布在 2005 年汇改的基础上进一步推进人民币汇率形成机制改革，其核心是坚持以市场供求为基础，参考一篮子货币进行调节，继续按照已公布的外汇市场汇率浮动区间，对人民币汇率浮动进行动态管理和调节。这是继续完善有管理的浮动汇率制度的重大举措，更有利于保持人民币汇率在合理、均衡水平上的基本稳定，促进国际收支基本平衡和金融市场的稳定，实现宏观经济又好又快发展。

四是加快结构性改革，努力解除对外失衡的国内根源。中国应继续推进国内经济的结构性改革与调整，致力于解决高储蓄问题以及由此引发的对外失衡问题。完善社保、卫生、住房、教育体系，提高居民可支配收入，进一步增强内需对经济的拉动作用。把握国际产业分工调整的必然趋势，完善要素价格形成机制改革，加快产业结构调整和技术升级，缩小城乡发展和地区发展的差异性，推动国民经济进一步转入全面、协调、可持续发展的轨道。同时，通过建立多层次、多元化的金融市场，提高国内金融市场的深度和广度，引导储蓄的合理流向和有效运用。在有效防范风险的前提下，有选择、分步骤地放宽对跨境资本交易限制，逐步实现资本项目可兑换。

五是积极参与国际协调，努力发挥发展中国家在国际汇率监督方面的重要作用。在经济全球化的背景下，发展中国家在世界经济中的地位和作用日益凸显，但发达国家在各主要国际金融组织及其国际金融规则制定中仍占据着垄断地位。发展中国家要求增强在国际金融组织中代表性和话语权的呼声日益高涨。特别地，当前由于主要发达经济体实施量化宽松的货币政策，造成全球流动性持续过剩，套利资本大量流入经济增长形势看好、利差较大的新兴市场经济体，加剧了资产价格的上涨压力及货币升值压力，宏观经济面临重大挑战。此外，应努力促进国际货币体系多元化、合理化。拓宽 SDR 篮子组成货币范围和使用范围，逐步提升 SDR 的储备货币功能。随着中国在全球经济中的地位不断上升，人民币应在国际货币体系中发挥与中国经济地位相适应的作用。

与此同时，我们应坚决反对各种形式的保护主义，目前发达国家对高科技产品和技术出口存在较大的贸易壁垒，对外来投资也设置了较多限制，加剧了全球失衡的程度。应进一步加大国际贸易、投资的深度和广度，促进资源在全球范围内的合理配置。因此，我们应积极参与国际协调与对话，参与国际金融体系改革，并在其中发挥重要作用，努力增强发展中国家在国际汇率监督和宏观经济政策协调方面的重要作用，确保实现国际金融经济规则的公平与公正，为实现我国经济的持续健康发展营造良好的外部环境。

参考文献

［1］顾问君：《IMF 的前世今生》，载《中国外资》，2009（11）。

［2］葛华勇：《国际货币基金组织导读》，中国金融出版社，2002。

［3］贺力平、修晶：《国际货币基金组织改革与国际汇率关系调整》，载《国际金融研究》，2006（10）。

［4］贺小勇：《IMF 对成员国汇率政策监督的决定》，载《法学》，2008（10）。

［5］韩龙：《IMF 汇率监督制度的新发展及其对策》，载《法商研究》，2008（2）。

［6］姜波克：《汇率制度的选择及政策含义》，载《世界经济文汇》，2001（5）。

［7］蒋锋：《汇率制度的选择》，载《金融研究》，2001（5）。

［8］梁艳芬、李琳：《评国际货币基金组织汇率监督〈新决定〉》，载《国际贸易》，2008（7）。

［9］刘斌：《国际货币基金组织的汇率监督、评估分析及启示》，载《中国货币市场》，2010（2）。

［10］曲红、饶育蕾：《国际货币基金组织的职能评价及其改革》，载《吉林大学学报（自然科学版）》，第 22 卷第 1 期，2001。

［11］冉生欣：《现行国际货币体系研究——兼论东亚货币合作》，华东师范大学博士论文，2006。

［12］温建东：《国际货币体系监管规则的新变化——评〈2007 年双边监督决定〉及其操作指引》，载《中国货币市场》，2009（10）。

［13］伍戈：《对国际货币基金组织宏观经济分析框架的思考》，载《国际经济评论》，2009（6）。

［14］许小平：《人民币汇率制度选择研究》，华中科技大学博士论文，2004。

［15］詹才锋：《新形势下国际汇率监督制度的演变方向》，载《上海金融》，2009（4）。

［16］詹才锋：《IMF 汇率监督制度研究》，西南政法大学博士论文，2009。

［17］张礼卿：《IMF "新决定" 及其对人民币汇率政策的影响》，载《国际金融研究》，2008（1）。

［18］ IMF：Jaime Caruana, Classification of Exchange Rate Arrangements, Board Paper SM/08/90，April 2008.

［19］ IMF：Annual Report on Exchange Arrangements and Exchange Restrictions，2010.

［20］ IMF：Agreement of the International Monetary Fund，1945.

［21］ IMF：1977 Decision on Surveillance Over Exchange Rate Policies，1995.

［22］ IMF：Review of the 1977 Decision on Surveillance Over Exchange Rate Policies – Background Information，2006.

［23］ IMF：Review of the 1977 Decision on Surveillance Over Exchange Rate Policies – Preliminary Considerations，2006.

附录一 国际汇率监督大事记

1944 年 7 月 22 日，通过《国际货币基金组织协定》。

1945 年 12 月 27 日，签署《国际货币基金组织协定》。

1971 年 8 月 15 日，美国政府宣布美元与黄金脱钩，12 月签署《史密森协定》。

1973 年 2 月，国际外汇市场再次爆发美元危机，布雷顿森林体系彻底崩溃。

1976 年 1 月 8 日，签署"牙买加协议"。

1977 年 4 月 29 日，通过《1977 年汇率政策监督决定》。

1987 年 4 月 1 日，1988 年 4 月 22 日、1995 年 4 月 10 日三度修正《1977 年决定》。

2005 年 12 月 21 日，公布《国际货币基金组织对货币区成员国的监督评估报告》。

2006 年 4 月 7 日，公布《独立评估办公室对多边监督的评估报告》。

2006 年 6 月 28 日，发布《国际货币基金组织章程——法律框架》。

2007 年 5 月 17 日，公布《独立评估办公室关于汇率政策评估报告》。

2007 年 6 月 15 日，通过《成员国政策双边监督决定》。

2008 年 9 月 2 日，公布《三年监督审查报告》。

2009 年 6 月 22 日，公布《2007 年监督决定的操作指南》。

2009 年 10 月 28 日，通过《双边监督指南通知》。

2011 年，将金融部门评估规划扩大至多边。

附录二 关于审查《1977 年汇率政策监督决定》的初步考虑

2006 年 6 月 28 日

I. 引言①

1. 国际货币体系演变至今，有效监督成了国际货币基金组织最关键的重点任务，对此已有广泛共识。这是受到国际货币基金组织股东和其他方面欢迎的国际货币基金组织中期战略的一块基石。②

2. 在此背景下，令人惊讶的是，监督基础是将近 30 年前奠定的。《1977 年汇率政策监督决定》（以下简称《1977 年决定》）是在布雷顿森林金本位制度崩溃后制定的，它与《国际货币基金组织协定》第四条款共同构成监督的主要基础。当时，关于国际货币基金组织的作用以及在汇率不固定情况下如何进行宏观经济管理的游戏规则模糊不清，私人资本流动的作用也较为有限。原本期望在积累了经验后修正这项《1977 年决定》，而事实上，尽管监督做法有所改变，对《1977 年决定》提出了多项补充性指引，还对《1977 年决定》本身每两年正式审查一次，但其内容基本未变。

3. 正如中期战略指出的那样，现在应对《1977 年决定》进行更彻底的审查。最需审查的领域有：澄清成员国根据《国际货币基金组织协定》在实行政策和与国际货币基金组织合作方面有何义务；澄清在较广泛的监督背景下汇率监督的作用；根据过去 30 年来全球经济和经济分析的演变情况调整汇率监督原则；重审汇率监督程序的范围。需承认，尽管受到《1977 年决定》制约，但通过直接按照第四条款的规定，监督工作仍有所改变。不过，实际监督与本应指导监督工作的《1977 年决定》脱节无助于大力监督，也不利于公众理解国际货

---

① 本文主要由 Isabelle Mateos y Lago 和 Tessa van der Willigen 撰稿，Carlo Cottarelli 进行了指导，Lynn Aylward、Dmitriy Kovtun、Tania Reif 和 Pedro Rodriguez 提供了协助。

② "总裁关于国际货币基金组织中期战略的报告"（SM/05/332，Rev. 1，2005 年 7 月 9 日）和"总裁关于实施国际货币基金组织中期战略的报告"（SM/06/112，Rev. 1，2006 年 5 月 5 日）。

币基金组织的运作。

4. 审查《1977 年决定》是更为全面地提高监督有效性的行动的一部分。将在近几个月内向执董会提交一份文件，论述监督有效性的广泛评估框架，并论述监督权限、问责制、独立性之间的关系（见正文）。与此同时，将继续努力加强监督工作，其中将特别重视汇率监督，并将在不久后向执董会提交经验总结报告。另外，正在试行多边磋商和简化第四条款磋商，这些试验看来大有希望，如果获得成功，将会进一步加强国际货币基金组织监督政策框架。

5. 本文分为两个部分。第一部分说明第四条款和《1977 年决定》所确定的概念框架（第 Ⅱ 节）。第二部分阐述运作中产生的关键问题并建议如何修订《1977 年决定》以解决这些问题（第 Ⅲ 节）。第 Ⅳ 节提出供探讨的问题。法律部同时提供的一份文件阐述了第四条款的法律框架（以下简称"法律部文件"）。[①] 在获得执董会指示后，还可编写另一份文件，较详细地讨论可以如何修订《1977 年决定》，以供年底讨论。

Ⅱ. 第四条款和《1977 年决定》所建立的监督框架

6. 国际货币基金组织于 1944 年成立，其使命是促进国际货币体系的稳定，为平稳扩大贸易进而推动增长和繁荣提供框架。为了不再重演 30 年代的惨痛经历，当时确定的国际货币基金组织的一项关键任务是，"促进汇率的稳定，保持成员国之间有序的汇兑安排，避免竞争性通货贬值。"

7. 现行的第四条款案文来自经 1978 年第二次修订的《国际货币基金组织协定》。原第四条款规定了平价制度，按照这项制度，成员国实行金本位固定平价货币制度，未经国际货币基金组织同意，成员国不得改变平价制。经第二次修订后，情况发生了根本性变化：成员国现在基本上可以自由选择所想采用的包括浮动汇率在内的汇兑安排，并需履行在对内政策和对外政策方面的义务。

8. 法律部文件概述了成员国在第四条款下的各项义务。该份文件指出，第四条款现有案文并不总是很清楚。现有案文是政治妥协的结果，而且后来没有多少演变。第四条款大意是清晰的，但有时难以搞清楚详细内容。[②] 下文阐述了该份文件的一些要点以及相关的经济理由。

A. 成员国的承诺

9. 第四条款的基本焦点是外部稳定。国际货币基金组织的焦点往往被视为

---

① "《国际货币基金组织协定》第四条款：法律框架概述"（SM 06/216, 2006 年 6 月 28 日）。

② 法律部文件第 3－7 段。

"宏观经济稳定"，而事实上，其对宏观经济稳定的关注源于对外部稳定的关注。

10. 国际货币基金组织对外部稳定的关注在第四条款中表述为"有序的汇兑安排（和）……稳定的汇率制度"。稳定的汇率制度不应被理解成保持汇率一成不变；事实上，在第二次修订前，就有人指出，平价制度带来的是僵硬，而不是稳定。① 如果鉴于基本情况需要进行调整，国家不应抵制汇率调整。无论如何，在布雷顿森林体系解体后，随着大量资本流动，而且随着成员国可以自由允许汇率浮动，市场引致的汇率波动可能是无法避免的。所以，所确定的目标是实现汇率制度的稳定，而不是汇率本身的稳定。想要实现汇率制度的稳定，就必须允许汇率根据基本情况进行调整，当然，这些基本情况必须是有序的，且不会对汇率造成不规则的冲击和使其陷入混乱。外部稳定并不是第四条款的用语，这里是为了简便起见，用来代替"有序的汇兑安排（和）……稳定的汇率制度"，因为说到底，汇率和国际收支流动是密不可分的。

11. 第四条款确认，没有国内稳定和增长，就不会有外部稳定。② 外部稳定与国内稳定的关系是显而易见的：无序的经济、金融状况迟早会影响国际收支。另外，第四条款确认，如果增长是有序的，且价格相当稳定，将有助于外部稳定。如果不实行有序增长政策，那么，国家实行的措施（出其不意的货币政策或竞相贬值等）将会引致无序增长，最终对国际货币体系造成不良后果。

12. 为了实现这些目标，第四条款确定了内外政策方面的义务③（见专栏1）。第四条款引言部分规定，成员国要"同国际货币基金组织和其他成员国合作，以保证有序的汇兑安排，并促进形成一个稳定的汇率制度。"考虑到国内政策与汇率政策之间的关系，第四条款规定了尽力实行有利国内政策的"软"义务（见专栏1引述的第四条第1款第（ⅰ）项和第（ⅱ）项）。关于汇率政策，成员国必须"避免操纵汇率或国际货币制度来阻碍国际收支的有效调整或取得对其他成员国不公平的竞争优势"，应实行与第四条第1款为其规定的义务相符的汇率政策（见专栏1引述的第四条第1款第（ⅲ）项和第（ⅳ）项的规定）。图1反映了各项政策承诺通过促进稳定和增长最终实现外部稳定目标的逻辑关系。

---

① 法律部文件第25-26段。
② 法律部文件第29-30段。
③ 法律部文件第20-39段。

专栏1　第四条第 1 款规定的成员国政策义务

第四条第 1 款首先规定了成员国的总体义务：即必须"同国际货币基金组织和其他成员国合作，以保证有序的汇兑安排，并促进形成一个稳定的汇率制度。"该条款接着澄清了各成员国应履行的具体义务：

国内经济政策和金融政策义务

（ⅰ）努力将各自的经济和金融政策的目标放在实现促进有序的经济增长这个目标上，既可实现合理的价格稳定，又适当照顾到自身的国情；

（ⅱ）努力通过有序的经济、金融条件以及不致经常造成动荡的货币制度以促进稳定；

汇率政策义务

（ⅲ）避免操纵汇率或国际货币制度来阻碍国际收支的有效调整或取得对其他成员国不公平的竞争优势；

（ⅳ）奉行同本条款各项保证相一致的汇兑政策（即第四条第 1 款引言所述的所有义务和第（ⅰ）项和第（ⅱ）项规定的在保持价格稳定以及有序的经济条件和金融条件的情况下实现增长）。

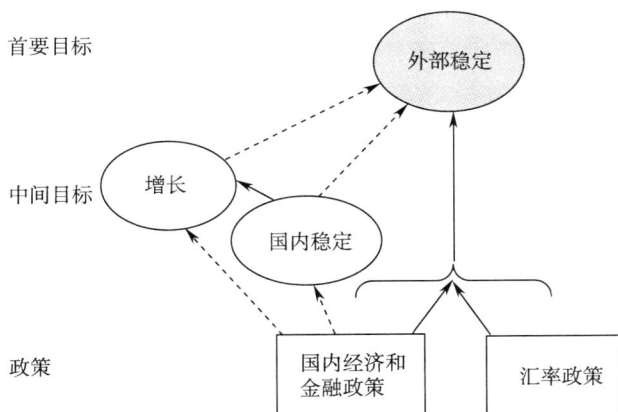

图1　成员国义务的逻辑关系①

13. 按照第四条款的规定，成员国在选择其汇率制度上享有巨大的自由度，

---

① 箭头表示第四条款义务产生影响的主要方向，并没有列出所有的联系。

但成员国的选择必须与其承担的其他义务相符。① 难以想象汇率制度本身会使成员国无法履行其在第四条第 1 款下承担的义务的情况。任何时候调整汇率水平一般即应能恢复可持续性。② 人们普遍认为汇率制度的选择从长远来看会影响经济表现（例如，通过本国经济针对冲击作出调整），但只要能通过改变汇率水平以恢复平衡，任何特定的汇率制度就不太可能会背离外部稳定的目的。③ 不过，在有些情况下（例如，货币局和货币联盟等），改变汇率水平可能会严重损害汇率制度的信誉，使其无法维系。在这样的情况下，需记住的是，成员国享有选择汇率制度自由的前提是，必须履行第四条第 1 款规定的各项义务，即使履行这些义务会因此改变汇率制度。

B. 国际货币基金组织的监督

14. 国际货币基金组织的监督工作有两个方面的内容（见第四条第 3 款第（a）项）④。首先是明显具有多边性质的监督，因为该条款规定，国际货币基金组织必须"监督国际货币制度，以保证其有效实施。"其次是双边监督，用以监督成员国履行第四条第 1 款下的各项义务情况。实际上，两者密切相连。外部稳定肯定会涉及一个以上的国家，没有多边监督，就不可能开展有效的双边监督，随着世界经济的融合程度越来越高和跨境影响越来越大，就更是如此了。

15. 双边监督的最终目标是增强外部稳定，这项监督的总体范围很广。根据上面述及的较灵活的制度，监督是国际货币基金组织推动国际货币制度稳定的一项主要工具。为此，第四条款要求国际货币基金组织评估成员国对内和对外履行第四条第 1 款规定的所有义务情况。

16. 在此框架内，第四条款特别重视汇率政策监督。第四条第 3 款第（b）项规定，"国际货币基金组织应对各成员国的汇率政策行使严格的监督，并制定出具体原则，以在汇率政策上向各成员国提供指导。"《国际货币基金组织协定》未界定汇率政策，但从《1977 年决定》中明显可以看出，执董会当时认为其包

---

① 法律部文件较详细论述了成员国选择其汇兑安排的自由。文中称，《国际货币基金组织协定》所指的选择自由实际上是选择汇兑安排、而非制度的自由。安排包括制度（即用于确定汇率的基础框架），也包括盯住汇率时所选择的汇率。在存在其他刚性因素的情况下，不难看出汇兑安排的汇率水平如何会与外部稳定不符。本段论述的是汇率制度本身是否会与《国际货币基金组织协定》不符这一较为复杂的问题。

② 当然，关键是实际汇率，但如果存在其他刚性因素，可能就需改变名义汇率。为了使新的汇率水平能维持下去，还需改变其他政策。

③ 在本句中，"外部稳定"指的是"稳定的汇率制度"。法律部文件指出，在有些情况下，某一汇兑安排（如多重汇率做法）不符合"有序的汇兑安排"概念。

④ 法律部文件第 40 – 41 段。

括为国际收支目的采取的干预政策和其他外部政策以及为国际收支目的采取的"对资本流动的鼓励或限制超过正常限度的货币与其他国内金融政策"①。

C.《1977 年决定》

总体结构

17. 第四条第 3 款第（b）项要求国际货币基金组织制定关于成员国汇率政策的指导原则，根据这项要求，作出了《1977 年决定》。② 《1977 年决定》分为四个部分（见专栏 2）。第一部分（一般原则）表明，按照第四条第 3 款第（b）项的具体指示，《1977 年决定》无意涵盖国际货币基金组织监督的所有方面，而是只处理汇率政策问题。第二部分确定了三项成员国汇率政策指导原则，第三部分（国际货币基金组织监督原则）确定了一些具体指标，以指导国际货币基金组织监督成员国遵循这些原则情况。第三部分还为此阐明了对内政策与对外政策之间密切的关系。第四部分（监督程序）确定了包括第四条款磋商在内的监督工作的程序框架。

各项原则及其演变

18. 由于受到限制，1977 年仅制定了最低限度原则。当时，对新的国际货币体系如何运作仍有极大的不确定性。这使得难以确定应按何种原则对实行各种汇兑安排的成员国进行同样密切的监督。当时采用的办法是，最初实行最低限度原则，同时强调指出，这些原则"不一定全面，可根据经验予以重审。"

专栏 2　《1977 年决定》的内容③

《1977 年决定》的内容有：

● 一般原则：

《1977 年决定》为响应第四条款的要求而制定成员国汇率政策指导原则，并强调无意处理国际货币基金组织对国际货币体系较广泛的监督责任问题，而且也无意全面涵盖国际货币基金组织对成员国遵循第四条款下各项义务情况的监督。

● 成员国汇率政策指导原则：

A. 成员国应避免为阻止有效的国际收支调整或为获得对其他成员国而言不公正的竞争优势，操纵汇率或国际货币体系。

---

① 见法律部文件脚注 21。
② 法律部文件第 43 – 46 段。
③ 经修订的 1977 年 4 月 29 日第 5392 –（77/63）号决定，"汇率政策监督"。

B. 成员国应在必要时干预汇兑市场，对付失序状况，如对付本币汇价破坏性的短期变动等。

C. 成员国应在干预政策中顾及其他成员国的利益，其中应顾及本币被干预的国家的利益。

原则 A 重复了第四条第 1 款第（iii）项下的义务，原则 B 和原则 C 则指导成员国如何根据第四条款确定的各项义务实行汇率政策。

● 国际货币基金组织汇率监督政策原则：

制定用于判定成员国是否遵循这些指导原则的一系列下列指标：（i）持续的大规模干预，（ii）为国际收支目的进行的官方或准官方借款或短期贷款，（iii）为国际收支目的修改对经常性交易和资本流动的限制或鼓励措施，（iv）为国际收支目的实行的不当鼓励或限制资本流动的货币以及其他国内政策，（v）与基本经济状况和金融状况无关的汇率行为，（vi）不可持续的私人资本流动。

确定一些广泛的"评估指南"，要求在成员国总体经济状况和经济政策战略的综合分析框架内评估成员国的汇率政策，在评估工作中应认识到国内政策和对外政策可能有助于外部调整，并须考虑到成员国政策在推进金融稳定、持续经济增长和合理就业水平方面所发挥的作用。

● 监督程序（见专栏3）。

19. 所以，《1977 年决定》仅确立了以下三项指导原则：

● 原则 A 只重复了第四条第 1 款关于禁止操纵的规定，通常被理解为针对实行严格管制汇率的国家。请注意在这里意图发挥着关键作用：此项原则禁止的是为了取得不公正的竞争优势或阻止外部调整这一特定目的而操纵汇率的行为。[①]

● 原则 B 专门针对实行浮动汇率制度的国家：70 年代，人们特别关注需要避免在交易量不大的市场中无序的汇率波动，这项原则的目的是鼓励成员国在汇市进行干预，以对付混乱的波动。

● 原则 C 原则上对所有成员国适用，它鼓励各国考虑到干预对其他成员国的影响，尤其是需避免扰乱储备货币的汇率。

20. 在 1977 年之后定期审议了《1977 年决定》，但从未修订成员国汇率政

① 法律部文件第 32－34 段。

策指导原则，只修订过一次国际货币基金组织监督原则。在连续 13 次的两年期监督审查中，审议了《1977 年决定》作为监督依据是否继续适当问题。但绝大多数审查将重点放在实施监督上（这样做也许是对的），而不是正式审查《1977 年决定》上。只有两次例外。第一次是在 1986～1987 年审查中，考虑到《1977 年决定》的范围过窄，提出了几项修正意见，例如，引入汇率的目标区间或国内政策工具的可监督指标，澄清和扩大操纵行为的种类等。但由于分析困难和政治阻力，这些建议未获执董会的足够支持。[1] 第二次是 1995 年，在墨西哥危机之后，在国际货币基金组织监督原则中列入了监督私人资本流动问题。具体而言，在监督指标中列入了"不可持续的私人资本流动"，在评估指南中列入了"资本流动的规模和可持续性"，作为需要予以考虑的国际收支动态。

III. 是否应该以及如何修正《1977 年决定》

21. 有人说，《1977 年决定》存在这么长时间即已证明其有持久价值。这一说法有一定道理。正因《1977 年决定》缺乏明确性，才得以根据不断变化的情况灵活进行监督。长期以来，执董会的其他审议工作（审议结果通常载于会议总结）充实了《1977 年决定》，对实施监督提供了较具体的指导。大幅偏离这一做法去制定高度描述性的、详细的新决定反而是错误的。

22. 与此同时，必须认识到，从实际角度来看，《1977 年决定》现在的用处有限。它仍是国际货币基金组织监督使命的正式基石和最重要的视窗，但无论是国际货币基金组织工作人员还是国家当局，都往往并不了解它，第四条款在某种程度上也是这样。这一关键监督依据的适用性渐渐消退可能与所察觉的监督缺陷有关：重点不够突出，不够坦诚，以及有人指责国际货币基金组织甚至没有在包括汇率在内的核心领域中密切监督成员国的政策等。[2]

23. 下文接着将重点阐述以下三项问题：

➢ 首先，《1977 年决定》如何可以为监督工作提供更好、更全面的支点，以支持关于根据中期战略增强监督活动的重点和有效性的其他倡议？

➢ 其次，关于汇率政策，《1977 年决定》所载的各项原则是否正确？是否

---

[1] 所提出的修订意见概述见背景文件。

[2] 内部批评见"对于国际货币基金组织监督情况和落实《1977 年决定》的两年一次审查概述"（SM/04/212，2004 年 7 月 2 日），外部人士的批评见 Edwin Truman（2006 年），"国际货币基金组织改革战略"，美国企业研究所，华盛顿。

提供了有效指导？在此方面是否有问题？

➤ 最后，《1977 年决定》所确定的简单程序是否为国际货币基金组织提供了适当的监督工具？

本节将在下面逐一审查这些问题，所提出的多数解决办法是完全本着执董会以前会议总结中有关决定的精神提出的，有少数几个办法顺便走得略远些。

A. 监督的支点

24. 可以在两个方面加强监督支点，并且可在经修订的《1977 年决定》中反映这两点。第一点是监督的操作方式，更具体地说，在实际监督中存在两面性问题，即一方面监督是提供"可靠建议"的渠道，在这里说服工作是取得实效的关键；另一方面监督是监督成员国遵循第四条款义务的工具，这是较多依据规定进行监督的做法，原则上最终可以判定成员国违规。第二点涉及监督的覆盖范围，更具体地说，涉及国内焦点与外部焦点的平衡问题。如下文所示，这两点相互关联，不过为方便起见，还是逐一阐述为好。

在值得信赖的咨询机构与监督机构之间的适当平衡。

25. 第四条款和《1977 年决定》明确表明，监督是审查成员国履行义务情况的一种手段，但国际货币基金组织在进行监督时，主要是通过说服和政策对话，而不是通过发挥"警察"作用，来确保成员国履行义务。偏重这一方式主要是因为认识到通过监督推动政策行动的有效性最终取决于成员国的合作和信任。另外，经济知识的不确定性和成员国情况的多样化也是个因素。这两项理由今天仍完全站得住脚。

26. 因此，国际货币基金组织采用的监督方式是，更多地进行隐晦的评估，而不是直言成员国是否履行了义务。在第四条款磋商后，执董会作出总结，就过去和计划中的政策实施问题发表评论，但几乎从未提及成员国有可能违背义务的问题。

27. 这一操作方法虽在很多方面很有效，但可能会使磋商与第四条款义务割裂开。由于将重点放在政策建议上，成员国和国际货币基金组织可能会将监督视为技术援助：

● 成员国仅在其感兴趣的领域才会倾听国际货币基金组织的建议。更糟糕的是，竟有成员国认为与国际货币基金组织进行任何讨论都是强加的负担，甚至还通过媒体等渠道声称它对国际货币基金组织毫无义务。

● 为了说服成员国，国际货币基金组织（或其工作人员）可能不愿发表强硬意见，事实上，早就有人指出监督不够坦诚的问题。① 过于"轻松"的政策对话在机密情形下就是个问题，而随着透明度日渐获得重视，向公众明确传递信息变得更为重要而且将越来越重要。

28. 如果在经修订的《1977 年决定》中要求成员国就监督精神再度作出承诺，可能会有助于确保监督紧贴第四条款义务，而不是在评估履行义务情况时无所作为。尤其是，可以修订《1977 年决定》的序言部分，参照本文第 II 节和法律部文件，更明确阐明成员国对国际货币基金组织的各项义务，并阐明关于这些义务和国际货币基金组织监督的概念框架。事实上，《1977 年决定》可以成为根据第四条款进行更广泛监督的一项决定，而不只是汇率政策监督决定。国际货币与金融委员会最近也建议"重申成员国及其机构在第四条款下的相互承诺"，并提出成员国本身可以重申其承诺，例如，可以在最终由国际货币与金融委员会核准的宣言中这样做。② 这将凸显监督的原定职能，即由国际货币基金组织监督这些承诺的落实情况。

29. 同时，可在监督工作中，在围绕第四条第 1 款下各项义务审查成员国的政策时，更加注意确定中期走向和政策框架。考虑到成员国的承诺既涉及短期外部稳定，又涉及较长期外部稳定，国际货币基金组织不能只将监督重点放在当今政策上，还需考虑政策将如何演变并随着情况的变化而作出调整。所以，必须将监督重点放在政策的基本目标和逻辑上，即放在政策"框架"上。同时，必须认识到不仅框架的内容不一样，形式也有不同（例如，基于规则的程度或透明度等），所以这里不能采取"一刀切"的办法。总之，政策的中期走向也是国际货币基金组织监督的一项必要内容。

30. 因此，在对《1997 年决定》修订时可以强调须对照成员国确立的政策框架，审查成员国履行承诺情况，至少在货币、财政和金融政策以及汇率政策等关键领域审查成员国履行承诺情况。③ 此类"框架"包括中期走向和据此作出临时决定的政策应变职能（也许还包括政策规则）。这样，通过监督可以判定（ⅰ）框架是否符合成员国在第四条款下的承诺；（ⅱ）成员国是否在实际落实此框架。

31. 这样做有几个好处。首先，如此重视政策框架本身是有好处的。国际货

---

① 参见"对国际货币基金组织监督的外部评估"（"Crow 报告"，国际货币基金组织，1999 年）中关于"客户优先偏见"的论述。

② 国际货币与金融委员会 2006 年 4 月 22 日公报。

③ 例如，见 Mervyn King 于 2006 年 2 月 20 日在印度新德里的印度国际经济关系研究理事会发表的题为"国际货币基金组织改革"演讲中提出的各项建议。

币基金组织越来越重视在这样的框架内大力协助其制定政策。另外，如果公布坚固、可靠的框架，政策可预见性将随之增加，这一定会在具有重大跨国效应的金融市场中发挥稳定作用。这样做绝不是要逼迫成员国采用明确框架和提高其透明度，而是要推动那些虽未建立这一框架但愿意并能够往此方向迈进的国家开展工作。其次，本文认为关键是，侧重框架讨论可能会提高国家的合作水平，超越对预计即将采取的政策措施的讨论，进而有助于为第四条款磋商提供支点。

监督的适当重点

32. 第四条款和《1977 年决定》确定的概念框架对监督重点构成挑战。有很多政策对外部稳定产生影响，所以选择需对哪些政策进行重点监督实非易事。侧重汇率政策的《1977 年决定》可能会被误认为只应监督汇率政策，而这无论如何不大有助于确定什么才应是关注的核心问题。

33. 在《1977 年决定》中规定围绕外部稳定概念进行监督将有助于确定监督重点和适当对待汇率政策。在监督工作中避免"任务延伸"向来被认为是一种挑战。在这方面，现有的指南并未对"任务延伸"起到多大约束作用。最近的监督审查结果确定了"国际货币基金组织的重点关注领域依次为：对外可为继、国际收支的脆弱或货币危机、经济可持续增长和实现这一目标的各项政策；就可影响整个体系的国家而言，其可能影响到全球或地区经济前景的经济状况和各项政策"。[1] 这一指示完全符合第四条款的规定，其内容尤其是关于"经济可持续增长和实现这一目标的各项政策"的规定对监督适当问题的范围几乎没有做任何限制。这表明应按照第四条款的总体目标并考虑到政策对外部稳定的积极或消极影响的程度来选择需加以监督的政策。要想国际货币基金组织离最有可能直接影响外部稳定的问题（即财政、货币和金融政策以及汇率政策）远一些，就更需证明这些政策对外部稳定的关键作用。不妨在《1977 年决定》中阐明这一点。

34. 还可以通过进一步加强用于确定优先任务的手段，如通过确定监督权限，增强监督重点。最近在中期战略中提出的特定国家多年监督安排应该能在这方面起到有益的作用。按照国际货币与金融委员会最近的建议确定国际货币基金组织的年度职权也会有助于增强重点。需要全面、透彻审议权限、独立性、问责制之间的关系。工作人员在制定监督有效性评估方法的过程中已在从事这

---

① "主席在结束对两年一次审议国际货币基金组织实施监督和执行《1977 年决定》进展讨论后的总结发言"（SUR/04/80，08/02/2004）。

方面的工作。操作独立性是问责制的一项先决条件，需要在综合审查这些问题时审议操作独立性问题，并需认真审视国际货币基金组织目前的治理结构以及现有的和潜在的相互制衡因素，其中包括透明度的作用。鉴于这些问题超出了《1977 年决定》的框架，在即将编写的关于监督有效性评估框架的一份文件中专门审议这些问题。

B. 原则的覆盖范围

汇率原则的重点

35. 即使需要监督很多政策，第四条款专门要求、《1977 年决定》中也规定汇率政策原则仍有一定理由。一方面，良好的汇率政策是实现外部稳定的一项必要的（但并非是充足的）条件，而且对外部稳定产生最直接的影响。另一方面，汇率问题实际上又是一个最棘手的监督领域。虽已取得了相当进展，但在此方面与成员国进行的建设性交往仍因分析的不确定性和敏感度问题以及普遍对第四条款的误读（即误认为该条禁止质疑成员国汇兑安排的选择）而受到束缚。[1]

36. 而实际上并不明显需要确定专门原则来就第四条第 1 款第（ⅰ）项和第（ⅱ）项下成员国国内政策承诺提供全面、详细的指导。第四条款虽然充分确认国内政策对外部稳定乃至对监督的重要性，但并没有要求制定这方面的原则。可以制定涉及各方面国内政策（如财政、货币、劳动力市场等政策）的专门原则，但在目前制定这样的原则既不值得，又不现实。对监督实施情况的历次审查并没有发现有何缺陷说明可能需要制定这样的原则。另外，难以确定适当的原则，原因是这类原则必须足够具体才能真正有用，但又必须足够笼统才能适当顾及各成员国不同的情况并避免过度限制成员国的政策选择。可以在经修订的《1977 年决定》的序言中进一步澄清国内政策的总体重要性。[2]

成员国汇率政策指导原则的覆盖范围

37. 现行原则仍然有效，但实践表明汇率政策指导原则的覆盖面存在问题。防止竞争性贬值是国际货币基金组织的一项关键任务，因此原则 A 永远有用。原则 B 和原则 C 的焦点是干预。虽然随着资本市场的融合和深化，干预措施对确定汇率水平的影响没有从前那么关键，但有时仍发挥相当大影响，在某些情

---

[1]　见汇率监督问题工作人员指南演变情况的背景文件、关于最近评估结果的"对国际货币基金组织监督情况和落实《1977 年决定》的两年一次审查概述"（SM/04/212，2004 年 7 月 2 日）以及即将编写的历述双边监督中如何对待汇率问题的文件。另见法律部文件第 13 – 14 段。

[2]　此外，下文也论述了就引致汇率失调的某些国内政策提供指导的可能性。

况下可以起到政策杠杆的作用，所以，这两项指导原则仍有效用。① 不过，这些指导原则不能全面涵盖汇率与外部稳定之间的关键联系，而且实际上未顾及过去 30 年来造成汇率失调的两项最重要的因素。

38. 首先，指导原则只涵盖了在某些情况下引致汇率低估或高估问题的汇率政策。原则 A 禁止出于"国际收支"或"竞争"目的而低估汇率，但出于其他原因（如国内原因）低估汇率也可能损害国际稳定。原则 A 理论上还适用于高估的汇率，而在这里列出国际收支目的甚至更成问题：汇率高估只会有损国际收支，所以从逻辑上来看，为国际收支目的高估汇率几乎是不可能的。如果一国实行极高的固定汇率，本国（以及其他国家）就可能会陷入危机，但该国可能却并不违背汇率指导原则。过去 30 年来就曾多次出现过这样的危机。

39. 其次，这些指导原则并不涵盖汇率政策以外的其他政策导致的低估或高估问题。出于国内目的实行的国内政策，例如，财政政策或旨在遏制通货膨胀的货币政策等，也可能会导致汇率失调。② 80 年代初不同的财政政策和货币政策态势造成的主要货币汇率混乱问题就是如此。

40. 可以为此引入两项新原则。这两项新原则将指导成员国避免采用会引致汇率失调的用于获得不公正的竞争优势或防止有效国际收支调整的汇率政策并避免采用会引致汇率失调的国内政策。③ 必须指出的是，这些原则的用意是加强监督对话和提供指导。不遵循这些原则本身并不构成违背第四条款义务行为，但如果遵循所有这些原则，成员国将进入"安全港"，显示其正在履行第四条第 1 款下的各项义务。

41. 在《1997 年决定》中增添这两项新原则不会对实际监督工作带来任何大的变化。在实际工作中已对与国际收支意图相关或不相关的汇率水平进行了评估，并对国内政策与汇率制度或更广泛而言对外部稳定的一致性进行了评估。在《1997 年决定》中增添这些原则将使《1997 年决定》与实践相一致，并为实

---

① 关于干预措施在工业化国家越来越小的作用，见国际货币基金组织有关 2001 年外汇市场运作情况的调查报告。

② 根据《1977 年决定》，出于国际收支目的实行的某些货币以及其他国内金融政策归为汇率政策，其他国内政策则不算汇率政策。

③ 第一项原则是汇率政策原则，将根据第四条第 3 款第（b）项制定。第二项原则重点针对的是造成汇率失调因而不符合第四条款核心意旨（即合作促进外部稳定）的其他政策。这项原则重点针对的是非汇率政策的其他政策（如某些国内政策），其范围超出了第四条第 3 款第（b）项关于制定成员国汇率政策指导原则的规定。不过，国际货币基金组织可以制定关于这类政策的指导原则，因为根据第四条第 1 款，成员国有义务"同国际货币基金组织和其他成员国合作，以保证有序的汇兑安排，并促进形成一个稳定的汇率制度。"（法律部文件）。

践奠定更坚实的基础。鉴于专业人员确定汇率失调存在与否以及失调程度的能力有限，在应用这两项新原则时需要作出大量判断和使用多种方法。[1]　评估"失调"问题并不需要比第四条款磋商所要求的对汇率水平的（类似）评估更为精确。[2]

国际货币基金组织监督原则问题

42. 国际货币基金组织监督原则的基本结构（即一组指标和评估指南）证明是有用的，但可能尚有一定改进余地。现在与 1977 年时的情况一样，任何指标本身并不能清楚证明成员国是否在遵循指导原则，更无法清楚证明其是否在履行第四条款义务。这类指标最多只能显示可能存在值得进一步审查的问题。考虑到这一点，不妨制定更广泛的评估指南。监督指标和评估指南均有缺陷。不过，这些缺陷并不是特别重大的缺陷，因为随着实践的演变，在工作人员监督指示中已渐渐引入最佳做法。与上一节论述的较为结构性事项不同的是，将这些最佳做法纳入工作人员监督指示是很合适的。不过，尽管如此，如果要较广泛地修订《1977 年决定》，不妨利用这一机会弥补主要缺陷。

监督指标

43. 监督指标的一大缺陷与我们在前面论述指导原则所涵盖的汇率失调问题时发现的缺陷相似。多数指标针对的是"以国际收支为目的"的政策，这可能有助于查明是否存在操纵汇率行为，但却无法发现可能同样令人担忧的其他问题。为了提高现有指标的有用性，简便的做法是将政策意图与可观测的动态分开处理，删除"以国际收支为目的"等的句子。如出于有关原则的考虑认为有必要，需专门证明成员国的"意图"。

44. 还可考虑制定新的指标，尤其是制定脆弱性指标和主要通过高估汇率或低估汇率阻挠外部调整的指标。[3]　关于主要通过高估汇率或低估汇率阻挠外部调整的指标，首选是对干预措施的中和程度指标（中和有碍货币调整，使得无法通过价格变化最终导致实际汇率调整）。关于脆弱性目标，参照预警制度专题文献，可以列入各种危机风险指标和基本脆弱性指标，其中尤需列入资产负债表错配指标。对照中期均衡状况评估汇率失调可能对这两类情况都有帮助。列入按照"最佳做法"开展汇率监督时所采用的较详细指标虽有些好处，但一个缺

---

①　汇率失调与否还取决于在分析中通常会予以考虑的基本结构性特点（如贸易政策和资本管制等）。

②　见"监督指导文件"（SM/05/156，2005 年 5 月 9 日）。

③　与现有指标一样，新指标也将涉及对外部门动态或政策。

点是，所列的指标可能很快就会过时。另一个办法是，如果资源允许的话，可在对工作人员的指示文件中列明较详细的指标。

评估方针

45. 经验还表明，在保障对国际货币基金组织各成员国汇率监督的一致性方面，监督原则的评估指南可能有以下两个局限：

● 评估方针可能需要更多地从全球角度考虑问题。现行原则的主要双边性质引起的问题是，单个的双边评估能否"汇总"以窥全貌。尤其是，可以在《1977 年决定》中笼统确认，国际货币基金组织对其所有成员国汇率政策的评估须保持全球一致性，并须从多边角度看待问题，尤其是围绕伙伴国的情况以及更广泛地围绕全球环境审议汇率问题。

● 还可考虑较明确地列出哪些与本国具体情况与执行总体汇率监督方针有关，而不是只笼统规定适当注意国家的具体情况。看来特别相关的国情有：货币联盟的成员国身份；正在开展的结构性改革进程；以及资本账户的开放程度。不过，在此方面，微观管理的风险可能大于潜在的好处。

作出更具体的规定作为判断的客观支点

46. 可能在落实原则方面尚有余地来减弱判断和解释的程度。作出较具体规定的主要理由是，通常需要避免在行动引起成员国争议时无所事事现象。制定较具体的指导原则或国际货币基金组织监督原则照理说可能会起有益的作用，[1] 但也有一个风险，即对有些行为或事态可能加深了认识，不过却可能有同样多的、事先预测不到的行为或事态被不慎划在应予合理关注的范围之外。鉴于理论和推理的不确定程度以及全球经济的变化速度，试图作出更具体的规定（尤其是在量化基准方面）可能会带来虚假的精确感。无论如何，不得将汇率监督与世界现状锁定在一起。所以，如果想要在此领域寻求变化，在多数情况下应将其与《1997 年决定》本身分开，也许可以将其列入一个技术附件。下文探讨可选用的两项方法：定义与量化。

对概念作出更明确的定义

47. 关于指导原则，一种可能性是就所使用的一些关键概念的含义提供较具体的指导，例如，在附加评论中提供这样的指导。像"阻止有效的国际收支调整"或"获得不公正的竞争优势"等概念将是首选。[2] 如有必要，也可对新指

---

① 美国财政部副部长 Tim Adams 等人强调这是有待改进的汇率监督关键领域（例如，见 Adams 于 2006 年 2 月在美国企业研究所发表的题为"与国际货币基金组织一起共同加强汇率监督"的演讲）。

② 这实际等于解释《国际货币基金组织协定》下的相关规定。

导原则所用的一些概念作出更明确的定义。

48. 关于监督原则，可能需要确定如何观察或解释非严格的事实指标。例如，针对"与基本经济条件及金融状况看来没有关联的汇率行为"列明基本条件及状况的内容及相关的时间范围，或针对"不可持续的私人资本流动"阐明如何确定不可持续性。

量化基准

49. 原则上应根据所观测到的规律性和所积累的经验制定关于如何使用主要指标的一套量化基准。总体而言，由于预防危机和预警指标专题文献中对汇率高估或不可持续性问题的研究要多得多，编制汇率高估或不可持续性指标的量化基准比编制汇率低估指标的量化基准要容易。但可以确定足以表明汇率被低估的量化标准事实。另外，可以参考若干国家干预的历史数据支持以编制特别漫长的、大规模的单向干预指标。

C. 监督程序

50. 在《1977年决定》和《1979年决定》所列的各项监督程序（见专栏3）中，第四条款定期磋商显然最为重要。[①] 国际货币基金组织通过第四条款定期磋商加上（至少在工作人员层次上）的更具持续性的监督机制，开展了良好的工作，不过进一步加强第四条款磋商仍有余地，其中确保有针对性地评估汇率动态和汇率政策是一项实际中的首要目标。

51. 关于成员国必须向国际货币基金组织通报其汇兑安排的程序也至关重要。国际货币基金组织如果不了解成员国的汇率安排和政策，就无法进行良好的汇率监督。所以，第四条第2款要求成员国必须向国际货币基金组织通报其汇兑安排，第八条第5款还进一步要求成员国向国际货币基金组织提供开展监督活动所需的一些资料，例如，提供对监督汇率政策特别有用的"储备资产和储备负债……其中专门列明已被占用的任何储备资产以及衍生工具净头寸。"[②]成员国必须向国际货币基金组织提供所有这些信息，这对国际货币基金组织进行有效监督十分重要。

52. 而国际货币基金组织的特别监督程序几乎从未使用过。[③] 由于担心成员国名誉严重受损、市场的敏感性以及同等待遇问题，几乎无法使用特别监督

---

① 经修订的《1979年决定》（即第6026－（79/13）号决定）。

② 2004年1月30日第13183－（04/10）号决定（"提高第八条第5款有效性"）。

③ 分为两项程序：（ⅰ）《1997年决定》中监督程序第五段所述的程序，（ⅱ）国际货币基金组织于1979年通过并于1993年修订的"补充监督"专门程序。本节将这两项程序统称为"特别程序"。背景文件阐述了第五段程序和补充监督程序并论述了这两项程序的有限使用情况。

程序。

53. 新发起的多边磋商可以在实现特别程序原定目标方面发挥一定作用。①虽然多边磋商并不是为此设计的，但有时可以在汇率问题影响到多个国家的情况下进行多边磋商。国际货币基金组织是为履行多边监督职责，而不是为监督成员国遵循第四条款规定情况而开展目前多边磋商工作的，这类磋商的集体性和合作性有助于化解过去影响采用特别程序的一些担忧。

专栏 3　《1977 年决定》和《1979 年决定》所述的监督程序

《1977 年决定》的最后一节与 1979 年作出的补充性决定确定了成员国与国际货币基金组织的几种合作方式：

正常程序

● 每一成员国应向国际货币基金组织提供其选择的汇兑安排及其变化的"适当详细"信息。

● 成员国原则上应每年与国际货币基金组织进行第四条款磋商，以供审议其遵循有关原则和第四条第 1 款所规定的义务情况。

● 总裁应就成员国的汇兑安排与成员国保持密切联系。

多边程序

● 执董会应定期审查广泛的汇率动态，其中包括在讨论与具有系统重要性成员国进行特别磋商后商定国际调整进程时进行这样的审查。

特别程序

● 总裁在两次第四条款磋商期间可以发起的两项特别磋商程序：（ⅰ）在成员国的汇率政策看来不符合原则时采用第 5 段程序（因源于《1997 年决定》第 5 段而得名）；（ⅱ）在总裁认为重大的经济或金融事态可能会影响一成员国的汇率政策或该成员国汇率走向时，可采用 1979 年增列的"补充程序"（1979 年增补此项程序的用意是，通过消除第 5 段程序所隐含的已犯过错印象，促进使用特别程序）。

---

54. 国际货币基金组织虽然有特别程序工具，但第四条款定期磋商仍是加强

---

① 需要指出的是，新的多边磋商精神似乎接近《1977 年决定》所述的多边程序。《1977 年决定》所述的与具有系统重要性国家进行特别磋商程序是在 70 年代初《世界经济展望》刚问世时被非正式发起的，在 80 年代被中止。后来，执董会主要在讨论世界经济与市场动态的非正式会议上审查"广泛的汇率动态"。

汇率监督的首要工具。特别程序的用意是，在两次第四条款定期磋商之间，如果出现重大事态，能迅速向执董会通报情况。国际货币基金组织需要有这一工具，但不能指望频繁地使用该工具。过去这一工具可能确实用得太少，但如果能像第 34 段所述的那样，增强国际货币基金组织的问责制，那么，通过确保不采取行动就会丧失信誉，自然就会降低在需要采用特别程序时不采取行动的风险。特别程序的效用并不是通过单纯启动来表明国际货币基金组织的关注。毕竟，国际货币基金组织通常在启动程序之后才能知道需要适当表示关注的程度，所以，如果作为表示关注的机制来使用特别程序反而会增加而不会减弱特别程序的恶名，从而进一步降低使用的可能性。国际货币基金组织应主要通过第四条款定期磋商期间有针对性的汇率监督发出关注信号，所以，目前为加强这类监督而开展的努力极为重要。

55. 最后，在改进程序规定上可能仍有余地。尤其是，鉴于第 5 段程序实际上已被《1979 年决定》中的磋商程序取代，似乎没有理由在《1977 年决定》中保留这一程序。

Ⅳ. 供讨论的事项

1. 虽然《1997 年决定》对国际货币基金组织的工作作出了重大贡献，执董们是否认为需要修订《1997 年决定》？

框架

2. 执董们是否认为需要扩大《1997 年决定》的范围，在《1997 年决定》的序言部分澄清成员国对国际货币基金组织的承诺和国际货币基金组织的监督作用概念框架，以便为整个监督（而不仅仅是汇率政策监督）提供更有效的基础？（第 28 段）

3. 是否适宜在监督概念框架中指明期望成员国与国际货币基金组织讨论其政策框架？（第 30 段）

原则

4. 执董们是否认为在《1997 年决定》中针对成员国在第四条款下所有承诺而详细规定成员国指导原则以及国际货币基金组织的有关监督指南是不必要和不现实的？（第 36 段）

5. 执董们是否认为应扩大成员国汇率政策指导原则的范围，以便不仅处理操纵和干预行为，而且还处理导致汇率失调的其他因素？（第 40 段）

6. 执董们是否认为有必要更新和澄清国际货币基金组织监督原则，不再一味侧重与国际收支目的有关的指标，而是更侧重进行一国和/或多国汇率政策评

119

估？（第 43 - 45 段）

7. 执董们是否支持由工作人员开展进一步工作，在第 47 - 49 段所述的限度内就概念和指标作出更具体的规定？

程序

8. 执董们是否认为应主要通过第四条款定期磋商加强汇率监督？执董们是否同意作为一个例行事项废除第 5 段程序？（第 54 - 55 段）

其他

9. 执董们是否认为为了配合修订《1997 年决定》，澄清权限、独立性、问责制之间的关系也至关重要？

附录三　对《1977 年汇率政策监督决定》的检查——进一步的考虑

2007 年 1 月 11 日

导言与摘要[①]

- 国际货币基金组织成员国之间的相互依赖性日益增强，突出显示了监督在国际货币基金组织职能中的核心地位。在这一背景下，中期战略提出，采取一系列举措，确保国际货币基金组织能够以有效的方式应对变化的环境。目前正在对监督的实施方式进行检查和更新，其中特别强调的是重点、透明度和推介工作。另外，还需审查监督的法律基础，评价其能否适当体现并全面指导最佳做法。

- 对于什么是最佳监督做法，存在广泛共识。监督是围绕外部稳定问题（包括跨境溢出效应）开展的对话与劝说过程，涉及汇率政策和相关国内政策。为了保证其有效性，监督必须全面涵盖核心问题，同时仅以这些问题为重点；必须利用多边视角，并谨慎地关注溢出效应；必须既针对紧迫问题又包括长期问题。必须坦诚地评估前景和政策，公平地对待各成员国，对成员国各自的国情给予应有的注意。

- 然而，《1977 年汇率政策监督决定》（以下简称《1977 年决定》）（最初通过这一决定是为了使《国际货币基金组织协定》第四条款具有操作性）仅包括这一最佳做法模式的一小部分（见专栏 1）。《1977 年决定》是在平价体系解体之后起草的，当时国际货币基金组织还不清楚浮动汇率制度将如何演变。它仅针对第四条款涉及的成员国部分政策，即某些汇率政策，并且几乎未提到国际货币基金组织在监督实施过程中的作用。总之，《1977 年决定》的内容与当今监督的现实之间存在巨大差距。

[①] 本文由 Ross Leckow 和 Tessa van der Willigen 领导下的其他人员撰写，包括 Isabelle Mateos y Lago、Lynn Aylward、Jung Yeon Kim、Dmitriy Kovtun、Christopher K. Marsh、Pedro Rodriguez 和 Yan Sun，他们受 Carlo Cottarelli 和 Sean Hagan 指导。

• 在这一背景下，国际货币基金组织启动了对《1977 年决定》的检查，旨在确保《1977 年决定》确立的法律框架能反映最佳监督做法。在今年 7 月执董会对该检查进行第一次讨论时，执董们对是否应修订《1977 年决定》存在不同意见。① 本文意在为进一步探讨提供基础。本节阐述修订理由，并概述其余部分的内容。

专栏 1　为什么说《1977 年决定》是不完整的、过时的

《1977 年决定》几乎未对国际货币基金组织在实施监督过程中的责任提供指导。它未明确监督的范围和形式，未充分涉及执董会多年来确定的对有效监督至关重要的领域（如适当的侧重点、公平性和坦诚性）。

• 尽管第四条款规定了成员国在汇率和国内政策方面的义务，但《1977 年决定》只涉及汇率方面。之所以如此，是因为采纳《1977 年决定》是为了达到第四条第 3 款第（b）项的要求，即国际货币基金组织应制定原则，在汇率政策上向成员国提供指导。其狭窄的范围还反映了 1977 年（布雷顿森林体系解体后）对于在国内政策领域如何实施监督尚不明确。另外，相比目前的大规模资本流动，当时的资本流动少得多，因此认为汇率变动的有序性主要取决于官方干预。

•《1977 年决定》未针对过去三十年里对体系稳定产生最大影响的发展变化。同样是反映了布雷顿森林体系解体这一起源，《1977 年决定》将重点放在出于国际收支目的而进行的汇率操纵以及短期汇率波动上。而 1977 年以来，最为普遍的与汇率有关的问题是：出于国内目的维持币值高估的盯住汇率；国内财政政策和货币政策不协调；近期还出现了通常由国内资产负债失衡导致的资本账户脆弱性。②

---

①　见 *Review of the 1977 Decision on Surveillance Over Exchange Rate Policies—Preliminary Considerations*（关于审查《1977 年汇率政策监督决定》的初步考虑）（SM/06/215，2006 年 6 月 28 日）；*Article IV of the Fund's Articles of Agreement—An Overview of the Legal Framework*（《国际货币基金组织协定》第四条——法律框架概述）（SM/06/216，2006 年 6 月 28 日）；*Review of the1977 Decision on Surveillance Over Exchange Rate Policies—Background Information*（关于审查《1977 年汇率政策监督决定》的背景情况（SM/06/227，2006 年 6 月 30 日）；*Statement by the Managing Director on the Review of the1977 Decision on Surveillance Over Exchange Rate Policies—Preliminary Considerations*（总裁就关于审查《1977 年汇率政策监督决定》的初步考虑所作发言）（BUFF/06/118，2006 年 7 月 14 日）；以及 *The Acting Chair's Summing Up, Review of the 1977 Decision on Surveillance Over Exchange Rate Policies—Preliminary Considerations*（代理主席就关于审查《1977 年汇率政策监督决定》的初步考虑所作总结发言）（SUR/06/74，2006 年 7 月 28 日）。

②　详见 SM/06/215，第 38－39 段。

- 根据本文的分析，修订《1977 年决定》将弥补国际货币基金组织政策框架中的重大缺口，从而改善治理。协定概述了国际货币基金组织的责任（无论是在监督还是在资金援助领域），国际货币基金组织将制定总体政策，指导这些政策在各成员国的实施，从而增强透明度和问责机制，并对成员国一视同仁。为此，国际货币基金组织经过大量努力，于 2002 年对《贷款条件指导原则》进行了大幅修订，从而就其金融责任提供指导。随着监督日益明确地成为国际货币基金组织工作的核心，目前仍无涵盖所有必要内容的统一、连贯和综合的政策，这令人感到吃惊。另外，随着中期战略关于监督的倡议开始实施，应确保其根本目的反映在明确的高层指导方针中。

- 对《1977 年决定》作出修订后，将确立统一、连贯和综合的监督政策，既体现最佳做法，又为最佳做法的进一步演变提供空间。这一政策将就国际货币基金组织和成员国在第四条款下的责任向其提供更有效的指导。它将进一步强调监督中的建议和劝说，并确保这种合作方式继续下去。它将确立一个框架，使监督从今以后按协定确定的原则发展。它将向公众明确传达国际货币基金组织如何看待和实施其核心监督业务。

- 更全面的《1977 年决定》还有助于加强监督的实施。特别是，修订后的《1977 年决定》有助于应对以下几个长期存在的挑战。

- 重点。修订后的《1977 年决定》有助于将监督重点放在第四条款的最重要问题上。

- 坦诚性。修订后的《1977 年决定》将维护坦诚性，提供一个框架，使国际货币基金组织更方便地解决困难问题。

- 公平性。修订后的《1977 年决定》将有助于解决被认为在监督实施过程中存在的不对称性。首先，由于现行《1977 年决定》侧重于汇率政策，它与实行浮动汇率的成员国（包括多数具有系统重要性的国家）的相关性有限。其次，经修订的《1977 年决定》将关注焦点放在外部稳定和跨境溢出效应上，这便进一步明确了逆差国和顺差国如何分担调整过度失衡的负担。

- 问责制。修订后的《1977 年决定》将为识别缺陷提供一个更牢固的基础，从而增强国际货币基金组织的问责制。①

- 本文描述的是可对《1977 年决定》作出哪些修改，以便使其符合最佳做

---

① 特别是，《1977 年决定》应当成为定期监督检查的支点，帮助确保根据明确和全面的预期评估实施情况。关于监督的问责框架的更详细讨论，见 *Toward a Remit – Independence – Accountability Framework——Clarifying Accountability and Methodological Issues in Assessing the Effectiveness of Surveillance*，即将发表。

法。特别是，这些修改力图确保《1977 年决定》准确体现监督范围（目前其涵盖范围不全），并对监督形式提供指导（目前几乎完全缺乏这种指导）。

- 下面考虑两大类修改：

- 《1977 年决定》增加一部分新的、单独的内容，全面阐述双边监督的范围和形式。关于范围，本部分内容将使监督以外部稳定（包括溢出效应）为核心。它还可提供以下指导，即监督应涵盖哪些政策，其他政策若对外部稳定有实质性影响，也应包括在内。关于形式，这一部分新内容将强调监督关系的合作性质以及明确和坦诚评估的重要性。它还可明确，监督应根据成员国的中期目标和政策框架而实施。

- 扩充和明确现行的成员国汇率政策指导原则及相应的经济指标。该指导原则是现行《1977 年决定》的核心。仍将需要这些原则，因为根据第四条第 3 款第（b）项，国际货币基金组织须采用这类原则。如专栏 1 指出的，现行原则未涉及那些从根源上引发 1977 年以来多数汇率动荡的政策。尽管最佳监督做法已在发展，适当考虑到了这类更广的问题，但由更适当的经济指标支持的一套更明确和更广泛的原则将使《1977 年决定》与最佳做法相一致，并有助于确保最佳做法得到一致运用。这样一套被扩充的原则不仅可包括汇率政策，还可包括直接影响汇率的国内政策。此外，可对现行指导原则第一条的解释提供更明确的指导，这一条原则只是重复了成员国在第四条第 1 款第（iii）项下的义务，即避免操纵汇率或国际货币制度来阻碍国际收支的有效调整或取得对其他成员国不公平的竞争优势。

- 关于拟作出的修改的法律影响，应注意以下几点：

- 通过一套被扩充的原则，执董会将就成员国如何履行第四条款规定的义务提供更明确的指导。成员国若遵守了国际货币基金组织制定的所有原则，将被认为履行了第四条第 1 款规定的义务。

- 采用新原则不会产生新的义务。这些原则将作为建议，国际货币基金组织将根据第四条第 1 款规定的成员国与国际货币基金组织和其他成员国合作，以保证有序的汇兑安排并促进稳定的汇率制度的一般性义务而采用这些原则。成员国未能遵守新原则规定的某一项建议本身不能确定其违反义务。必须进一步采取几个步骤，才能确定该成员国是否未履行义务。

- 另外，通过明确第四条第 1 款第（iii）项的含义，拟作出的修改将就成员国在避免汇率操纵方面的现有义务的范围提供进一步指导。

同时，修订后的《1977 年决定》将强调监督是对话与劝说过程，从而突出表明扩充和明确原则的目的在于支持对话，而不是为更强调服从的监督方法奠定基础。

- 本文其余部分的结构如下。第 Ⅱ 部分概述监督的法律框架。其余部分探讨可能对《1977 年决定》作出的修改，首先是一项一般性建议，即增加一节内容描述监督框架，其次具体探讨成员国汇率政策指导原则及指标。[①] 专栏中给出了示例性文字，但不是为了预先判断是否应修订《1977 年决定》，也不是为了提出正式的修订建议。其目的在于提出可能的修订内容，以便明确根据这些内容（或部分根据这些内容）作出的修订是否能取得足够广泛的共识。《国际货币基金组织协定》第四条款和现行《1977 年决定》的内容作为附件列出，供参考。

监督的法律框架

- 在研究可能对《1977 年决定》作出的具体修订之前，必须明确《国际货币基金组织协定》第四条款规定的法律框架的根本特征。这一法律框架在 1978 年第二次修订时纳入《国际货币基金组织协定》。对该框架的详细讨论见 SM/06/216（《法律文件》），但本节着重介绍与修订《1977 年决定》的范围与好处尤为相关的方面。

- 第四条款规定了成员国的权利与义务。它赋予成员国相当大的选择"汇兑安排"（即成员国用来决定本币对其他货币价值的总体方法）的自由，尽管这种自由不是无限的。例如，成员国可以决定采取固定汇率或浮动汇率。[②] 然而，它还要求成员国履行某些义务。特别是，第四条第 1 款要求成员国"与国际货币基金组织和其他成员国合作，以保证有序的汇兑安排，并促进形成一个稳定的汇率制度"。除这项一般性义务外，成员国还必须承担四项具体的义务，其中两项与其国内经济和金融政策有关，另两项针对其"汇率政策"。[③] 关于国内政策的两项具体义务具有软性质，要求成员国做出努力，而非实现某种结果。

- 如《法律文件》指出的，在考虑修订《1977 年决定》时，这些义务的两

---

① 本文不讨论对监督程序的决定这一部分可能作出的修改。7 月的讨论确定只需作出一项修改，即取消第 5 项程序，即"特别磋商"（当一个成员国的汇率政策看来不符合汇率政策指导原则时采用这一程序）。1979 年实行的"补充性磋商"程序有效地替代了"特别磋商"（SM/06/215，专栏 3 和第 55 段）。

② 成员国对汇兑安排的选择受制于某些制约因素，特别是必须符合成员国在《国际货币基金组织协定》下的义务。

③ 采取一项汇率政策可以意味着成员国在实施汇兑安排中的作为或不作为。更具体而言，不仅是指干预政策，还包括其他对外政策以及某些专门出于国际收支目的而实施的国内政策（SM/06/216）。

个方面尤为重要:

- 第四条款明确指出,采用适当的汇率政策和国内政策能够最有效地促进"稳定的汇率制度"。特别是,人们认识到,为维护汇率制度稳定而实施的国内政策和对外政策将增强汇率制度的稳定。关于汇率政策,如果允许汇率反映基本状况(即使这将导致汇率波动),则总体"制度"将更稳定。关于国内政策,如果国内政策的实施能创造有助于经济和金融稳定的基本条件,则总体制度将得到增强。

- 第四条第 1 款第(ⅰ)至第(ⅳ)项规定的具体义务并未全部列出成员国"与国际货币基金组织和其他成员国合作……促进形成一个稳定的汇率制度"的一般义务。由于规定了这项一般义务,国际货币基金组织有权要求成员国采取或不采取某些特定的行动,若国际货币基金组织认为这些行动是一般义务的一部分,但未明确列在第四条第 1 款第(ⅰ)至第(ⅳ)项中。尽管这种要求可能构成一项义务,但国际货币基金组织也可以按照《国际货币基金组织协定》第二次修订前运用一般合作义务的先前做法,通过提出建议而行使这项权力。未遵循这项建议不构成违反合作义务(关于建议法律地位的进一步讨论,见Ⅳ.C部分)。

- 第四条款还规定了国际货币基金组织应承担的义务。特别是,第四条第 3 款第(a)项要求国际货币基金组织"监督各成员国是否履行了本条第 1 款规定的义务",即包括一般性合作义务及第四条第 1 款第(ⅰ)至第(ⅳ)项规定的具体义务。这一工作通常被称为"双边监督"。

- 第四条第 3 款第(b)项就国际货币基金组织如何监督成员国对汇率政策领域义务的履行情况提供了更具体的指导。特别是,该条款要求国际货币基金组织"对成员国的汇率政策行使严格的监督",并"制定出具体原则,以在汇率政策上向各成员国提供指导"。这些原则"必须尊重成员国国内的社会和政治政策"。在运用这些原则时,国际货币基金组织必须"对各成员国的国情给予应有的注意"。第四条第 3 款第(b)项关于制定有关原则指导成员国汇率政策的要求是《1977 年决定》包含的原则的法律基础。

- 尽管第四条第 3 款第(b)项规定的原则只涉及成员国的汇率政策,但国际货币基金组织还可以采用有关原则,对成员国的国内政策提供指导,只要国际货币基金组织认为,根据第四条第 1 款,这些国内政策是相关的。这一步有助于成员国履行其在第四条第 1 款下的义务,也有助于国际货币基金组织根据第四条第 4 款第(a)项监督成员国遵守情况。下面的Ⅳ.B 部分更详细地讨论了这一可能性。

● 从程序上讲，第四条款磋商为国际货币基金组织行使其监督职责提供了手段。成员国必须参与这一磋商过程，并"向国际货币基金组织提供监督所需的信息"。在这一磋商过程中，成员国还可寻求国际货币基金组织在不属于其监督内容的政策上所提建议。

扩充《1977 年决定》，描述监督框架

● 修订《1977 年决定》的关键目标是提供一个更完整的监督框架。如上所述，《1977 年决定》可以从一部分新的内容开始，全面描述双边监督框架，特别是监督的范围和形式。这一内容将明确指导国际货币基金组织如何履行其监督职责，并将促使所有成员国再度坚定对遵守第四条款行为守则的承诺。在 7 月的讨论中，很多执董对这一领域感兴趣。尽管扩充《1977 年决定》的某些目标可以通过其他方式实现，但这些方式要么不能完全达到目标，要么具有严重的缺点（见专栏 2）。

专栏 2　以其他方式指导监督框架的缺点

● 指导监督框架的多数其他替代方式——例如，监督最佳做法汇编、新的指导说明、关于监督要素的公开概要说明——都不具有执董会决定的地位和持久性。由于执董会有责任制定政策，指导国际货币基金组织行使其职责，因此，执董会应在这一过程中发挥核心作用。

● 执董会目前正在考虑"监督职责范围说明"。它将作为一种方法，根据同时发生的和其他正在显现的挑战确定监督重点。它可以包含一项经执董会批准的说明，就监督的要素和永久特征提供指导，但这将以一项修订的决定为基础。

● 《1977 年决定》更广的涵盖范围可以如下界定：

● 《1977 年决定》将明确涵盖国际货币基金组织监督成员国履行第四条第 1 款规定的所有义务的责任，而不仅仅是与汇率政策有关的义务。《1977 年决定》还可明确，这种监督构成双边监督。

● 尽管《1977 年决定》可更明确地强调双边监督内在地包括多边监督视角和跨境问题（见下述），但不建议将其扩大到涵盖多边监督。多边监督是国际货币基金组织另一项单独的职能。多边监督源于国际货币基金组织在第四条第 3 款第（a）项下的责任，即"监督国际货币制度，以保证其有效实施"，并且，与双边监督不同，多边监督不要求对成员国履行第四条第 1 款的义务进行评估。

- 这种划分可以体现在修订后的《1977 年决定》导言中（见专栏 3）。导言应在《1977 年决定》两个部分之间作出明确区分。第一部分描述监督框架。第二部分侧重于成员国的汇率政策，以及直接影响汇率的国内政策（如果执董会同意本文建议的扩充）。导言还可解释《1977 年决定》各部分与第四条款要求之间的关系，并保留现有文本中与下述内容有关的部分，即《1977 年决定》适用于所有成员国，并且有必要对其进行检查。

- 需修改《1977 年决定》标题，以反映其新的范围。例如，可以将其重新命名为《双边监督决定》。

专栏 3　示例性导言——分类法与路线图

《1977 年决定》为成员国根据第四条第 1 款实施政策提供指导，并为国际货币基金组织根据第四条第 3 款第（a）、（b）项监督这些政策提供指导。它不直接涉及国际货币基金组织根据第四条第 3 款第（a）项监督国际货币制度，以保证其有效实施的职责。

《1977 年决定》第一部分规定国际货币基金组织根据第四条第 1 款监督成员国义务的范围和形式，包括（但不限于）国际货币基金组织对成员国的汇率政策实行严格监督（对成员国义务的这种监督以下简称为"双边监督"）。第二部分确定有关原则，指导成员国根据第四条第 3 款第（b）项的要求实施货币政策，并为成员国实施直接影响汇率的国内经济和金融政策提供指导。它还明确有关指标，国际货币基金组织将运用这些指标评估成员国遵守这些原则的情况。第三部分规定监督程序。《1977 年决定》规定的原则和程序适用于所有成员国，不论其采用什么汇兑安排及国际收支状况如何。应根据情况变化重新考虑《1977 年决定》。

监督的目标

- 《1977 年决定》的这部分新内容可以从对监督的"设想"开始，重申成员国和国际货币基金组织履行第四条款义务的好处，从而重申第四条款包含的多边主义精神（见专栏 4）。特别是，《1977 年决定》可以强调各成员国政策之间的相互依赖性，进而强调国际货币基金组织的合作性质。

专栏 4　对监督目标的示例性阐述

鉴于国际货币制度的宗旨是提供一个国与国之间商品、服务和资本的交换以及保持经济健康增长的框架，而且主要目标是继续发展必要的基础条件以保持金融和经济稳定，国际货币基金组织成员国致力于遵守第四条第 1 款中规定的行为守则。具体而言，它们致力于与国际货币基金组织和其他成员国合作，以保证有序的汇兑安排，并促进形成一个稳定的汇率制度（以下简称为合作促进系统性稳定的义务）。这一行为守则是基于这样一种信念，即在相互依赖的世界中，成员国自身的利益能通过合作得到加强。作为一个旨在促进国际货币合作的机构，国际货币基金组织有责任就成员国遵守该行为守则的情况与成员国开展对话，从而促进上述目标的实现。

监督的范围

● 为了对监督范围提供充分指导，《1977 年决定》应明确描述监督应涵盖哪些政策和发展变化情况。应根据成员国在第四条款下的义务确定监督范围（见专栏 5）。

● 在确定范围时，起始点是第四条款的核心概念，即第 1 款——开展合作以"保证有序的汇兑安排并促进稳定的汇率制度"的义务。第四条款不是为了维持僵硬的汇率：平价制度被认为产生僵硬而不保证稳定。相反，它力图实现有序的汇兑安排（例如，不存在多重汇率）和稳定的制度（允许汇率反映基本状况，即使这将导致汇率波动，并且，通过实施适当的国内政策避免不必要的破坏性汇率变动。[1]），尽管"有序的汇兑安排和稳定的汇率制度"这一概念是系统性的，但人们认识到，当每个成员国在国家层面上实施能够促进外部稳定的政策时，这一目标能得到最有效地实现。外部稳定是一种国际收支状况，这种状况不会或不太可能导致不必要的破坏性汇率变动。[2]（必须记住，外部稳定一词不仅包括有关国家的稳定，还涉及该国外部状况对其他国家稳定的影响。）因此，影响外部稳定的政策应成为监督的核心。

● 第四条第 1 款还包含具体的义务，帮助进一步明确监督范围。这些规定

---

[1]　见《法律文件》第 2 页。

[2]　外部稳定概念不意味着可能导致汇率破坏性调整的所有问题都反映在当前的国际收支中。而所有这样的问题最终都将影响国际收支。

承认汇率政策和国内政策都直接影响外部稳定（即对国际收支产生直接影响），并通过对国内稳定（即价格和金融部门稳定）和经济增长的影响而间接影响外部稳定（见图1，为便于参照，原样取自 SM/06/215）。

• 必须明确经济增长（以及影响经济增长的政策）在促进外部稳定中的作用，进而明确其与监督的相关性。《1977 年决定》可以明确经济增长是促进外部稳定的重要手段，这是通过其对可持续性和宏观经济政策长期发展的影响而实现的：第四条第 1 款第（ⅰ）项明确指出，促进稳定的汇率制度要求国内政策以经济增长为目标，这种增长是有序的，并伴以合理的价格稳定。另外，在实施政策促进外部稳定的过程中，成员国当然考虑这种政策对经济增长的影响。第四条第 1 款承认考虑这种影响的重要性，指出，"国际货币制度的宗旨是提供一个……保持经济健康增长的框架。"

专栏5 对监督范围的示例性阐述，第一部分

在确定双边监督针对的政策时，国际货币基金组织将侧重于那些与评估成员国履行一般合作义务以促进系统性稳定最为相关的政策。国际货币基金组织认识到，当每个成员国在国家层面上实施能够促进"外部稳定"的政策时，系统性稳定能最有效地实现。"外部稳定"是一种国际收支状况，这种状况不会或不太可能导致不必要的破坏性汇率变动。国际货币基金组织进一步认识到，汇率政策和国内政策都影响外部稳定。这些政策通过影响国际收支和汇率直接影响外部稳定，并通过以第四条第 1 款第（ⅰ）项和第（ⅱ）项描述的方式影响国内稳定和增长而间接影响外部稳定。特别是，成员国致力于以促进合理价格稳定下的有序经济增长为目标实施各自的经济政策和金融政策，同时适当考虑自身的国情。另外，在实施促进外部稳定的政策时，成员国非常注重促进可持续增长。

• 《1977 年决定》可以以这一分析为基础，确定监督覆盖范围，从而协助加强重点（见专栏6）。在 7 月的讨论中，执董们总体上同意，明确国际货币基金组织的主要关注点是外部稳定，这有助于有重点地开展监督，防止任务延伸。

• 具体而言，根据第四条款和国际货币基金组织在监督方面的经验，《1977 年决定》可以明确"接近原则"：

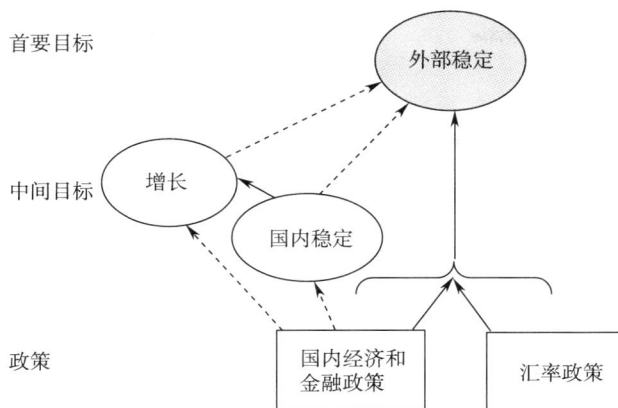

图1　成员国义务的逻辑关系①

● 这一原则可确定，某些政策（不仅是汇率政策，还包括货币政策、财政政策和金融部门政策）总是监督的对象，因为它们对促进外部稳定有直接的实质性影响，从而显然与成员国在第四条款下的义务相关。具体而言，监督应考虑财政政策、货币政策和金融部门政策的宏观经济方面以及与宏观经济有关的结构方面。实践中，汇率政策、财政政策和货币政策长期以来一直是第四条款磋商的核心。明确需要以类似的方式对待金融部门政策，这有助于更加有力、更加一体化地处理这些问题。

● 其他政策（如其他领域的结构政策）不总是监督的合适对象，但只要它们与促进外部稳定相关（例如，它们对可持续增长具有重要影响），就应包括进来。然而，不应笼统地假定这些政策与外部稳定相关，在这种联系不明显的情况下，应予以论证。

通过确定这一框架，《1977 年决定》可以为国际货币基金组织实施监督提供明确指导，并奠定了一个基础，成员国如果认为国际货币基金组织超越其职责或未充分履行其职责，可以据此向国际货币基金组织提出质疑。

---

① 箭头表示第四条款义务产生影响的主要方向，并没有列出所有的联系。

专栏 6　对监督范围的示例性阐述，第二部分

为了评估成员国是否在实施促进外部稳定的政策，双边监督应将重点放在那些能够在当前和未来对外部稳定产生实质性影响的政策。基于此，每个成员国的汇率政策以及货币政策、财政政策和金融部门政策总是监督对象。对于其他政策，只有当国际货币基金组织认为它们对外部稳定前景产生实质性影响时，才通过监督对其进行检查。

- 《1977 年决定》应强调，实施监督时，应当在成员国的总体经济形势和政策战略背景下对政策进行检查。这是目前《1977 年决定》第 3 段中的评估指导原则阐述的内容，可以适当地移到《1977 年决定》新的第一部分中。可以对该段作出适当修改，强调国际货币基金组织在实施监督时最大限度地考虑到成员国的目标（见专栏 7）。
- 最后，应在《1977 年决定》中反映监督的多边性。可将其纳入经修改的第 3 段中。特别是应强调两点。第一，对成员国外部状况和汇率政策的评估应考虑到国际发展，并应与对其他成员国汇率的评估及相关政策建议中得到的多边看法一致。另外，如果一个成员国的政策对其他成员国产生的影响有损于促进系统性稳定，则应根据这种影响作出评估。

专栏 7　对《1977 年决定》第 3 段的示例性修改

双边监督应纳入对成员国国际收支走势的评估，包括根据成员国储备头寸和对外负债评估资本流动的规模与可持续性。应在对成员国基本经济状况和经济政策战略进行综合分析的框架内作出评估，并应利用包括全球经济环境的相关方面（包括汇率以及成员国之间的其他重要联系）在内的多边框架，并与这一框架保持一致。应认识到国内政策和对外政策能够促进国际收支及时调整。评估应考虑到，包括汇率政策在内的成员国政策，在继续推动实现金融稳定、促进经济持久和稳健增长以及保持合理就业水平所需的有序基本条件方面所发挥的作用。还应考虑这些政策对其他成员国的影响，如果这些政策有损于促进系统性稳定。

监督的形式
- 对监督框架的全面描述应包含关于实施方式的内容。这部分内容应明确

以下几方面（见专栏 8）。

- 监督关系的合作性质。第四条款规定成员国有义务"与国际货币基金组织和其他成员国合作……"尽管第四条款赋予国际货币基金组织监督成员国履行义务情况的职责，这一过程本身就是合作与对话的过程。国际货币基金组织需要促进相互信任的气氛，对成员国的国情给予应有的考虑。

- 国际货币基金组织监督职责的性质。《1977 年决定》可以体现，监督的核心是对有关发展情况作出清晰、坦诚和公平的评估，并提出相关政策建议。

- 监督过程中的各种联系。① 为了促进坦诚，《1977 年决定》可以明确，监督的一个关键目的是使国家当局了解有关情况。这既包括有关成员国（监督力图影响的对象），也包括其他成员国（它们可能施加压力，并将这一信息用于自身的经济管理，防止其自身遭受波及风险）。《1977 年决定》还可指出，在让公众获悉有关情况方面，监督可以发挥关键作用，以促进市场的高效运作和对稳健政策的掌控感。在这方面，《1977 年决定》应当只反映国际货币基金组织作为保密顾问与国际货币基金组织透明度政策中包含的公共监督作用这二者之间的平衡。它不应试图改变这种平衡。

专栏 8　对监督形式的示例性阐述，第一部分

在实施双边监督时，国际货币基金组织将明确和坦诚地评估有关成员国的相关经济发展、前景和政策，并就此提出建议。这种评估和建议是必要的，以协助该成员国在充分了解情况的基础上作出政策选择，并使其他成员国能够与该成员国讨论这些政策选择。在双边监督中，国际货币基金组织将促进与各成员国坦率和开放讨论的氛围，遵循对成员国一视同仁的原则，并对成员国的国情给予应有的考虑。在国际货币基金组织透明度政策的范围内（以及第十二条第 8 款规定的情况下），并为了促进市场的高效运作和对稳健政策选择的广泛掌控感，国际货币基金组织可以向公众传达其对成员国政策的看法。

- 《1977 年决定》还可明确，如果能根据成员国的中期目标和政策框架实施监督，则监督将能得到最有效的实施（见专栏 9）。② 对话应包括：（ⅰ）中期

---

① 关于监督的一系列结果，见 *Toward a Remit – Independence – Accountability Framework*（前面已引用）。

② 这些要素也可纳入目前的第 3 段（见专栏 7）。将其单列在这里，以便于说明。

目标；（ii）当前和计划实施的政策；（iii）应急反应功能，以及所有这些要素与第四条第1款的一致性。这种方法已是最佳做法，与外部稳定概念的前瞻性相一致，也与侧重于各政策组成部分之间的相互作用而非孤立地看待每项政策的必要性相一致。如果成员国具有明确、正式的"政策框架"，包含上述要素，则将围绕这些框架展开对话。对于其他成员国，国际货币基金组织仍可试图理解这些要素。尽管不会对成员国施加压力，强制它们在包含所有这些要素的框架下制定自己的政策，但监督可以对那些有意愿和能力发展这种政策制定机制的成员国提供有益的推动力。

专栏 9   对监督形式的示例性阐述，第二部分

国际货币基金组织的评估应尽可能根据成员国的政策框架进行，包括它的中期目标、计划实施的政策以及政策将对紧急情况作出的反应。

• 最后，《1977 年决定》可再次明确，成员国对监督过程的参与要求它们就其政策进行坦诚讨论（见专栏 10）。《1977 年决定》可明确第四条第 3 款第（b）项和第八条第 5 款的要求，即成员国应向国际货币基金组织提供国际货币基金组织认为实施监督所必要的信息。

专栏 10   对监督形式的示例性阐述，第三部分

为了使国际货币基金组织实施双边监督，成员国应与国际货币基金组织进行磋商。为使这种监督有效，这种磋商需要是坦率、直言不讳的。根据第四条第 3 款第（b）项和第八条第 5 款，成员国应向国际货币基金组织提供国际货币基金组织认为实施监督所必要的信息。

补充成员国汇率政策指导原则

• 成员国汇率政策指导原则——第四条第 3 款第（b）项对国际货币基金组织的要求——是当前《1977 年决定》的核心内容（见专栏 11）。本节将澄清成员国汇率政策指导原则 A 的含义，该原则针对汇率操纵。正如在 7 月讨论的那样，原则 B 和原则 C 涉及干预政策，内容很直接，今天仍然具有很大的适用性，不需要做进一步解释。本节随后详细讨论两个可能的新原则。

专栏 11 现行的成员国汇率政策指导原则

原则 A 成员国应避免操纵汇率或国际货币制度来阻碍国际收支的有效调整或获得对其他成员国不公平的竞争优势。

原则 B 成员国应在必要时干预外汇市场，对付失序状况，例如，对付本币汇价破坏性的短期变动等。

原则 C 成员国在采取干预政策时应考虑其他成员国的利益，其中应顾及本币被干预的国家的利益。

澄清汇率操纵的含义

- 原则 A 的一项缺点是它只是重复了第四条第 1 款第（iii）项的内容，因此，没有向成员国提供更多关于应避免采取何种政策来遵守这项义务的指导性意见。在 7 月的讨论中，一些执董认为有必要进一步明确该条款中使用的概念，但同时强调这不应导致过于僵硬。根据立法历史和《法律文件》中的分析，执董会可澄清以下几点，这可纳入《1977 年决定》的附录内。

- 第四条第 1 款第（iii）项禁止两类操纵行为——操纵国际货币制度和操纵汇率。正如在《法律文件》中讨论的那样，在成员国如何操纵国际货币制度方面，立法历史不是很清楚。汇率操纵是通过汇率政策来实施的（如脚注 7 中定义的）。另外，操纵不一定要求成员国的行为（无论采取什么方式）导致汇率变动。在一些情况下，可能有意使用操纵手段来阻止这种变动。

- 第四条第 1 款第（iii）项禁止成员国出于两种特定目的实施操纵——为阻止有效的国际收支调整，或者为获得对其他成员国不公平的竞争优势。成员国的行动可能具有阻止国际收支有效调整或获得对其他成员国不公平竞争优势的效果，这样一个事实可能并不充分。国际货币基金组织必须证明其意图。然而，这并不表明国际货币基金组织必须接受成员国自身对其动机的解释。而是，国际货币基金组织应该让成员国有机会说明其行动目的，并在存在合理质疑的情况下不作出不利于成员国的裁定。但最终，国际货币基金组织将在考虑所有现有和相关信息的基础上，对成员国所阐述的意图的正确性作出独立评估。

- 第四条款的立法历史上没有提供关于什么是"阻止有效的国际收支调整"或"获得不公平的竞争优势"的含义的指导意见（尽管使用"或者"一词表明这两个意图必须被赋予不同的含义）。然而，可以作出以下解释。

- 关于操纵汇率来"阻止有效的国际收支调整"的含义。从经济角度看，国际收支调整是恢复国际收支平衡的过程。国际收支平衡指这样一种"状态，即经常账户顺差或逆差等于资本流出或资本流入，以某种方式定义为正常或可持续，无须不当地限制经常账户国际交易或对这些交易的付款和转移，也无须不当地鼓励资本流入或资本流出，并且没有过度的失业。"[①] 这种状况定义了均衡的（实际有效）汇率，即与目前和未来基本条件（如生产率增长、贸易条件变化、人口因素）相一致的汇率，这些基本条件决定了"正常"的经常账户，并且是在内部平衡的状态下。如果汇率具有阻止国际收支调整的效果，则它就是使经常账户偏离稳定状态均衡水平的汇率，并且可以定义为"根本失衡"的汇率（无论是高估还是低估）。[②] 然而，不清楚为什么一个成员国会有意将阻止国际收支调整作为其目的——更可能的情况是，一个成员国可能将这一结果作为达到另一目的的手段。

● 关于操纵汇率以"获得对其他成员国不公平的竞争优势"的含义。相对较清楚的是，一个国家通过汇率政策寻求"竞争优势"可能是以扩大净出口为目的而实施这些政策。然而，不太清楚的是，根据第四条款，这种"优势"在何时应被认为是"不公平的"？一种方法是采用上段提出的汇率根本失衡的概念。

总而言之，尽管关于"阻止国际收支调整"的含义存在一些不确定性，执董会应根据第四条第 1 款第（ⅲ）项对操纵汇率"以获得对其他成员国不公平的竞争优势"的含义提供指导：即可以将这种政策理解为，以汇率低估的方式维持汇率的根本失衡，目的在于扩大净出口。

● 国际货币基金组织在评估一个成员国政策是否符合上述定义时，应保证在存在合理质疑的情况下不作出不利于成员国的裁定，无论是确定意图还是为了衡量汇率失衡程度（后者特别适合，因为对汇率失衡程度的估计存在很大的不确定性）。

采用新原则的理由

● 1977 年以来的经验表明，现行的这套原则是不完整的。如专栏 1 指出的，1977 年以后，多数情况下汇率不稳定是由不违反成员国汇率政策指导原则的政策所引起的。尽管最佳监督做法已经适当考虑了这种更广范围的问题，一

---

① Joseph Gold, *Exchange Rate in International Law and Organization*（《国际法和组织的汇率》），1988年，第 35 页。

② 这里所指的汇率失衡是指根本性失衡，区别于暂时性失衡，例如，由周期性或其他暂时因素引起的失衡。

套扩充后的原则的主要好处是确保《1977 年决定》符合最佳做法，并使监督对话一贯地将可能导致汇率不稳定的政策作为重心。如上所述，新原则的目的不是为更强调服从的监督方法奠定基础。但会有一些法律影响，下面的 C 部分将对此作出阐述。

- 为了补充现有的成员国汇率政策指导原则，将考虑两个新原则，分别关注汇率政策和国内政策：

- 汇率政策的新原则与现有原则一样，将根据第四条第 3 款第（b）项而被采用，而关于国内政策的原则将根据第四条第 1 款而被采用。

- 另外，鉴于第四条第 1 款规定的成员国在国内政策方面的义务具有软性质，关于国内政策的任何原则都应在"尽力而为"基础上表述（即"成员国应努力避免……"）。

- 关于汇率政策的新原则将侧重于出于国内目的采取的但导致外部不稳定的汇率政策。这项原则将补充原则 A，后者侧重于外部目的，如"获得不公平的竞争优势"。国内目的可包括试图控制通货膨胀（这在实行扩张性货币政策的情况下，将最终证明是难以持续的），或者将失业率降至自然失业率以下。该原则将提醒成员国注意出于国内目的长期维持根本失衡的盯住汇率给外部稳定带来的危害。

- 关于国内政策的新原则将专门侧重于引起外部不稳定的货币政策、财政政策和金融部门政策。尽管其他国内政策也能造成外部不稳定，但货币政策、财政政策和金融部门政策具有最直接影响。新原则侧重这些政策是与引入"接近原则"（第 35 段）自然对应的。对于实行盯住汇率的国家，这项原则将支持新的关于汇率政策的指导原则，因为盯住汇率的问题永远是汇率与国内政策不一致的问题。对于实行浮动汇率的国家，该原则将提醒成员国避免采取损害外部稳定的国内政策组合。需指出的是，建议的原则不涉及所有与第四条款有关的国内政策——尤其是，将不涉及财政政策、货币政策和金融部门政策领域以外的结构性政策。（执董会已经在 7 月指出，在原则中对第四条款内容包罗万象是不现实的。）然而，如下所述（第 49 段），原则未提到的政策也将是第四条款监督的对象。

- 尽管可以对新原则采取多种措辞，但工作人员倾向的一种方法（见专栏 12）是直接关注对外部不稳定的避免，特别是指显示外部不稳定的根本失衡汇率。外部不稳定的概念包括由经常账户和资本账户产生的不均衡来源。对于经常账户，外部不稳定反映了在剔除周期性和其他短期影响后，（以任何一种方向）偏离其均衡水平的经常账户头寸。这发生在汇率根本失衡时。对资本账户，外部不稳定的重点包括中期内难以持续的异常情况（特别是持续的资本外流）以及可能带来不可预测的、破坏性调整的流动性风险。因此将适当包括近期资本账户危机中显著反映出的与资本流动规模、成本和期限有关的脆弱性。

专栏12　新原则的示例性草案

原则 D

成员国应避免采取出于国内原因实施的但导致外部不稳定（包括汇率根本性失衡）的汇率政策。

原则 E

成员国应努力避免采取导致外部不稳定（包括汇率根本性失衡）的货币政策、财政政策和金融部门政策。

- 尽管根本性失衡是更广义的外部不稳定概念的一部分，但新原则明确针对根本性失衡将有几大好处。它将提供与原则 A 的连续性，而原则 A 隐含地依赖于均衡汇率的概念（第 36 段）。（实际上，失衡概念已经以指标形式出现在《1977 年决定》中，即"汇率行为似乎与基本经济和金融状况无关……"（见第 58 段）原则上，它还有助于在监督中更有效地处理一个长期以来难以处理的问题，即对汇率失衡的评估。①

- 其他选择也值得考虑——特别是只关注根本性失衡，或只按外部稳定进行表述。只关注避免根本性失衡具有简单的优点，并能将注意力集中在对外部稳定具有特别的直接影响的问题上。然而，这一选择的范围将限于经常账户失衡，因此，该原则无法提醒成员国注意资本账户脆弱性的积累。如果只按外部稳定进行表述，原则的涵盖范围将与工作人员偏重的选择相同。改变的只是表述，理由是要避免过分强调一个存在巨大估计挑战的概念（即汇率失衡）。当然，这项选择的缺点是将放弃前段提到的好处。

- 无论对外部不稳定还是根本性失衡，原则都将只针对政策引起的走势，将不考虑周期性和短期因素。例如，根本性失衡将定义为现行实际有效汇率经剔除周期性和短期因素后、显著和持续偏离与可持续宏观经济基本面相一致的

---

① 见 *Biennial Review of Surveillance*（两年一次的监督检查）（SM/04/212，2004 年 7 月 2 日，以及 SUR/04/80，2004 年 8 月 2 日）。

中期均衡水平。① 因为均衡汇率是与外部平衡和内部平衡相一致的汇率，其定义不包括与周期因素有关的偏离情况。并且因为偏离必须是持续性的，其定义还排除了可逆转外生因素引起的偏离情况，例如，交易不活跃市场出现的不规则行为或遭受的外生冲击。同样，由短期外生因素（如市场不规则行为或波及影响）引起的资本账户动荡，将不认为是外部不稳定的表现形式。

- 外部不稳定（包括根本性失衡）只有在被肯定确实存在时，才能如此认定。将需要考虑与衡量和评估问题、不稳定和结构变化等有关的不确定性。

成员国汇率政策指导原则的法律影响

- 以上提议的新原则如果被采纳，将采取建议的方式。如第 II 部分所述，国际货币基金组织可以建议成员国采取或不采取某些做法，以履行第四条第 1 款规定的与国际货币基金组织和其他成员国合作以确保有序的汇兑安排和促进稳定的汇率制度这样一项一般义务。这些建议将与成员国的汇率政策有关，或者与第四条第 1 款有关的国内政策相联系。

- 尽管原则将不涉及与促进外部稳定有关的所有政策，但遵守国际货币基金组织所有建议的成员国将被认为履行了其在第四条第 1 款下的义务。因此，遵守成员国指导原则将构成"安全港"。相应地，国际货币基金组织制定新的原则，将给予成员国关于采取哪些政策将确保符合第四条第 1 款方面更多具体指导。

- 遵守了国际货币基金组织发布的所有原则的成员国仍然需要与国际货币基金组织进行监督磋商。监督是对一系列广泛政策的审查。它是一个连续的过程，国际货币基金组织据此不断审查成员国的政策，目的是发现和讨论对该成员国遵守第四条第 1 款可能很重要的一系列问题，包括国际货币基金组织尚未提出建议的领域。

- 如前所述，成员国未能遵守建议本身不违反第四条第 1 款规定的义务。必须采取几个步骤，才能确定未遵守建议的成员国是否违反第四条第 1 款规定的一般合作义务。首先，国际货币基金组织将需要采取一项普遍适用的政策，规定遵守建议制定的要求（即采取或不采取某项特定行动）是成员国遵守第四条第 1 款一般合作义务的前提。该决定将需要具有普遍适用意义，因为按照一视同仁原则，在同一情况下，国际货币基金组织不能要求某些成员国采取某项行动而对另一些成员国则只是建议其这样做。一旦采取这项政策，在通知成员

---

① 理论上，在市场运作完善的情况下，不应该发生这种持续和大幅偏离均衡水平的情况。然而，实际中，市场不是完全有效率的，而且汇率也不完全由市场决定。

国有关行动具有强制性后，还需给予成员国合理的时间来采取或不采取这项行动。只有当成员国未能这样做时，国际货币基金组织（即执董会）才能通过一项决定，认定该成员国违反规定。

● 即使国际货币基金组织作出决定让"建议的"行动具有强制性，这不会产生新的协定义务。如第Ⅱ节和法律文件所指出，国际货币基金组织有权要求成员国采取或不采取不包括在第四条第1款第（ⅰ）至（ⅳ）项所规定的具体义务中的某些特定行动，只要国际货币基金组织认为，采取或不采取这些行动是必需的，以便使成员国履行其"与国际货币基金组织和其他成员国合作，以保证有序的汇兑安排，并促进稳定的汇率制度"的义务。

更新汇率政策监督原则

● 根据成员国汇率政策指导原则，《1977年决定》包括"国际货币基金组织对汇率政策的监督原则。"① 本节的核心是"指标"，即"国际货币基金组织在对成员国遵守汇率政策指导原则的情况进行监督时，认为可能有必要与成员国讨论"的那些情况。本节在审查指标的作用后，考虑可能对指标作出的更新。②

指标的作用

● 可澄清指标的作用。指标是用来指导国际货币基金组织监督成员国遵守原则的情况，不是包罗万象的。当一项指标被"触发"时，不一定意味着该成员国没有遵守原则，而是国际货币基金组织采取调查程序的第一步。对各指标的介绍（《1977年决定》第2段）将进一步明确，当一项指标被"触发"时，需要进行全面的审查，从而鼓励工作人员在第四条款报告中明确地报告这类审查及相关讨论，即使结论是不存在问题（见专栏13）。

专栏13 对《1977年决定》第2段的示例性修改

国际货币基金组织在对成员国遵守上述原则的情况进行监督时，应将以下情况视为必须全面检查并可能有必要与成员国讨论的情况：

指标

● 本节介绍工作人员对于如何改进和扩充指标的基本初步看法，采取的是

---

① 如果引入了上述建议的变化，本节的题目将作出改变（例如，改为评估原则遵守情况的指标）。

② 如上所述，在修订后的《1977年决定》中，后面的一段（"评估指导"）可被移到《1977年决定》的第一部分。

"无不良记录"方法。专栏 14 给出了对应的示例性措辞。指导注释中可包括进一步指导，若认为必要，还可对一些基本标准进行量化。

现有指标

● 现有指标适当地关注有关政策和对外部门结果（见表 1）。第一套指标关注于那些能够显示有意采取政策造成汇率失衡的情况——具体而言，包括干预在内的主要类型的汇率政策，以及出于"国际收支目的"实施的其他政策，包括：（a）官方借款与贷款；（b）新的经常账户与资本账户限制措施；（c）货币政策和金融政策。另一套指标关注显示存在汇率错配或国际收支失衡的结果，包括汇率走势偏离基本情况以及难以持续的私人资本流动。

表 1   现有指标分类

政策	结果
（ⅰ）在外汇市场进行持续、大规模的单向干预；	（ⅴ）汇率走势似乎与基本经济和金融状况（包括影响竞争力和长期资本流动的因素）无关；
（ⅱ）以国际收支为目的的不可持续的官方或准官方借款，或过度的、长时间的短期官方或准官方贷贷款；	（ⅵ）不可持续的私人资本流动。
（ⅲ）（a）出于国际收支目的，实行、大力强化或长期维持对经常交易或支付的限制性或鼓励性措施；（b）出于国际收支目的，实行或大幅修改对资本流动的限制性或鼓励性措施；	
（ⅳ）出于国际收支目的，实行非正常鼓励或限制资本流动的货币政策和其他国内金融政策。	

增加缺失指标

● 对于遵守现行的成员国汇率政策指导原则而言，现有这套指标似乎是比较完善的，但有两个明显的遗漏：

● 在政策方面，对外汇干预实施的对冲操作。对冲的干预可能不但会影响名义汇率的调整，而且会影响实际汇率的调整。因此，大规模的和长期的对冲操作可能有碍于必要的国际收支调整。

● 在结果方面，经常账户差额（不可持续的逆差或规模过大的顺差）。这一遗漏可能反映了原起草人认为汇率（作为一种价格）和经常账户（作为一种数量）是同一硬币的两面，因此有前一个指标（指标（ⅴ））就够了。然而，鉴于经常账户在评估外部走势时的核心作用，并且指标有一定富余度是可以接受的，甚至是有帮助的，因此可以增加一个经常账户差额指标，与资本账户指标（指标（ⅵ））相呼应。

进一步明确和改进现有指标

- 可以将官方贷款指标和准官方贷款指标扩大到以公共部门的外部资产积累这一更广泛概念作为核心。该指标的目标是针对国际收支顺差的过度"再循环"以回避有效调整——如果其范畴不限于贷款（贷款通常被认为是不可交易的），就能更好地实现这一目的。[1] 在解释什么是"过度和长期"时，仍需特别小心，例如，应考虑到国内吸收能力的限制、暂时性经常账户顺差的审慎性储蓄，以及从更广泛意义上，因基本条件变化（如不可再生资源的消耗、人口老龄化）而实行的审慎资产管理。

- 指标（v），即与基本条件无关的汇率行为应解释为一种失衡指标，并对此加以澄清。基本条件明确包括"影响竞争力和长期资本流动的因素。"而且，基本条件应解释为包括可持续的（不一定是实际的）政策。[2] 因此，该指标跟踪的是汇率相对于由基本面决定的均衡水平是如何变动的，将它重新定义为一种失衡指标将使这种解释更加清楚。为了与原则的核心保持一致，该指标将被定义为一种根本失衡的指标，而不是由周期性和临时因素引起的。

- 最后，关于不可持续借款/资本流动的两个指标（它们在当今世界中变得尤为重要）可以有效地加以扩大，以涵盖流动性风险。指标（ii）与官方借款有关，指标（vi）与私人资本流动有关，这两个指标目前只强调可持续性/清偿能力风险。然而，即使在清偿能力得到适当保证的情况下，流动性风险也会引发危机。可以扩大这两个指标，以明确涵盖这些风险。

- 为了避免《1977 年决定》内容过多，可以在指导注释中作进一步澄清，以与国际金融体系和经济学的发展保持同步。例如，可以包括：（a）将与资产负债表外安排有关的流动纳入干预、官方和准官方借款以及私人部门资本流动的指标；（b）使用储备充足性指标来评估干预；（c）使用债务可持续性分析来评估外部借款。

与可能采用的新原则有关的变化

- 针对国内目标的新原则（上述原则 D）将意味着重新考虑几个现有政策指标中提到的"出于国际收支目的。"特别是，借款/贷款以及货币政策和金融

---

[1] 该指标与关于干预的指标（i）可能有一些重叠（表现为储备的变化）。

[2] James Boughton 所著 *Silent Revolution—The International Monetary Fund 1979 - 1989*（《无声的革命——国际货币基金组织在 1979～1989 年》）第 71-72 页描述了 80 年代初期与美国的监督磋商，其中可看出，不可持续的财政政策不能被视为一种基本条件。

政策指标（指标（ii）和指标（iv））中似乎不应提及"出于国际收支的目的。"① 相反，经常账户和资本账户限制指标（指标（iii））中应保留这一说法。当出于国际收支目的以外的原因进行这种限制时，似乎可以将它看做是决定经济均衡状况的结构性特征的一部分，而不是引起偏离这种均衡状况的政策。

● 此外，由于引入了货币政策、财政政策和金融部门政策指标（上述原则E），有必要扩大关于货币政策和金融部门政策的指标以及关于不可持续私人资本流动的指标。前者可重新表示为"货币政策、财政政策和金融部门政策"，并且涵盖这些政策影响外部稳定的主要渠道，即当前或未来的部门储蓄—投资过度失衡（公共部门或私人部门）。金融部门政策是通过金融体系的脆弱性影响外部稳定的。同样，还可以扩大关于不可持续的私人资本流动的结果指标，不仅包括外部账户的脆弱性，还包括国内资产负债表的脆弱性。

专栏 14　对指标的示例性修改

（i）在外汇市场进行持续的、大规模的单向干预，特别是伴以对冲操作；

（ii）不可持续的或带来过高流动性风险的官方借款或准官方借款，或过度的、长时间的官方或准官方形式的外国资产积累；

（iii）（a）出于国际收支目的，实行、大力强化或长期维持对经常交易或支付的限制性或鼓励性措施；

　　　　（b）出于国际收支目的，实行或大幅修改对资本流动的限制性或鼓励性措施；

（iv）实行导致部门储蓄—投资过度失衡、非正常鼓励或限制资本流动，或导致金融体系过度脆弱的货币政策、财政政策和金融部门政策；

（v）汇率根本性失衡；

（vi）不可持续的经常账户逆差，或过度的、长时间的经常账户顺差；

（vii）过度增加或不充分降低资产负债表脆弱性，例如，通过不可持续的或带来过高流动性风险的私人资本流动。

结论和供讨论的问题

● 如果按照以上方式对《1977 年决定》进行修订，将给监督做法带来哪些

---

① 这些指标因此既包括汇率政策，也包括国内政策。如果这些指标被触发，只有进一步探讨相关政策的目的，才能确定可能没有遵守哪一项原则。

变化？

- 透明度和问责性将得到加强。中期战略对监督给予着重强调。修订后的《1977 年决定》将明确这一新的重点是一个持久的转折点，并将制定统一、连贯和综合的监督政策，从而加强治理。鉴于对监督的预期更加透明，国际货币基金组织在实施过程中的不足，无论是在国家层面还是在整个机构范围内，都将较容易地被发现和被纠正。

- 修订后的《1977 年决定》将与人们所认同的监督模式相一致。特别是，根据修订后的《1977 年决定》，对成员国发现的不足将和以往一样，通过合作和劝说手段进行处理，对成员国的国情给予应有的注意。监督不会成为机械性的服从过程。

- 关于监督做法，最初是修订《1977 年决定》的势头、长期来看是《1977 年决定》的实际内容还有助于促进关键但困难领域的改进工作。这些领域包括：工作人员报告的坦诚性和重点，对溢出效应的关注，提高公平性，以及更加有效的政策对话。

- 在这一背景下，执董们可能希望讨论以下问题：

1977 年执董们是否认为应在《1977 年决定》中增加新的第一部分，从而将其修订成为一个涵盖双边监督全部范畴并以其为支点的文件，而不是仅包括对汇率政策的监督（第 19 – 31 段）？

- 执董们是否同意这一部分新内容应重申为什么存在监督，监督主要关注外部稳定，以及除汇率政策外，监督还总应涵盖货币政策、财政政策和金融部门政策，并在必要时考虑其他政策（第 23 – 28 段）？

- 执董们是否还认为应在增加的这部分中确定以下内容，即应当通过同侪间合作和坦诚的对话来进行监督，以及在监督中成员国有权从国际货币基金组织和其他成员国获得什么（第 29 – 31 段）？

1978 年执董们是否支持包含以下建议的新原则：（ⅰ）成员国避免采取出于国内原因实施的但导致国际收支失衡的汇率政策；（ⅱ）成员国避免采取引发国际收支失衡的货币政策、财政政策和金融部门政策（第 39 – 41 段）？如果是，执董会是否同意这类原则应针对"导致外部不稳定包括汇率根本性失衡"的政策（第 42 – 44 段）？

1979 年执董们是否愿意修订和更新当前国际货币基金组织监督指标（第 52 – 62 段）？

1980 年执董们是否愿意根据本文的提议，澄清第四条第 1 款第（ⅲ）项中的概念（第 33 – 37 段）？

附件 I

国际货币基金组织协定第四条款

第四条——关于汇兑安排的义务

第 1 款　成员国的一般义务

鉴于国际货币制度的宗旨是提供一个促进国与国之间商品、服务和资本的交换以及保持经济健康增长的框架，而且主要目标是继续发展保持金融和经济稳定所必要的有序条件，各成员国保证同国际货币基金组织和其他成员国合作，以保证有序的汇兑安排，并促进形成一个稳定的汇率制度。具体说，各成员国应：

（ⅰ）努力将各自的经济和金融政策的目标放在实现促进有序的经济增长这一目标，既可实现合理的价格稳定，又适当照顾到自身的国情；

（ⅱ）努力通过创造有序的经济、金融条件以及不致经常造成动荡的货币制度以促进稳定；

（ⅲ）避免操纵汇率或国际货币制度来阻碍国际收支的有效调整或取得对其他成员国不公平的竞争优势；

（ⅳ）奉行同本款各项保证相一致的汇兑政策。

第 2 款　总的汇兑安排

（a）在本协定第二次修改日之后 30 天内，各成员国应把其履行本条第 1 款规定的义务方面计划采用的汇兑安排通知国际货币基金组织，汇兑安排的任何改变，应及时通知国际货币基金组织。

（b）根据 1976 年 1 月 1 日现行的国际货币制度，汇兑安排可以包括：（ⅰ）一个成员国可以采用特别提款权或黄金之外的其他尺度来确定本国货币的价值；（ⅱ）通过合作安排，建立起成员国的本国货币与其他成员国的货币的比价；（ⅲ）成员国选择的其他汇兑安排。

为适应国际货币制度的发展，在得到占总投票权 85％ 多数同意的条件下，国际货币基金组织可就总的汇兑安排作出规定，但又不限制各成员国根据国际货币基金组织的目的和本条第 1 款规定的义务选择汇兑安排的权利。

第 3 款　对汇兑安排的监督

（a）国际货币基金组织应监督国际货币制度，以保证其有效实施，并监督各成员国是否履行了本条第 1 款规定的义务。

（b）为了履行上述（a）项规定的职能，国际货币基金组织应对各成员国的汇率政策行使严格的监督，并制定出具体原则，以在汇率政策上向各成员国提供指导。各成员国应该向国际货币基金组织提供为监督所必要的资料。在国际货币基金组织提出要求时，各成员国应就成员国的汇率政策问题与国际货币基金组织进行磋商。国际货币基金组织制定的原则应该符合各成员国确定本国货币对其他成员国货币比价而采用的合作安排，并符合一个成员国根据国际货币基金组织的宗旨和本条第 1 款规定选择的其他形式的汇兑安排。这些原则应该尊重各成员国国内的社会政策和政治政策，在执行这些原则时，国际货币基金组织应对各成员国的国情给予应有的注意。

第 4 款　平价

在国际经济条件允许的情况下，国际货币基金组织可在占总投票权 85% 的多数票支持的情况下作出决定，采用以可调整的稳定平价为基础的普遍的汇兑安排制度。国际货币基金组织应在世界经济基本稳定的基础上作出决定，为此应考虑到价格变动和成员国的经济增长率。这项决定应考虑到国际货币制度的演变，特别是要考虑流动性的各项来源，为了保证平价制度的有效实施，还要考虑使国际收支顺差国和逆差国都能采取迅速、有效而对称的调整行动，以及对国际收支不平衡进行干预和处理的各项安排。在作此决定时，国际货币基金组织应通知成员国附录 C 的各项规定。

第 5 款　成员国领土内的其他各种货币

（a）成员国根据本条对本国货币采取的行动，应该被认为适用于该成员国根据第三十一条第 2 款第（g）项的规定接受本协定的所有领土的各种货币，除非成员国宣布，它的行动仅是针对宗主国的货币，或者仅仅针对一种或几种特定的各种货币，或者针对宗主国的货币以及一种或几种特定的各种货币。

（b）国际货币基金组织根据本条采取的行动，应该被认为是针对上述第（a）项里所提到的一个成员国的所有货币，除非国际货币基金组织另有说明。

附件 Ⅱ

对汇率政策的监督

1. 执董会讨论了《国际货币基金组织协定》第二次修订稿第四条款的实施工作，并批准了所附的题为"汇率政策监督"的文件。国际货币基金组织应在第二次修订生效时依据此文件开展工作。在此之前，国际货币基金组织应依据现有的程序与决定继续进行磋商。

2. 国际货币基金组织将每两年一次或在列入执董会议程的情况下审议题为"汇率政策监督"的文件。

1977 年 4 月 29 日第 5392 -（77/63）号决定

经 1987 年 4 月 1 日第 8564 -（87/59）号决定、

1988 年 4 月 22 日第 8856 -（88/64）号决定

和 1995 年 4 月 10 日第 10950 -（95/37）决定修正

汇率政策监督

一般原则

第四条第 3 款第（a）项规定，"国际货币基金组织应监督国际货币制度，以保证其有效实施，并监督各成员国是否履行了本条第 1 款规定的义务。"第四条第 3 款第（b）项规定，为了履行第 3 款第（a）项规定的职能，"国际货币基金组织应对各成员国的汇率政策行使严格的监督，并制定出具体原则，以在汇率政策上向各成员国提供指导。"第四条第 3 款第（b）项还规定，"国际货币基金组织制定的原则应该符合各成员国确定本国货币对其他成员国货币比价而采用的合作安排，并符合一个成员国根据国际货币基金组织的宗旨和本条第 1 款规定选择的其他形式的汇兑安排。这些原则应该尊重各成员国国内的社会政策和政治政策，在执行这些原则时，国际货币基金组织应对各成员国的国情给予应有的注意。"此外，第四条第 3 款第（b）项要求，"各成员国应该向国际货币基金组织提供为监督所必要的资料。在国际货币基金组织提出要求时，各成员国应就成员国的汇率政策问题与国际货币基金组织进行磋商。"

为了履行第 3 款第（b）项规定的职能，国际货币基金组织通过了下述原则和程序。它们适用于所有成员国，不论其采取何种汇率安排，也不论其国际收支状况如何。它们不一定很全面，可根据经验予以重审。它们不直接涉及国际货币基金组织在第 3 款第（a）项下的职责，尽管认为国内经济政策与国际经济政策之间存在密切联系。第四条款强调了这一联系，其中指出："鉴于国际货币制度的……是继续发展保持金融和经济稳定所必要的有序条件，各成员国保证同国际货币基金组织和其他成员国合作，以保证有序的汇兑安排，并促进形成一个稳定的汇率制度。"

成员国汇率政策指导原则

A. 成员国应避免为阻止有效的国际收支调整或取得对其他成员国不公平的

竞争优势而操纵汇率或国际货币体系。

B. 成员国在必要时应干预外汇市场，对付失序状况，例如，对付本币汇价破坏性的短期变动等。

C. 成员国在采取干预政策时应考虑其他成员国的利益，其中应顾及本币被干预的国家的利益。

国际货币基金组织对汇率政策的监督原则

1. 应根据国际调整的需要对汇率政策进行监督。执董会和临时委员会应持续审查国际调整进程的运作情况，并应在实施下述原则时考虑到对国际调整进程的评估结果。

2. 国际货币基金组织在对成员国遵守上述原则的情况进行监督时，应将以下情况视为可能有必要与成员国讨论的情况：

（ⅰ）在外汇市场进行持续、大规模的单向干预；

（ⅱ）以国际收支为目的的不可持续的官方或准官方借款，或过度的、长时间的短期官方或准官方贷款；

（ⅲ）（a）出于国际收支目的，实行、大力强化或长期维持对经常交易或支付的限制性或鼓励性措施；

（b）出于国际收支目的，实行或大幅修改对资本流动的限制性或鼓励性措施；

（ⅳ）出于国际收支目的，实行非正常鼓励或限制资本流动的货币和其他国内金融政策；

（ⅴ）汇率走势似乎与基本经济和金融状况（包括影响竞争力和长期资本流动的因素）无关；

（ⅵ）不可持续的私人资本流动。

3. 国际货币基金组织对成员国汇率政策的评价应基于对成员国国际收支走势的评估，包括根据成员国储备头寸和对外负债评估资本流动的规模与可持续性。应在对成员国基本经济状况和经济政策战略进行综合分析的框架内作出评估，并应认识到国内政策和对外政策能够促进国际收支的及时调整。评估应考虑到，包括汇率政策在内的成员国政策，在继续推动实现金融稳定、促进经济持久和稳健增长以及保持合理就业水平所需的有序基本条件方面所发挥的作用。

监督程序

Ⅰ. 在第二次修订生效后30天内，各成员国应当把其根据第四条第1款义务将要实施的汇兑安排适当、详细地通知国际货币基金组织。各成员国还应迅速向国际货币基金组织通报其汇兑安排的任何变动。

Ⅱ. 成员国应定期与国际货币基金组织进行第四条款磋商。原则上，第四条款磋商应涵盖根据第八条款和第十四条款进行的定期磋商，每年进行一次。这应包括成员国遵守上述原则以及根据第四条第1款履行义务的情况。在工作人员与成员国磋商结束后3个月内，执董会应作出结论，从而结束第四条款磋商。

Ⅲ. 执董会将定期检查汇率基本走势，例如，在《世界经济展望》框架内讨论国际调整进程时进行这种检查。国际货币基金组织将继续为准备这些讨论进行特别磋商。

Ⅳ. 总裁应与成员国就其汇兑安排与汇率政策保持密切接触，并准备应成员国要求，讨论其在汇兑安排或汇率政策方面拟作出的重要变动。

Ⅴ. 在两次第四条款磋商之间，如果总裁在考虑了其他成员国可能表达的任何意见后，认为某成员国的汇率政策可能不符合汇率原则，则应以非正式和机密的方式向该成员国提出这一问题，并应就该国是否存在不遵守原则问题迅速作出结论。如果总裁认为存在这一问题，则应以机密方式发起并与该国进行第四条第3款第（b）项下的讨论。在讨论结束后，总裁应尽快（无论如何不应晚于讨论启动后4个月）向执董会报告讨论结果。但如果总裁确信原则得到遵守，则应非正式地通报所有执董，工作人员应在报告下次第四条款磋商时通报有关讨论情况；但是，总裁不应将这一问题提交执董会讨论，除非该成员国提出这一要求。

Ⅵ. 执董会应每两年一次或在列入执董会议程的情况下审议国际货币基金组织对成员国汇率政策的监督概况。

附录四　国际货币基金组织执董会通过《对成员国政策双边监督的决定》

2007 年 6 月 15 日，国际货币基金组织执董会通过了新的《对成员国政策双边监督的决定》（以下简称《2007 年新决定》），结束了为期一年的对《1977 年决定》的审议。《2007 年新决定》废止和取代了《1977 年决定》。

背景

《2007 年新决定》的通过是国际货币基金组织改善双边监督基础的重要一步。监督是指国际货币基金组织为维护国际货币稳定而对成员国的经济政策和金融政策进行监测。监督的现代化改革是国际货币基金组织中期战略的核心内容。中期战略根据经济和金融全球化重新审视国际货币基金组织的未来发展方向。在过去 30 年中，监督不断演进。《2007 年新决定》具体阐述了对监督最佳做法的共同理解，目的是提高明确性，从而加强问责制。《2007 年新决定》为监督工作设定了明确的预期，应有助于改善国际货币基金组织监督的质量、公平性和有效性。《2007 年新决定》更加明确和具体地阐述了各国应避免什么汇率政策，以及在什么情况下这些政策可能引起国际社会的关注。

经过长期、认真的工作，最终通过了《2007 年新决定》。这项工作的目的是分析《1977 年决定》的差距，总结监督最佳做法，并通过一份全面的文件明确阐述对现代监督的共同理解。《1977 年决定》是在布雷顿森林体系解体后不久起草的，当时对于新体系如何运作存在着相当大的不确定性。《1977 年决定》只侧重于对汇率政策的监督，并且，即使是在这一领域，涵盖面也较窄。随着不断积累经验，《1977 年决定》应当得到修订。然而，虽然监督做法不断演进（例如，将国内政策作为一项重要内容包括进来），但《1977 年决定》几乎没有变化，《1977 年决定》与监督最佳做法之间发生了脱节。

《2007 年新决定》是对双边监督的全面阐述。它没有给成员国增加新的义务，但在几个重要方面对《1977 年决定》做了更新：

● 为了帮助将监督重点放在对国际货币和金融稳定至关重要的问题上，《2007 年新决定》引入了外部稳定的概念，作为双边监督的组织原则。（外部稳定包括国际收支的经常账户，从而也涉及汇率失调问题，同时也包括国际收支的资本账户）。在这方面，《2007 年新决定》还阐述了货币联盟背景下双边监督的范围。

● 《2007 年新决定》规定了有效的现代监督的基本形式。它强调了监督的合作性，对话与劝说的重要性，以及保持坦诚和公平的必要性。它还强调，应当对成员国的国情给予应有的注意，并需要采取多边和中期视角。

● 《2007 年新决定》澄清了为取得对其他成员国不公平的竞争优势而实施汇率操纵的概念。这种行为是《国际货币基金组织协定》第四条款所禁止的，在《1977 年决定》中被提及。特别是，《2007 年新决定》将这种行为与根本性汇率失调的概念联系起来。

● 《2007 年新决定》为成员国实施汇率政策提供了更全面的指导，以涵盖这些政策导致的外部不稳定的所有主要根源。《1977 年决定》要求成员国避免出于特定目的（特别是为了取得对国际货币基金组织其他成员国不公平的竞争优势）而操纵汇率。《2007 年新决定》增加了一项原则，建议成员国避免采取导致外部不稳定的汇率政策，无论这些政策的目的如何，从而包括了过去几十年中被证明是不稳定的一个主要来源的汇率政策。

● 总体而言，《2007 年新决定》与现行做法更加一致，既涵盖汇率政策，也涵盖相关的国内经济和金融政策。

2007 年 6 月 15 日执董会讨论的主席总结

在近几个月的广泛讨论之后，执董会通过了对成员国政策进行双边监督的《2007 年新决定》。《2007 年新决定》反映了《1977 年决定》以来世界经济和金融体系发生的重大变化，在成员国根据《国际货币基金组织协定》第四条款承担的义务方面，更新了对国际货币基金组织和成员国的指导。通过《2007 年新决定》前进行的讨论有助于促进对《2007 年新决定》的目的和主要内容形成广泛的共同理解。我尤为感激的是，在就《2007 年新决定》达成一致的过程中，持有各种观点的成员国尽了最大努力，以达到获取最广泛支持和实现最佳可能结果的双重目标。今天通过的《2007 年新决定》也是实施国际货币基金组织中期战略过程中向前迈出的重要一步，有助于为中期战略其他方面（包括份额和发言权改革以及国际货币基金组织的收入模式改革）改革取得积极成果铺平道路。

《2007 年新决定》侧重于双边监督。《2007 年新决定》第一部分为国际货币基金组织实施监督提供指导，第二部分为成员国实施汇率政策提供指导，并有一个附录，就第四条第 1 款第（iii）项的含义提供指导。在讨论《2007 年新决定》文本的过程中，执董们重申了如下理解，即执董会决议中提到的"国际货币基金组织"一般是指执董会，在适当情况下得到了管理层和工作人员的支持。这种理解是与国际货币基金组织的法律框架相一致的。几位执董希望《2007年新决定》也涵盖多边监督，即国际货币基金组织根据第四条第3款第（a）项监督国际货币体系的责任。他们表示希望今后能将多边监督包括进来。多数执董同意，下面提到的配套文件的若干内容为国际货币基金组织如何实施《2007年新决定》提供了尤为重要的指导。

展望将来，执董们普遍认为，在国际货币基金组织致力于有效和公平地履行监督责任的过程中，《2007年新决定》的通过是重要的起点，但绝不是终点。重要的是在《2007年新决定》通过后如何开展后续工作，确保工作人员和各国当局充分熟悉新框架，并使他们加深对如何有效加强监督的共同理解。

根据《2007年新决定》，外部稳定的概念成为监督最为重要的组织原则。在这方面，执董会认可了配套文件第3段至第11段所阐述的该词的含义。许多执董强调，在实施《2007年新决定》时，这些段落的文字将提供尤为有用的指导。

执董们认为，采纳一条新的关于成员国汇率政策指导的原则（即原则D）是国际货币基金组织向前迈出的重要一步。他们指出，该原则应能指导成员国避免汇率政策导致的外部不稳定。

执董会认可了配套文件第6段阐述的根本性汇率失调的定义。然而，执董们强调，需适当谨慎地对其加以运用。他们特别强调指出，在运用这一概念时，应对所涉及的测量方面的显著不确定性给予应有的承认，并指出，估计汇率失调时，需要作出谨慎的判断。实践中，只有当汇率显著失调时，才认为是根本性失调。执董们还非常重视《2007年新决定》的如下内容，即判断是否存在根本性失调时，在存在合理怀疑时不作出不利于国家当局的判定。执董们指出，不论汇率体制的性质和经济规模如何，对汇率失调作出任何判断时都应一视同仁。另外，一些执董强调了汇率失调估计的潜在市场敏感性以及在沟通过程中采取谨慎态度的必要性。

对于《2007年新决定》第15段关于在外汇市场进行持续、大规模的单向干预的指标，执董们指出，如果这种干预伴随对冲操作，则值得特别注意。当然，对冲操作往往是为促进国内稳定而适当实施的，可能是完全正当的。执董会认可了配套文件第41—42段中的有关讨论。

关于执董会在《2007年新决定》附录中对第四条第1款第（iii）项的含义提供的指导，执董们认识到，汇率操纵可以有多种形式，包括直接出于汇率目的干预外汇市场和实行资本管制。他们指出，如《2007 年新决定》附录中解释的，根据第四条第 1 款第（ⅲ）项，只有当汇率操纵是出于该条款规定的目的之一时，才要求成员国避免汇率操纵。一些执董强调，以上提到的干预和资本管制不应被理解为采用这些合法的政策手段本身是不正当的，也不应被理解为禁止成员国采用这些措施。

今天的讨论结束了对《1977 年决定》的审议。《1977 年决定》现在被《2007 年新决定》所取代。

对成员国政策的双边监督
——执董会决定

2007 年 6 月 15 日

导言

自 1977 年通过了题为"汇率政策监督"的决定（即《1977 年决定》）以来，全球经济发生了重大变化，贸易和金融一体化不断增强。根据这些发展情况，考虑到监督的日益国际性，并考虑到跨国外溢效应，国际货币基金组织认为，通过纳入监督领域的现有最佳做法对《1977 年决定》予以更新，能够发挥重要作用，就国际货币基金组织和成员国根据第四条款共同承担的责任向它们提供指导。国际货币基金组织强调，本决定为成员国提供的指导与它们履行第四条款规定的现有义务有关；本决定不给成员国增加新的义务。此外，国际货币基金组织认识到，成员国具有超出第四条款范围、从而超出本决定范围的合法的政策目标，但成员在采取政策实现这些目标时，需要确保这些政策符合它们根据第四条款承担的义务。本决定的第一部分为国际货币基金组织实施监督提供指导。本决定第一部分没有也不能被解释为或被运用于直接或间接地扩大或拓宽成员国根据第四条款承担的义务的范围，或改变成员国根据第四条款承担的义务的性质。本决定规定的成员国汇率政策方面的指导原则尊重成员国的国内社会和政治政策，运用这些原则时将对成员国的国情以及公平实施监督的必要性给予应有的注意。最后，将来应保持灵活性，以使监督能够继续演进。

1. 本决定指导国际货币基金组织根据第四条第 3 款第（a）项和第（b）项监督成员国的政策，并指导成员国根据第四条第 3 款第（b）项实施汇率政策。本决定不直接涉及国际货币基金组织根据第四条第 3 款第（a）项监督国际货币体系以确保其有效运作的职责。

2. 本决定第一部分规定了国际货币基金组织对成员国履行第四条第 1 款义务进行监督的范围和形式，包括国际货币基金组织对成员国的汇率政策行使严格监督（以下将对成员国义务的此种监督称为"双边监督"）。第二部分规定了根据第四条第 3 款第（b）项指导成员国实施汇率政策的原则，并确定了国际货币基金组织在评估成员国遵守原则过程中发现的需要彻底审查并可能有必要与成员国讨论的某些情况。第三部分规定了监督程序。

3. 国际货币基金组织对成员国政策的监督应适应国际货币和金融体系的变化。本决定规定的原则和程序适用于所有成员国，无论其汇兑安排和国际收支状况如何。这些原则和程序不一定全面，国际货币基金组织可根据经验再行考虑。

第一部分——指导国际货币基金组织实施双边监督的原则

A. 双边监督的范围

4. 第四条第 1 款规定的成员国义务确定了双边监督的范围。成员国根据第四条第 1 款与国际货币基金组织和其他成员国合作，以确保有序的汇兑安排，并促进形成稳定的汇率体系（以下称"系统性稳定"）。最有效地实现系统性稳定的途径是，每个成员国实施能够促进本国"外部稳定"的政策，即与第四条第 1 款规定的成员国义务，特别是第四条第 1 款第（ⅰ）至第（ⅳ）项规定的具体义务相一致的政策。外部稳定指不会或不太可能导致破坏性汇率变动的国际收支状况。除下述第 7 段另有规定外，外部稳定在单个成员国基础上评估。

5. 在双边监督中，国际货币基金组织的重点是成员国采取的那些对目前或未来的外部稳定可能产生显著影响的政策。国际货币基金组织将评估这些政策是否有利于外部稳定，并就实现此目标所需的政策调整向成员国提出建议。因此，国际货币基金组织在对每个成员国进行双边监督时，汇率政策总是监督内容，货币政策、财政政策和金融部门政策（既包括这些政策的宏观经济方面，也包括与宏观经济有关的结构方面）也是如此。对于其他政策，只有当它们显著影响目前或未来的外部稳定时，才予以考察。

6. 成员国在实施国内经济政策和金融政策过程中，如果在促进国内稳定，则国际货币基金组织认为它们也在促进外部稳定。促进国内稳定是指，（ⅰ）以促进合理价格稳定下的有序经济增长为目标努力实施国内经济和金融政策，同时适当考虑具体国情；（ⅱ）致力于促成有序的经济和金融基本条件以及不会造成无常破坏的货币制度，以此促进稳定。国际货币基金组织将在监督中评估成员国的国内政策是否以促进国内稳定为目标。尽管国际货币基金组织总是会考察成员国的国内政策是否旨在保持经济运行基本实现其潜能，但只有在这种高速的潜在增长显著影响国内稳定前景，从而影响外部稳定前景的情况下，国际货币基金组织才会考察国内政策是否旨在实现高速的潜在增长。然而，国际货币基金组织不会要求遵守第四条第 1 款第（ⅰ）项和第（ⅱ）项的成员国为了外部稳定而改变其国内政策。

7. 本决定适用于货币联盟的成员国，但需考虑以下因素。货币联盟的成员国仍应承担第四条第 1 款规定的所有义务，因此，每个成员国都应对联盟一级的机构代表本国实施的政策负责。国际货币基金组织在对货币联盟成员国的政策进行监督时，将评估在货币联盟层面实施的有关政策（包括汇率和货币政策）以及在成员国层面实施的政策是否有利于联盟的外部稳定，并就实现此目标所需的政策调整提出建议。特别是，国际货币基金组织将评估联盟的汇率政策是否有利于其外部稳定，在联盟层面实施的国内政策是否有利于联盟的内部稳定，从而有利于其外部稳定。在货币联盟中，汇率政策是在联盟层面实施的，因此，本决定第 15 段确定的成员国汇率政策指导原则和相关指标只在联盟层面加以运用。对于在单个国家层面实施的国内政策，如果货币联盟成员国在促进本国自身的稳定，则国际货币基金组织认为它也在促进联盟的外部稳定。鉴于一国的国际收支对该国的国内稳定和货币联盟的外部稳定的重要性，国际货币基金组织在评估货币联盟成员国的政策时，总会对该国的国际收支发展状况进行评估。

B. 双边监督的形式

8. 对话和劝说是有效监督的关键支柱。国际货币基金组织在实施双边监督时，将明确和坦诚地对被监督国的有关经济发展、前景和政策进行评估，并就此提出建议。这些评估和建议旨在帮助该成员国作出政策选择，并使其他成员国能够与该成员国讨论这些政策选择。在双边监督中，国际货币基金组织将营造与每个成员国之间坦诚和公开对话以及相互信任的环境，并将对成员国一视同仁，即对有关情况类似的成员国采取类似的处理方法。

9. 国际货币基金组织在评估成员国的政策并就这些政策提供建议时，将对该国的国情给予应有的注意。这种评估和建议将在全面分析该成员国的总体经济形势和经济政策战略的基础上作出，并对该成员国的实施能力给予应有的注意。此外，在就保持外部稳定的方式向成员国提供建议时，国际货币基金组织应在第四条款允许的范围内，考虑成员国的其他目标。

10. 国际货币基金组织在双边监督中的评估和建议将参考多边框架并与其保持一致，此多边框架包括相关的全球和地区经济环境的有关方面（包括汇率、国际资本市场状况以及各成员国之间的重要联系）。如果一个成员国的政策有损于促进其自身的外部稳定，则国际货币基金组织的评估和建议将考虑该成员国的政策对其他成员国的影响。

11. 在双边监督中，国际货币基金组织将尽可能在考察成员国中期目标和计划实施的政策（包括针对最相关的不测事件可能采取的应对措施）的基础上作出评估和提出建议。

12. 国际货币基金组织在对成员国的政策进行评估时，总是会评估该成员国的国际收支发展情况，包括资本流动的规模和可持续性（相对于储备状况），其他对外资产和外债的规模与构成，以及进入国际资本市场的机会。

第二部分——根据第四条第1款指导成员国政策的原则

13. 下述第 A－D 项原则是根据第四条第3款第（b）项制定的，旨在为成员国根据第四条第1款规定的义务实施汇率政策提供指导。根据第四条第3款第（b）项，这些原则尊重成员国的国内社会政策和政治政策。在运用这些原则时，国际货币基金组织将对成员国的国情给予应有的注意。国际货币基金组织推定成员国在实施与这些原则相一致的政策。在监督中，如果对某个成员国是否在实施符合这些原则的政策产生疑问，国际货币基金组织在有合理怀疑情况下不作出不利于该成员国的判定，这包括对根本性汇率失调的评估。如果国际货币基金组织已确定某个成员国在实施与这些原则不相符的政策，并正在告知成员国为解决这一问题应作出什么政策调整，国际货币基金组织将考虑过快调整可能对成员国经济造成的破坏性影响。

14. 原则 A 规定了第四条第1款第（ⅲ）项中包含的义务；本决定的附录提供了对其含义的进一步指导。原则 B－D 为建议，而非成员国的义务。不能根据国际货币基金组织作出的某成员国没有遵守其中某项建议的认定而推定该成员国违反了其承担的第四条第1款的义务。

A. 成员国应避免为阻止有效的国际收支调整或取得对其他成员国不公平的竞争优势而操纵汇率或国际货币体系。

B. 成员国在必要时应干预外汇市场，对付失序状况，例如，对付本币汇率破坏性的短期变动等。

C. 成员国在采取干预政策时应考虑其他成员国的利益，其中应顾及本币被干预的国家的利益。

D. 成员国应避免采用导致外部不稳定的汇率政策。

15. 在监督成员国对上述原则的遵守情况时，国际货币基金组织应将以下情况视为需彻底考察并可能有必要与成员国讨论的情况。

（ⅰ）在外汇市场进行持续、大规模的单向干预；

（ⅱ）以国际收支为目的的、不可持续的或带来过高流动性风险的官方借款或准官方借款，或过度的、长时间的官方外国资产积累或准官方外国资产积累；

（ⅲ）（a）出于国际收支目的，实行、大幅强化或长期维持对经常交易或支付的限制性或鼓励性措施；

　　　　　（b）出于国际收支目的，实行或大幅修改对资本流入或资本流出的限制性或鼓励性措施；

（ⅳ）出于国际收支目的，实行非正常鼓励或阻止资本流动的货币和其他国内金融政策；

（ⅴ）根本性汇率失调；

（ⅵ）大量和持续的经常账户逆差或顺差；

（ⅶ）私人资本流动导致的对外部门显著脆弱性，包括流动性风险。

第三部分——监督程序

16. 每一个在通过本决定后成为国际货币基金组织成员国的国家，应在加入国际货币基金组织之后的 30 天内，向国际货币基金组织适当详细地通报其为履行第四条第 1 款规定的义务而打算实行的汇兑安排。每个成员国，不论其何时加入国际货币基金组织，都应及时向国际货币基金组织通报其汇兑安排的任何变化。

17. 成员国应根据第四条款与国际货币基金组织定期磋商。原则上，第四条款磋商应涵盖根据第八条款和第十四条款进行的定期磋商，每年进行一次。这应包括考察成员国遵守上述原则以及履行第四条第 1 款所规定义务的情况。执董会应在成员国与工作人员的讨论结束后 65 天之内得出结论，从而完成第四条款磋商。如果成员国为 1986 年 3 月 26 日通过的 8240 –（86/56）SAF 号决定（后经修订）中确定的符合减贫与增长贷款条件的国家，则执董会应在工作人员与有关成员国结束讨论后 3 个月之内得出结论。

18. 国际货币基金组织将定期检查汇率基本走势，例如，在《世界经济展望》框架内讨论国际调整进程时进行这种检查。国际货币基金组织将继续为准备这些讨论进行磋商。

19. 总裁应就成员国根据第四条第 1 款实行的汇兑安排和政策与其保持密切联系，并随时准备在成员国提议下讨论该国打算对本国的汇兑安排或政策作出的重大调整。

20. （a）一旦总裁认为重大的经济、金融变化可能会影响某个成员国的汇率政策或其货币的汇率走向，则总裁应以非正式和保密的方式发起与该成员国的讨论。在进行此种讨论后，总裁可向执董会报告，或非正式地通报各位执董。如果执董会认为适当，则国际货币基金组织应按照下面（b）小段规定的程序与该成员国进行第四条款特别磋商。

（b）将向执董会散发一份附有秘书长说明的工作人员报告，秘书长将在说明中列出执董会讨论的初步日期，此日期至少应在报告散发日期之后 15 天。秘书长还将在说明中提供一份决定草案，说明注意到了工作人员报告，在未讨论或批准报告所含观点的情况下完成特别磋商。将在向执董们散发工作人员报告后两周结束时通过决定，除非在此期间有一位执董请求将此报告列入执董会议程或总裁决定将此报告列入执董会议程。如果工作人员报告列入议程，则执董会将讨论此报告，并将作出结论，结论将反映在会议总结中。

（c）除非执董会另作决定，与某成员国进行特别磋商不影响对该成员国适用的磋商周期或与该成员国下次磋商的完成期限。

21. 执董会应每隔三年或在列入执董会议程的情况下对本决定和双边监督总体执行情况进行审议。

22. 1977 年 4 月 29 日通过、后经修订的 5392 -（77/63）号决定以及 1979 年 1 月 22 日通过、后经修订的 6026 -（79/13）号决定第 3 段在此予以废止。

附第四条第 1 款第 （ⅲ） 项和原则 A

1. 《国际货币基金组织协定》第四条第 1 款第 （ⅲ） 项规定，成员国应避免为阻止有效的国际收支调整或取得对其他成员国不公平的竞争优势而操纵汇率或国际货币体系。该条款的措辞在本决定第二部分的原则 A 中做了重复。下文旨在就此项规定的含义提供进一步指导。

2. 只有在国际货币基金组织认定：（a）一个成员国在操纵其汇率或国际货币体系，并且（b）这种操纵是出于第四条第 1 款第 （ⅲ） 项具体规定的两种目的之一时，该成员国才违反了第四条第 1 款第 （ⅲ） 项的规定。

（a）操纵汇率仅通过目的在于影响汇率水平并且实际影响了汇率水平的政策实施。此外，操纵可能造成汇率变动，也可能阻止这种变动。

（b）对于操纵其汇率的某个成员国，只有在国际货币基金组织认定这种操纵是"为阻止有效的国际收支调整或取得对其他国家不公平的竞争优势"而实施时，才违反了第四条第 1 款第 （ⅲ） 项的规定。对此，只有当国际货币基金组织认定：（A）该成员国是为了造成汇率低估的根本性汇率失调而实施这些政策，并且（B）造成这种失调的目的在于扩大净出口时，该成员国才会被认为是为取得对其他成员国不公平的竞争优势而操纵汇率。

3. 国际货币基金组织有责任根据所有可获得的证据，包括通过与有关成员国进行磋商，客观地评价成员国是否在履行第四条第 1 款规定的义务。对于成员国就其政策目的所作的任何陈述，国际货币基金组织在存在合理怀疑的情况下不作出不利于成员国的判定。

附录五　国际货币基金组织关于《2007年新决定》所涉及操作问题的指导

2008 年 8 月 4 日

1. 自 2007 年《对成员国政策双边监督的决定》（即《2007 年新决定》）通过以来，一年多的时间已经过去了，但执行情况参差不齐。看来在实现该决定的三项主要目标当中的以下两项目标方面取得了重大进展：使监督更加有所侧重和加强对汇率问题的注意。（三年监督检查将提供一个机会，来深入思考这些领域的实施情况。）与此同时，在实现第三个目标，即坦诚和清晰地讨论外部稳定和汇率问题方面，存在困难。这个目标的意图是促进与成员国的力度更大和更有说服力的沟通。

2. 实现坦诚的一个重要的方法是提出具体和明确的分析结果，而这被证明很困难。《2007 年新决定》要求国际货币基金组织，如果发现某个成员国没有遵守《关于成员国汇率政策指导的原则》（以下简称《原则》），则应提出明确的分析结果；而且，如果任何汇率（包括没有制定汇率政策的成员国的汇率）被发现符合有关标准，应该使用"根本性失调"这个术语。明确的分析结果可有助于清晰表达关切程度，而通用的措辞则将保证了这种表达的公允性。

3. 提出具体分析结果方面的困难涉及两个因素：

● 程序因素。在像汇率这样敏感的领域，使用具体的分析结果证明是一项挑战。过去 12 个月，工作人员和管理层一直在与一些成员进行密集讨论，因为他们正考虑就这些成员得出这样的结论。这些讨论是有用的。已注意留出足够的时间来与政府举行充分讨论，每一方都在讨论中仔细考虑另一方的意见。不幸的是，执董会基本上没有看到这个对话，虽然执董会事实上是在监督之下施加同侪压力的关键工具之一。

● 概念因素。虽然《2007 年新决定》及其配套文件阐明了分析外部稳定性和汇率的概念框架，但工作人员们关于把这个框架运用于不同情况的观念已经有所发展。这个发展过程拖的时间相当长，表明各国的具体情况多种多样，从而必须阐明一个共同的概念框架，用以分析这些问题。例如，关于汇率，长期以来，《监督指导说明》要求"评估汇率水平"，然而，只是在通过了《2007 年

160

新决定》之后，工作人员们才有了一个这样做的通用概念框架——这是公允性的先决条件之一。

4. 本文提出了两个步骤，其意图是同时在程序和概念两方面坚决地向前推动执行《2007 年新决定》的进程：

• 程序方面。在过去的 12 个月就具体分析结果与成员国进行沟通的过程是建设性的，但显然仍有改进的余地。特别需要指出，如果有一套程序，既保证执董会在适当阶段参加讨论，又为成员们提供一个明确的机会来全面制定和提出其自己的观点，并在自己认为需要的时候调整政策，将会有所帮助。有鉴于此，管理层打算建议，无论何时，如果它非常担心出现以下情况，都应使用《2007 年新决定》第 20 段下的特别磋商程序，以此补充常规的第四条款磋商：（1）某个成员国可能没有遵守《关于成员国汇率政策指导的原则》，或（2）某个成员国的汇率可能出现根本性失调，即使这一失调不是汇率政策造成的（例如，某个成员国允许其汇率完全自由浮动）。虽然根据《2007 年新决定》第 20 段，管理层有权建议使用特别磋商，但在实际开始特别磋商之前，需要执董会作出决定。这样的特别磋商可以提供一个框架，以便在执董会的参与下与成员进行更为密集的讨论，并使国际货币基金组织能够就具体分析结果得出最后结论（根本性失调或不遵守《原则》）。如果发起一次特别磋商，绝不会提前影响这些最后结论，也不会意味着只能或最好是通过改变名义汇率来消除关于汇率的担心。在这方面，国际货币基金组织必须遵守基本的透明度要求，同时适当考虑就这个问题所进行的沟通可能具有的敏感性。在这方面应该指出，《透明度政策》是适用的。附件一所载总裁说明解释了总裁打算如何在特定情况下行使《2007 年新决定》第 20 段下对他的授权。当然，在其他情况下，包括在所关注的经济和金融问题与遵守《原则》或根本性失调无关的情况下，则管理层仍可以提议在《2007 年新决定》第 20 段下举行特别磋商。

• 概念方面。现已把工作人员的有关《2007 年新决定》的概念框架在不同情况下意味着什么的意见收集起来，载于本文所付一套"常见问题"（见附件二）。这些结果将为工作人员提供一套全面的概念指导。这些常见问题除其他外，采纳了 2007 年 9 月管理层与执董们举行的非正式讨论中提出的意见，即如果根本性的经常账户失衡与实际汇率关系不大，则不应使用根本性失调这个术语。通过《2007 年新决定》之后不久，便向工作人员们提供了常见问题的前几稿。在三年期监督检查之后将修订《监督指导说明》，届时将在其中纳入常见问题的实质性内容。

5. 管理层和工作人员期待听取执董们关于所打算采取的步骤的意见。总裁说明（见附件一）中介绍的程序将以总裁当前在《2007 年新决定》下拥有的权力为基础，因此，现阶段不需要执董会作出任何决定。具体来说，根据《2007 年新决定》第 20（a）段，总裁无论何时，如果认为"重要的经济或金融事态发展有可能影响某个成员国的汇率政策或该国货币汇率的变化"，均有权发起非正式和秘密的讨论，并建议与某个成员国进行特别磋商。总裁的说明指明了某些据他认为符合这些条件的情况，他因此将在这些情况下建议执董会与某个成员国进行特别磋商。根据第 20（a）段的规定，在国际货币基金组织可以举行这样的特别磋商之前，需要执董会作出决定。附件二载有管理层向工作人员提供的指导，其中说明，将如何充分按照《2007 年新决定》及其配套文件适用《2007 年新决定》的概念框架；在执行这项指导方面不需要执董会作出任何决定。

执行《2007 年新决定》：使用特别磋商
——总裁的说明

《2007 年新决定》第 20（a）段规定，在以下情况中，执董会可发起与某个成员国之间的特别磋商：（a）总裁认为重要的经济或金融事态发展有可能影响某个成员国的汇率政策或是该国货币汇率的变化；（b）总裁经过与该成员国就这个问题举行非正式和保密的讨论，向执董会提出报告（或非正式向执董会提交建议）。

下文是为了提供以下方面的指导：（1）我打算如何在一系列具体情况下行使上述授权；（2）我通常将建议执董会在这些情况下实行何种程序。下文开列的情况并不涵盖我可能提议进行特别磋商的全部情况。

• 我打算无论何时，如果经过与有关成员国讨论，对以下情况感到重大关切，都将建议执董会发起第 20（a）段下的特别磋商：（1）该成员国可能没有遵守《原则》；或（2）该成员国的汇率可能发生根本性失调，即使失调不是由汇率政策引起的。无论在哪一种情况下，我都将向执董会说明这些受关切的依据。我通常将向执董们表明，什么样的政策行动有可能足以消除我的关切。

• 上述建议可在两次常规第四条款磋商之间提出，也可在完成这些磋商的时候提出。无论在何种情况下，我通常将建议于大约 6 个月的时间内结束特别磋商。如果执董会决定采纳我的建议，发起一次特别磋商，有关的总结将清楚表明，虽然执董会也对这些问题感到非常关切，但尚未作出最后决定，并将举行一次特别磋商。

关于《2007年新决定》的常见问题（"常见问题"）

这些常见问题是为了帮助工作人员处理在适用《2007年新决定》所载外部稳定和汇率失调概念以及《原则》时经常遇到的操作性问题，以待最后制定出经过修订的监督指导说明。这些常见问题不包括那些最好是留给每个国家小组自行判断的问题（例如，选择哪个统计定义来衡量特定的概念，或在特定国家到底应该把什么视为具有重大意义），而是侧重于对保持整个国际货币基金组织处理办法的统一来说至关重要的那些问题。

外部稳定

问题1　外部稳定在《2007年新决定》中起何种作用？

《2007年新决定》是以第四条款为基础，把外部稳定概念作为监督工作的支点，这个概念是国家一级"有序的汇率安排和稳定的汇率制度"的代名词，而这些安排和制度是第四条款的核心。之所以使用外部稳定概念，是为了促使（1）更多地注重监督工作；（2）更为仔细和坦诚地评估各国的政策可能对"稳定的汇率制度"构成的风险。

问题2　什么是外部稳定？什么是外部不稳定？

如果一个国家的国际收支状况现在不导致而且今后也不大可能导致破坏性的汇率变化，便意味着外部稳定占了上风。外部稳定不占上风的情况被称为外部不稳定。由于这个概念包括前瞻性地评估破坏性调整的风险，外部不稳定不一定意味着现在正在发生破坏性调整，而是常常意味着随着时间的推移，有可能发生这样的调整。破坏性汇率变化的起因可能来自一个国家自己的国际收支状况，也可能来自其伙伴国家的国际收支状况，因此，无论是顺差国还是逆差国，都可能发生外部不稳定。一个国家如果有过多的盈余，会导致另一个国家过度的净负债状况突然发生逆转，引起破坏性汇率变化，从而在后者国内造成外部不稳定。

符合外部稳定条件的国际收支状况同时具备以下两个条件：（1）基本经常账户大致与均衡经常账户保持一致（根据基本要素决定）；（2）资本账户和金融账户不导致汇率突然调整的风险，这种调整除其他外，来自资本流动的变化。在评估外部不稳定性的时候，应该把经常账户与资本账户和金融账户带来的风险视为相互加剧。因此，即使经常账户与资本和金融账户各自的风险如果分开来看，可能不够高或不够确定，不足以表明外部不稳定，但外部不稳定仍有可能占上风。

《2007年新决定》对外部稳定的重视以及上述定义并不意味着一定能够非

常准确地量化有关的概念（例如，均衡经常账户和汇率失调）。总是需要作出主观判断。《2007年新决定》旨在促使更加重视这些问题，加强分析，帮助仔细地进行主观判断，并保证仔细和坦诚地报告由此产生的意见。

问题3　在《2007年新决定》下进行外部稳定评估的必要性对于情况介绍文件和工作人员报告有哪些主要影响？

《2007年新决定》的主旨是，国际货币基金组织在其监督工作中应该坦诚地检查当前和今后的外部稳定性，特别是检查以下因素导致破坏性调整的风险：（1）国际收支经常账户或资本账户；（2）可能最终影响国际收支的因素，包括国内因素。评估汇率水平是这项工作的一部分，但仅仅是其中一部分。《2007年新决定》中的7项指标提供了重要的提示，以帮助工作人员进行外部稳定评估。

情况介绍文件应该包括小组对这些问题的初步评估意见。工作人员报告应该包括全面分析，并提出明确的结论（结论可能是最后的，也可能不是，取决于是否提议进行一次特别磋商）。为了使执董会能够评价工作人员所做判断的正确性和可靠性，工作人员报告必须透明地公布作出的假设、采用的方法和可能受到的数据限制。

经常账户评估

问题4　什么是均衡经常账户？

在概念上，均衡经常账户是致使净对外资产头寸（NEAP）在一个多边一致性限制条件下，以符合经济结构和相对于其他国家的基本要素（包括生产力差异、贸易条件、要素充足程度、人口因素、世界利率等）的方式逐渐变化的账户。均衡经常账户既可能反映出稳定的状态，也可能反映出通往稳定状态的轨迹：如果净对外资产头寸在开始的时候高于或低于均衡状态，则均衡经常账户将在一个现实的调整前景下导致该头寸的调整，使其达到新的均衡（例如，如果明显需要积累储备或减少债务，或一个国家的资产组合偏好出现对该国有利的变化，从而提高其均衡净对外负债头寸，就会出现这种情况）。

实践中，确定的均衡经常账户应该体现工作人员的最佳判断。首要的重点很可能是净对外资产头寸的均衡变化，因为净对外资产头寸的均衡水平仍然比较难以确定。特别需要指出，可以参照以下考虑因素来判断净对外资产头寸的均衡变化：（1）关于净对外资产头寸的预测和压力测试（类似于并包括债务可持续性分析）；（2）可以得到的关于对经常账户变化产生影响的因素的跨国证据（例如，根据汇率问题协调小组宏观平衡法的经常账户标准所发现的证据），并辅以具体国家的信息；（3）各国之间多边一致性限制条件（至少在原则上如此）；（4）任何使得小组可以有一定把握地判断，初期的净对外资产头寸水平低于或高于均衡水平的信息（例如，根据判断，最近的冲击使得实际或均衡净对外资产头寸发生很大变化）。

问题5　什么是基本经常账户？

基本经常账户是排除了临时因素的经常账户（可以将其视为与结构性财政平衡概念相似）。在评估经常账户时，临时因素被视为无关，因为这些因素对净对外资产头寸随着时间推移的逐渐变化影响不大，并预计将以有序的方式消失。工作人员报告应该透明地公布把哪些因素作为临时因素。

临时因素包括：（1）周期性因素；（2）以前的汇率和政策变化产生的滞后影响；（3）根据工作人员的最佳判断，属于临时性质的冲击，例如，集中在一起和偶尔出现的进口以及暂时性的贸易条件冲击。这应该把那些可以有把握地预计，将在标准中期预测期（大约5年）结束时以有序的方式消失，而且不需要政策变化的因素视为临时因素。

临时因素最可能通过需求来影响经常账户，但有时也可能通过实际有效汇率产生这种影响。例如，与通货膨胀率周期性上升有关的（实际和预期的）利率上升有可能导致汇率升值。如果出现这样的情况，在原则上可以根据经过周期调整的实际有效汇率来计算基本经常账户。实践中，这样的影响很可能难以被量化，在这种情况下，一个合理的做法是在不排除这一因素的情况下计算基本经常账户，然后再分开考虑实际有效汇率有可能在何种程度上受到临时因素的影响，以及这可能对基本经常账户产生的影响（如果这是导致偏差的唯一原因，可以把汇率定性为"临时"失调，但考虑到临时因素对实际有效汇率的影响不容易查明，常常难以有把握地这样说）。

在标准的5年中期预测期结束时，根据通常假设，临时因素已经消失，此时预测的经常账户可以提供基本经常账户的估计数，但预测必须建立在以下基础上：（1）既定政策；（2）没有变化的实际有效汇率（除可能的暂时波动之外）。

问题6　对基本经常账户的评估到底是应该以现行政策为依据，还是以政策计划为依据？

应该以既定政策为基础来评估基本经常账户，因为目标是评估现行的各项政策是否有利于外部稳定。既定政策通常是那些已经出台和已经颁布的政策，而且根据小组的最佳判断（包括根据历史记录和执行方面的限制因素进行判断），很有可能得到执行的政策。这一关于既定政策的定义符合预计将在《世界经济展望》报告中使用的假设，也符合债务可持续性分析准则。当然，如果政府制定有尚未颁布或在其他方面是初步性质的更多政策计划，用以解决当前的经常账户失衡，将在关于今后可能出现的事态发展的讨论中予以确认，该讨论将与根据既定政策就是否存在经常账户失衡所开展的评估分开进行。

汇率评估

问题 7　怎样在《2007 年新决定》下进行汇率评估？

在《2007 年新决定》下进行汇率评估的重点是要确定，实际有效汇率的水平是否大致与（有关国家自己和其他国家的）经常账户余额的可持续性保持一致，或与净对外资产的均衡变化保持一致。做法是在排除了临时因素之后，把当前实际有效汇率与将使经常账户同净对外资产的均衡变化相一致的汇率水平相比较。《2007 年新决定》所关心的失调是二者之间的差异。

应该把这种失调与临时失调区分开，为此，如果需要一个易懂的称呼，可以将前者称为"结构性失调"（除非另有说明，否则"失调"这个术语将意味着这种"结构性"失调）。如果实际有效汇率受临时因素的影响，可能出现临时失调，而基本经常账户如果在计算时没有排除这种影响，将与均衡经常账户有差异。

问题 8　《2007 年新决定》下的失调是否与汇率问题协调小组估计的失调一样？

《2007 年新决定》和汇率问题协调小组使用同样的概念框架。在汇率问题协调小组使用的三个方法中，宏观平衡法（MB 法）（把中期内的经常账户（临时因素已在其中自行消失）与某种标准经常账户相比较）可以最直接地与《2007 年新决定》的框架（该框架把基本经常账户与均衡经常账户相比较）联系起来。然而，特别是考虑到在确定均衡经常账户时所面临的不确定性，汇率问题协调小组的对外可持续性法（ES 法）（该方法把中期经常账户与保持净对外资产头寸稳定的经常账户相比较）和均衡实际有效汇率法（EREER 法）（把实际有效汇率与基本要素直接联系起来）提供了更多的有用信息。

在大多数情况下，汇率问题协调小组取得的结果，再辅以更多关于具体国家的信息和判断，很可能得到最好的估计结果，用以衡量《2007 年新决定》下的失调程度。在以下情况中（预计这些情况不会经常出现），汇率问题协调小组使用的估计方法得到的结果可能偏离《2007 年新决定》下所采用的方法得到的结果，因此，用以下更多的国家的具体信息来补充汇率问题协调小组取得的结果尤其重要：

（1）如果按中期预测假设，无法有把握地预计以有序方式消除的因素确实将以这种方式消除：在汇率问题协调小组的 MB 法和 ES 法中使用的中期经常账户将不能作为《2007 年新决定》下的基本经常账户的适当替代变量；

（2）如果根据判断，净对外资产头寸正在过渡到一个新的均衡：在这样的情况下，均衡经常账户可能只是暂时（也就是说，在过渡期间）高于或低于汇率问题协调小组的 MB 法和 ES 法下的中期经常账户标准；

（3）如果各国在不久之前出现庞大的经常账户不平衡（用绝对值衡量）：汇率问题协调小组的 MB 法下的经常账户标准将倾向于数额庞大（用绝对值衡量），但这不一定意味着这些标准符合性与净对外资产的可持续轨迹相一致，因此它们可能超过均衡经常账户（在这样的情况下，汇率问题协调小组的 ES 法提供了有用的对照核查）；

（4）如果有理由相信，实际有效汇率本身受到临时因素的影响：汇率问题协调小组不从当前的实际有效汇率中排除临时因素，由此导致的失调因此可能是临时性的，但是，鉴于实际有效汇率持续不变，而且在从该汇率的数值当中排除短期因素方面有内在的困难，在多数情况下，将难以有把握地得出这一结论。

问题 9　工作人员报告和/或相关文件应如何进行汇率评估？

最重要的是，这些报告应该提出明确的评估结论，指明是否认为基本经常账户大致与均衡经常账户保持一致，并指明认为汇率在哪些方面与均衡水平相关。结论可能是最后的，也可能不是，这取决于是否提议进行特别磋商。

为此经常需要明确地讨论基本经常账户和均衡经常账户，包括：（1）对于基本经常账户，说明临时因素将实际消失的理由；（2）对于均衡经常账户，说明小组所使用的数据为什么可信；（3）如果经常账户的汇率弹性非常之高或非常之低，应说明其中的理由。如果认为没有任何重要的临时因素发挥作用，而且经常账户与不引起任何特别关注的净对外资产的变化相一致，讨论可以简短，侧重于确认这两个事实。如果汇率问题协调小组的 MB 法和 ES 法可供采用或者可行，将在评估当中对其加以使用。

对实际有效汇率与基本要素之间关系的分析（根据汇率问题协调小组的均衡实际有效地依法进行）可以提供更多非常有用的信息，但不能用来取代关于是否存在经常账户失衡的讨论。如果这个方法取得的结果有很大出入，工作人员应该解释如何使评估结论与各种不同的估计数相协调。

在受到严重数据限制的国家，评估可能需要基本上侧重于质量，着重讨论国际收支在最近和今后的变化、债务可持续性分析以及储备的充裕程度，以使人们能够了解基本经常账户是否正在导致失衡，或导致净对外负债中的其他高风险事态发展。

如果存在《2007 年新决定》第 15 段所述"指标"，应在工作人员报告中予以讨论。很多指标涉及官方部门在影响国际收支和汇率方面的作用，考虑到对这些指标的分析所固有的不确定性，必须结合其后面可能存在的动因来进行这种分析。

应该透明地提供关于假设和调整的信息，以使读者能够评价分析结论的正确性。

根本性失调

问题 10　什么是"根本性失调"？

根本性失调反映出一种经常账户失衡，这种失衡不是临时性的，并产生破坏性调整风险，因此成为监督工作中特别关注的问题。尤其需要指出，在《2007 年新决定》之下，如果发现汇率符合以下条件，便会将其视为根本性失调：（1）存在结构性失调；（2）结构性失调很严重；（3）毫无疑问地确定存在严重结构性失调。

工作人员们必须作出主观判断，以确定失调程度是否严重。关键是经常账户中存在严重失衡，这种失衡可能伴随着较低或较高程度的汇率失调，其中反映出汇率的弹性。在检验据估计存在的失衡严重性或失调程度方面，没有任何数字"阈值"可作为依据。

问题 11　根据《2007 年新决定》，浮动汇率是否会发生根本性失调？

答案是肯定的。由于存在像泡沫（有可能以无序的方式破裂）这样的市场缺陷，因此会发生这样的情况，造成这些市场缺陷的原因是国内政策不当，或其他国家的政策影响所涉国家的汇率。因此，即使是完全由市场决定的汇率，也有可能发生根本性失调（尽管对这些国家来说，这样的分析结果不会导致认为其不遵守《原则》的结论）。

问题 12　工作人员报告可以通过何种方式处理根本性失调问题？

无论何时，如果工作人员发现情况符合《2007 年新决定》下的根本性失调标准，都应该使用根本性失调这个术语，除非基本经常账户失衡与实际有效汇率关系不大。有两个原因可能造成基本经常账户失衡与实际有效汇率关系不大的情况：（1）导致不利于国内稳定的特定总需求水平的政策，其调整将足以在不改变实际有效汇率的情况下消除失衡（然而应该注意，这些情况预计非常罕见，基本限于非常小和非常开放的经济体，这是因为，不当的需求政策通常将导致实际有效汇率的变化，因此，需求管理政策的调整通常将伴随着实际有效汇率的修正）；或（2）如果执行某些政策，将在无须改变实际有效汇率的情况下使对外状况发生变化（如债务减免）。

如果因为基本经常账户失衡与实际有效汇率关系不大，而不使用根本性失调这个"标签",则工作人员报告仍然应该表明,存在导致对外不稳定或不稳定的对外状况的经常账户失衡。他们还应该指出,只要排除了造成经常账户失衡的因素,他们将认为竞争力大致处于适当水平,并指出如果不排除这些因素,将对实际有效汇率的可持续性产生何种影响。

如果工作人员非常担心,情况可能符合《2007 年新决定》下的根本性失衡标准,但尚未得出最后结论(即如果提议进行特别磋商),工作人员报告应该说明感到担心的依据,并使用上文规定的术语(即酌情使用"根本性失衡"或"不稳定的对外状况"这两个术语)。

如果情况不符合《2007 年新决定》下的根本性失调标准,则没有必要发表否定的声明(例如,"工作人员没有发现关于根本性失调的充足证据"),但工作人员报告仍需要就经常账户和实际有效汇率以及相关风险提出明确的评估结论。特别重要的是,工作人员报告应该表明,他们是否认为经常账户处于均衡状态,如果有必要,还应说明这种状态包含何种程度的风险。可以把实际汇率评为"大致均衡"或失调(或使用同样意思的措辞,将其评为定值过高或定值过低),或是有可能出现上述情况,这取决于工作人员们希望传达什么样的信息。

基于资本账户的对外不稳定

问题 13 如果存在基于资本和金融账户的对外不稳定,应如何处理?

即使经常账户处于均衡状态,而且汇率的定值水平适当,仍有可能出现两种形式的基于资本和金融账户的对外不稳定:首先,如果金融市场不够完善,经常账户(或是为经常账户融资的能力)的暂时波动会引起流动性问题,导致融资限制。其次,国家可能正在逐渐形成或保持脆弱的对外资产负债结构,而这种状态有可能被突然调整。出现这些情况的时候,可能同时在经常账户内出现令人担心的对外不稳定,但也可能经常账户正处于均衡状态,汇率定值适当。

工作人员报告应该坦诚地指出对基于资本和金融账户的对外不稳定感到的关切。如果发现任何一种基于资本和金融账户的对外不稳定,并毫无疑问地认定存在这种不稳定,工作人员报告应该使用像"基于资本账户的对外不稳定"这样的措辞,予以明确指出。

为成员国的汇率政策提供指导的原则

问题 14 在评估对原则 A 和原则 D 的遵守情况时,如何界定汇率政策?"浮动汇率"会受何种影响?

汇率政策是为影响国际收支,进而影响汇率所实行的干预政策和某些其他政策(见 SM/06/216)。那些不针对汇率水平进行干预或采取任何其他行动的国家不会不遵守原则 A 或原则 D,因为这两项原则要求避免实行某些汇率政策

（当然，这并不意味着国际货币基金组织在其监督工作中不能建议这些成员采取政策行动，或者实行汇率政策）。然而，实践中，多数实行浮动汇率制度的国家有时确实针对汇率进行干预或采取其他行动。在这种情况下，需要结合这样的行动来评估它们对《原则》的遵守情况。

问题15　应该在什么时候和如何评估对原则 D 的遵守情况？

原则 D 提出，成员国应该避免使汇率政策导致外部不稳定。为了认定一个成员国不遵守原则 D，需要毫无疑问地确定：（1）存在对外不稳定；（2）该成员国制定有汇率政策；（3）不稳定是由汇率政策造成的，原因是这些政策大大助长了不稳定（但它们不一定是根本原因，例如，如果汇率政策在某个长期的外生冲击面前保持不变，则将把对外不稳定归因于该政策）。

如果某个成员国执行汇率政策，而且毫无疑问地存在对外不稳定，该成员国对原则 D 的遵守会成为疑问。关键问题是，这样的不稳定是不是由该成员国的汇率政策造成的。在一些情况下，不稳定可能基本上归因于国内政策，特别是导致不利于国内稳定的总需求水平的政策。例如，在 2007 年与马尔代夫进行的第四条款磋商中，根据判断，经常账户问题全部来自政府财政的过度扩张，与实际有效汇率关系不大。因此，通过使财政政策与国内稳定保持一致，预计将解决对外不稳定问题。因此，问题是由财政政策造成的，而不是由汇率政策造成的，原则 D 得到了遵守。相形之下，如果为了使汇率可以持续，需要"过度收紧"（即造成通货紧缩，从而背离第四条款中的国内稳定目标），则将认为汇率政策不当，原则 D 没有得到遵守。

问题16　如果原则 D 没有得到遵守，国际货币基金组织是否必然建议改变名义汇率？

如果汇率政策正在造成对外不稳定，最好的解决办法很可能是改变汇率政策，从而改变名义汇率。然而，在某些情况中，出于各种理由（包括政府在其他方面的目标），较好的办法可能是通过另一个渠道来解决问题。例如，如果退出某个汇率制度的代价很高，国际货币基金组织不妨建议实行导致相对价格调整的政策，例如，实行财政紧缩，并辅之以旨在增加灵活性，特别是劳务市场灵活性的政策，即使这些政策也会付出代价。国际货币基金组织还可建议实行旨在帮助提高生产力增长率或非价格竞争力的政策，这些政策将通过均衡实际有效汇率的升值而不是通过实际有效汇率的贬值来恢复均衡。

请注意，无论是上述何种情况，即无论提出的建议是改变名义汇率，还是通过另一个办法进行调整，《2007 年新决定》都要求国际货币基金组织考虑到过度迅速的调整可能对有关成员国的经济造成的破坏性影响。

问题 17　什么时候需要评估对原则 A 的遵守情况？

如果一个国家执行汇率政策，便需要评估对原则 A 的遵守情况（虽然不一定要在工作人员报告中就此提出报告）。如果某个成员国的汇率政策导致币值过低形式的根本性失调，因此未能遵守原则 D，尤其需要进行这样的评估。对原则 A 进行的任何分析都基于确定政府奉行所涉汇率政策的意图。如果意图是导致币值过低形式的根本性失调，而导致这种失调的目的是增加净出口，并且国际货币基金组织可以毫无疑问地得出这一结论，那么，原则 A（以及第四条第 1 款）便没有得到遵守。国际货币基金组织必须对某个成员国汇率政策后面的意图进行客观评估，评估应该以所有能够得到的证据，包括与该成员国进行的协商为依据。对于该成员国就其政策的目的所发表的任何陈述，都将给予任何合理的考虑。

问题 18　应该如何在工作人员报告中反映对指导成员国的各项原则的遵守问题？

如果某个向成员国提供指导的原则没有得到遵守，工作人员应该在评估报告当中清楚说明（办法是明确提到某个原则，或是提到该原则的内容）。同样，如果非常担心某项原则没有得到遵守，但将不作出最后结论，即如果将提议进行一次特别磋商，工作人员应在评估报告中明确提到有关原则或该原则的内容，说明感到担心的依据。不遵守原则 A 的情况还将导致违反第四条第 1 款下的义务，如果情况确实如此，工作人员应在评估当中一并指出这两种情况。

如果各项原则得到遵守，没有必要发表否定的声明（例如，"工作人员得出结论认为，原则 D 没有被违反"）。尽管如此，如果对某个原则的遵守情况引起问题（例如，由于不遵守原则 D，引起关于原则 A 的遵守问题），应在工作人员报告中列入一项分析，该分析应足以得出结论认为，没有任何理由感到担心。

附录六 《国际货币基金组织协定》第四条款
——法律框架概述

2006 年 6 月 28 日

一、前言

本文概述《国际货币基金组织协定》第四条款的法律框架。撰写本文的意图是，作为《对 1977 年汇率政策监督决定的审查——初步看法》的姊妹篇，以便协助执董会审议可采取哪些步骤帮助成员国更加明确地了解第四条款所规定的成员国责任。

目前版本的第四条款是 1978 年《国际货币基金组织协定》第二次修订时列入《国际货币基金组织协定》的。该版本的第四条款确立了平价体系崩溃之后的新汇兑安排行为准则。按照原来的平价体系，成员国确定本国货币与其他成员国货币的比价的方式非常有限：这种价值必须用黄金代表（直接用黄金代表，或通过美元间接代表）。成员国修改本国货币与这个共同计算单位的比价的能力也非常有限：除了在一个先进的范围之内，如果会员未经国际货币基金组织的同意而改变其货币的平价，则将没有资格使用国际货币基金组织的资源，而国际货币基金组织给予同意的前提条件是它认为修改比价的原因是纠正"根本性失衡"。国际货币基金组织财务援助的一个重要目的就是帮助成员国在其货币受到国际收支压力时保持其平价。

第二次修改规定成员国有权选择任何汇兑安排（包括浮动安排），完全脱离了平价体系这个《国际货币基金组织协定》的中心特征。虽然目前的第四条款仍然认为一个国家的汇率政策是一项国际性事务，但实际操作方法却发生了根本性的变化。目前第四条第 1 款规定的成员国义务可以归纳为以下几点。

- 首先，该款认为：如果有必要针对基本状况进行调整其汇率，则成员国不应拒绝调整。人们担心平价体系造成了僵化性，却没有带来稳定性，因为成员国即使在根本性失衡状况下仍拒绝（或推迟）调整。人们认为这种僵化性妨碍了许多成员国的国际收支调整，也妨碍了整个体系实现可持续的平衡。第二次修改的根本性假定是，如果允许汇率根据基本状况而波动，尽管成员国的汇率会有波动，但整个体系就会更加稳定。为了体现这种方式，原第四条款的一项关键义务（规定必须通过合作促进"汇兑稳定性"）在第二次修改中改为必须合作促进形成稳定的汇率制度。明确宣布的目标是实现制度的稳定（而不是汇率本身的稳定性），而实现这一稳定性的最佳方式是允许汇率根据基本状况而波动。

- 其次，鉴于成员国的国内政策与其汇率之间有着重要的关系，因此，如果成员国执行的国内政策创造了有利于经济和金融稳定性的基本状况，就会增强整个汇率制度的稳定性。汇率的波动不可避免，对于那些选择币值浮动的成员国而言尤其如此。但是，如果成员国执行恰当的经济政策，就能限制不正常的波动和无序的动态。鉴于国内政策与汇率制度之间存在这种关系，因此第二次修改规定成员国在国内政策方面担负某些义务。然而，正如本文所述，这些义务是"柔性"义务，因为国内政策虽然有国际影响，但毕竟是国内政策，因此不应要求成员国对此类政策放弃过多的主权。

- 最后，在汇率政策方面，成员国应避免干预调整过程，也应避免取得对其他成员国不公平的竞争优势。具体而言，第四条第 1 款规定的一项具体义务是，成员国必须"避免操纵汇率或国际货币制度来阻碍国际收支的有效调整或取得对其他成员国不公平的竞争优势。"如下文所述，这项义务的范围很广，足以包括高估汇率和低估汇率。此外，与国内政策方面的义务不同的是，鉴于汇率政策具有国际性质，因此成员国在汇率方面的义务属于"硬性"义务。本文第二节将谈到，在执行避免操纵汇率这项义务方面，可能因为需要确定意图而受到限制；然而，关于是否有意为之的决定是由国际货币基金组织独立作出的，并不完全取决于成员国对自身意图的说明。

现行第四条款不仅规定了成员国的义务，也规定了国际货币基金组织的义务。根据第四条第 3 款第（a）项，国际货币基金组织必须监督国际货币制度，以保证其有效实施，并监督各成员国是否履行了第四条款规定的义务。鉴于成员国在汇率方面的义务极为重要，因此《国际货币基金组织协定》更为具体地规定了国际货币基金组织应如何监督成员国履行这方面义务的情况：第四条第 3 款第（b）项要求国际货币基金组织对各成员国的汇率政策进行严格的监督，并制定出具体原则，以在汇率政策上向各成员国提供指导。为了执行这项规定，国际货币基金组织通过了《1977 年汇率政策监督决定》（以下简称《1977 年决定》）所包含的原则（这次审查的主题）。为了使国际货币基金组织能够履行监督义务，第四条第 3 款第（b）项还规定各成员国应向国际货币基金组织提供为监督所必要的资料，在国际货币基金组织提出要求时，应就成员国的汇率政策问题与国际货币基金组织进行磋商。

本文以下部分讨论第四条款中与这次审查关系最密切的各项规定。本文第二节概括论述了第四条第 2 款（即有关成员国有权选择本国的汇兑安排的规定）。第三节分析第四条第 1 款规定的义务（即成员国应同国际货币基金组织合作，以保证有序的汇兑安排，并促进形成一个稳定的汇率制度）。第四节探讨第四条第 3 款为国际货币基金组织规定的监督责任，其中讨论了以下两点：（a）《1977 年决定》与成员国汇率义务之间的现存关系；（b）这个关系发展演变的范围。第四节是结论部分。

每次审查第四条款时，首先必须认识到解释第四条款规定时存在的困难。与第二次修改的其他规定不同的是，第四条款的实质内容是由一小部分成员国在执董会范围之外磋商制定的，体现了这些成员国之间微妙的政治妥协。这些成员国向执董会提交第四条款条文时达成的谅解是实质性改动的范围非常有限，但几位执行董事和工作人员对于第四条款一些术语的含糊不清与模棱两可表示了关切。因此，在解释这些术语的含义方面，没有多少编写记录可循。正如参与编写该条款的一个成员国的执行董事指出的那样，该条的术语预计将随着时间的推移而变得更加准确：

"由于这是一项妥协，因此很难在语言上做到准确和纯正（但这是一个可争取的目标）。某些术语含糊不清这一点当然有一定的重要性，因为只有在实际应用过程中才能使这些术语的意义变得更加准确。显然，1944 年布雷顿森林会议与会者所使用的某些术语也被认为不够准确，但随着时间的推移，这些术语将日益清晰而且准确度也将被提高。这里（建议的）条文是长时间协商的结果，因此该执行董事不愿意看到任何修改。"①

自通过第二次修改和《1977 年决定》以来，国际货币基金组织尚未出于双边监督工作目的而试图对第四条款成员国义务的含义作出说明。然而，正如本文将说明的那样，执董会可以决定提高对第四条款法律架构的依赖程度，但同时应继续确保其灵活性，并保持国际货币基金组织的合作性质。

二、第四条第 2 款规定的汇兑安排

在审查成员国选择"汇兑安排"的灵活度之前，必须首先了解这个术语的意义。《国际货币基金组织协定》并没有具体定义"汇兑安排"这个术语，但第四条第 2 款对这个术语的用法表明，它指的是成员国用于确定本国货币对其他

---

① Wahl 先生的发言，EBM/75/203，1975 年 12 月 22 日，第 17 页。

货币的比价的总体方式（见专栏1）。例如，决定本国货币盯住另一成员国的货币是一种类型的汇兑安排，而决定自由浮动则是另一种汇兑安排。

专栏1 《国际货币基金组织协定》第四条第2款

第2款 总的汇兑安排

（a）在本协定第二次修改日之后30天内各成员国应把其在履行本条第1款规定的义务方面计划采用的汇兑安排通知国际货币基金组织，汇兑安排的任何改变，应及时通知国际货币基金组织。

（b）根据1976年1月1日现行的国际货币制度，汇兑安排可以包括：（ⅰ）一个成员国可以采用特别提款权或黄金之外的其他尺度来确定本国货币的价值；（ⅱ）通过合作安排，建立起成员国的本国货币与其他成员国的货币的比价；（ⅲ）成员国选择的其他汇兑安排。

（c）为适应国际货币制度的发展，在得到占总投票权85%多数的同意的条件下，国际货币基金组织可就总的汇兑安排作出规定，但又不限制各成员国根据国际货币基金组织的目的和本条第1款规定的义务选择汇兑安排的权利。

但是，在分析第四条款时，一个中心问题在于"汇兑安排"与"汇率政策"之间的区别（第四条第3款采用了后一个术语）。虽然"汇率政策"这个术语也没有定义，但根据法规制定原则，对这两个术语应赋予不同的意义。[①] 这方面已有人指出："汇兑安排泛指成员国汇兑制度的类别或架构，而'汇率政策'则是指成员国在执行汇兑安排时采取的行动或不采取的行动"。[②] 然而，如何划清这两个术语的界限要取决于成员国所采用的汇兑安排。例如，成员国可能通知国际货币基金组织：它根据第四条第2款采用的汇兑安排允许货币浮动，并随时

---

① "如果立法机构在法规的一处使用某种词语，而在另一处使用不同的词语，则法庭认为这两种词语具有不同的含义。" N. J. Singer，"*Statutes and Statutory Construction*"（6ᵗʰ Edition 2000），p. 194。

② Joseph Gold：*Exchange Rates in International Law and Organization*，（*American Bar Association* 1988），p. 113。一般而言，国际货币基金组织原法律部主任 Joseph Gold 的大量论文为审议第四条款的含义提供了宝贵的参考材料。除其他事项之外，第四条款草案文本提交给执董会之前，就该草案文本的编写工作征求了他的意见，因此，他对编写者的意图有一定的了解（由于第四条款的编写记录很少，因此不容易看出编写者的意图）。Joseph Gold 有关这个题目的其他著作包括："*Interpretation：The IMF and International Law*"（*Kluwer Law International*，1996）；"*Developments in the International Monetary System，the International Monetary Fund and the International Monetary Law Since 1971*"（*Martinus Jijhoff*）；"*Legal and Institutional Aspects of the International Monetary System：Selected Essays，Volume Ⅱ*"（*IMF* 1984）；"*Legal Effects of Fluctuating Exchange Rates*"（*IMF* 1990）。

根据经济状况的发展作出适量调整。在这种情况下，我们认为成员国关于如何作出干预决策的政策构成其汇率政策，而不构成其汇兑安排。① 但是，有时成员国采用使本国货币盯住另一成员国货币（或一篮子货币）的汇兑安排，我们也认为这种"汇兑安排"不仅包括使用的货币，也包括为此目的使用的汇率。② 然而，正如本文第三节和第四节进一步阐述的那样，虽然在这种情况下汇率是汇兑安排的一部分，但并不等于国际货币基金组织在确定该成员国是否履行了汇率政策义务时无权审查这个汇率。

第四条第2款允许成员国在汇兑安排方面拥有很大的灵活度。第四条第2款明确规定，成员国可以选择的汇兑安排类型包括：使本国货币盯住特别提款权，使本国货币盯住另一种尺度，并"通过合作安排，建立起成员国的本国货币与其他成员国的货币的比价"。但是，第四条第2款所列出的方式只具有说明性，而不具有完整性，而且该款具体规定成员国可采用"成员国选择的其他汇兑安排"。

第四条第2款排除的唯一汇兑安排类型是以黄金为尺度的汇兑安排。这项禁止规定反映了第二次修改的主要目的，也就是缩小黄金在国际货币体系中所发挥的作用。

第四条款要求成员国把所采用的汇兑安排以及汇兑安排的任何改变准确通知国际货币基金组织。通知的目的是使国际货币基金组织获得有关信息；成员国最初选择的汇兑安排无须经过国际货币基金组织的同意，以后的改变也无须国际货币基金组织同意。改变必须及时通知，执董会的理解是通知时间应在改变之后的三天之内。③ 在通过第二次修改之后不久，执董会规定了成员国对汇兑安排作出哪些类型的改变时必须通知国际货币基金组织。④

虽然成员国在这方面有很大的灵活度，但成员国选择的汇兑安排必须同第四条款各项保证相一致。成员国建立的汇兑安排不得违反《国际货币基金组织协定》规定的义务。例如，成员国实行的汇兑安排不得产生违反第八条第3款的多重货币做法。

---

① *Implementation of the Second Amendment—Notification of Exchange Arrangements under Article IV*，Section 2，SM/77/277（11/28/77），p. 2.

② 同①。

③ *Chairman's Summing Up*，*Annual Review of the Implementation of Surveillance*（EBM/82/44）（4/9/82），p. 13.

④ *Notification of Exchange Arrangements under Article IV*，Section 2，Decision No. 5712 -（78/41），adopted March 23，1978.

也许对这次审查更重要的是：成员国建立的汇兑安排不得违反第四条第 1 款规定的义务（下节将详细讨论该款的内容）。第四条几个款项都明确提到这项限制，其中包括：（ⅰ）第四条第 2 款第（a）项（规定各成员国应把其"在履行［第四条］第 1 款规定的义务方面计划采用的汇兑安排通知国际货币基金组织"）；（ⅱ）第四条第 2 款第（c）项（提到"成员国根据国际货币基金组织的目的和第四条第 1 款规定的义务选择汇兑安排的权利"）；（ⅲ）第四条第 3 款（在谈到国际货币基金组织的监督责任时提到"成员国根据国际货币基金组织的宗旨和第四条第 1 款规定选择的其他形式的汇兑安排"）。①

在其他场合也讨论了下述事项，即第四条第 1 款规定的成员国义务可能会限制成员国行使《国际货币基金组织协定》所具体认可的权利的能力。最重要的是，《国际货币基金组织协定》具体规定成员国有权对资本的移动实施管制。②然而，人们的理解是，如果成员国利用此类管制操纵本国的汇率"来阻碍国际收支的有效调整或取得对其他成员国不公平的竞争优势"（依据第四条第 1 款的含义），则不允许成员国实施这种资本管制。③

三、第四条第 1 款规定的成员国义务

本节讨论第四条第 1 款规定的成员国义务。该款项也许是《国际货币基金组织协定》各条款中复杂性最高的规定（该款项的条文见专栏 2）。为了有助于分析，可将第四条第 1 款分为三部分。第一部分包含第四条款一般义务的很长一句序言（序言句本身并不构成义务）。第二部分规定了一般义务，即要求各成员国保证"同国际货币基金组织和其他成员国合作，以保证有序的汇兑安排，并促进形成一个稳定的汇率制度。"第三部分提出四项具体的义务（国际货币基

---

① 虽然第四条款的编写记录不多，但执董会讨论该条草案时也对此问题进行了一些分析。具体而言，当时的法律部主任指出："成员国作出选择的灵活度受到保护，当然必须与第四条第 1 款规定的义务相一致。"见：EBM/75/206，12/23/75，p. 15。另见 *Surveillance over Exchange Rate Policies*；*Legal Aspects of the Discussion of SM/77/33*，SM/77/59（3/21/77），p. 1。

② 《国际货币基金组织协定》第四条第 3 款。

③ 根据《1977 年决定》，"可能显示有必要与成员国讨论"成员国对禁止操纵汇率原则的执行情况的"动态"之一是：出于国际收支的目的实行（或大幅度修改）对资本流入或外流的限制或鼓励。另见法律部主任在执董会讨论《1977 年决定》期间的发言，其中表明：可以将成员国实施的资本管制（或不实施管制情况下可能发生的资本流动）作为信号，说明国际货币基金组织和成员国有必要讨论成员国的汇兑政策是否恰当。法律部主任的论点是，如《国际货币基金组织协定》的其他规定一样，成员国实施资本管制的灵活度也受第四条成员国义务的限制。EBM/77/9（1/17/77），p. 10；EBM/77/10（1/19/77），pp. 7，9 and 17。关于执董会在讨论《1977 年决定》期间对此问题的审议情况，另见 EBM/77/10（1/19/77），pp. 16 - 18。

金组织认为履行着四项义务对于一般合作义务具有特别重要的意义。以下逐个分析每个部分。

A. 序言句

序言句提出了"宗旨"和"主要目标",可以理解为指出了成员国遵守第四条第1款所规定义务而带来的广泛经济好处。国际货币体系的宗旨是,提供一个促进国与国之间商品、服务和资本的交换以及保持经济健康成长的框架。此外,这个体系的主要目标是,继续发展保持金融和经济稳定所必要的有秩序条件。序言句的基本前提是,只要成员国履行第四条第1款规定的一般义务,就能加强国际货币体系的有效运转,从而有助于实现文中所述的广泛经济收益。

专栏2 《国际货币基金组织协定》第四条第1款

成员国的一般义务

鉴于国际货币制度的宗旨是提供一个促进国与国之间商品、服务和资本的交换以及保持经济健康增长的框架,而且主要目标是继续发展保持金融和经济稳定所必要的有序条件,各成员国保证同国际货币基金组织和其他成员国合作,以保证有序的汇兑安排,并促进形成一个稳定的汇率制度。具体说,各成员国应:

(ⅰ) 努力将各自的经济和金融政策的目标放在实现促进有序的经济增长这个目标,既可实现合理的价格稳定,又适当照顾到自身的国情;

(ⅱ) 努力通过创造有序的经济、金融条件以及不致经常造成动荡的货币制度以促进稳定;

(ⅲ) 避免操纵汇率或国际货币制度来阻碍国际收支的有效调整或取得对其他成员国不公平的竞争优势;

(ⅳ) 奉行同本款各项保证相一致的汇兑政策。

虽然序言句提出了上述的广泛经济收益,但并不意味着国际货币基金组织把获得此类收益作为其宗旨。序言句提出的是国际货币体系的宗旨,而不是国际货币基金组织的宗旨。虽然第二次修改时本可将获得上述广泛收益作为国际货币基金组织的宗旨列入第一条,但那样做就会被理解为大幅度扩展国际货币基金组织的使命,而《国际货币基金组织协定》的编写者希望避免发生这种情况。如果当时采取了这种做法,就会使第四条款与《国际货币基金组织协定》其他条款发生冲突。例如,如果将促进资本交流作为国际货币基金组织的宗旨之一，就难以与第六条第 3 款规定的会员实施资本管制的一般权利相调和。

虽然序言句并不规定义务，但可以用来理解第四条第 1 款所规定的义务。此外，序言句还有助于理解第四条第 3 款规定的国际货币基金组织监督责任。具体而言，关于国际货币体系宗旨的定义有助于理解国际货币基金组织"监督国际货币体系"的责任（通常称之为"多边监督"）。

B. 一般义务：保证合作

如前所述，第四条款规定的一般义务是"同国际货币基金组织和其他成员国合作，以保证有序的汇兑安排，并促进形成一个稳定的汇率制度"。在详细分析这项义务的内容之前，必须了解这项义务与后面四项义务的关系，后面四项义务其中有两项义务关系到国内政策，另两项义务关系到对外政策。重要的一点是，把一般义务与具体义务相联系的一句话说：具体说，各成员国应：根据这句话所采用的"具体说"这个词语，可以认为，这些义务虽然尤其重要，是成员国履行一般合作义务所不可或缺的步骤，但成员国必须采取的步骤不仅限于此；就是说，一般合作义务的范围超过这四项具体义务的总和。[①] 如果不这样理解，而是认为这些具体义务是一般义务的全部内涵，那么就会使一般义务的多余，因此不符合一般法规制定原则。[②]

在考虑"合作"概念时，上述结论特别重要，尤其是考虑到在第二次修改之前对这个术语的理解和使用方式。在第二次修改之前，第四条第 4 款第（a）项规定如下：

"每个成员国保证同国际货币基金组织合作，促进汇兑稳定性，与其他成员国保持有序的汇兑安排，并避免竞争性的汇兑改变。"

国际货币基金组织将上述条款中所提出的合作保证作为依据，呼吁成员国采取某些具体行动或避免采取某些具体行动。虽然这种呼吁有可能构成（而且有时的确构成了）要求（即如果成员国对呼吁置之不理，则可能构成对合作义务的违反），但国际货币基金组织行使这项条款权力的方式往往是提出建议，宁可通过"较柔性的"方式指导成员国履行《国际货币基金组织协定》规定的义

[①] Joseph Gold：*Exchange Rates in International Law and Organization*，（American Bar Association 1988），p. 104.

[②] "在制定法规时，应当使所有条款都具有效力，而不能使某一部分无法执行或变得多余"；Norman J. Singer："*Statutes and Statutory Construction*"，pp. 185－86。此外，如国际货币基金组织法律部前主任 Joseph Gold 所指出的那样，《国际货币基金组织协定》其他条款中对"具体说"这个词语的理解方法也符合上述解释；见 *Exchange Rates in International Law and Organization*，p. 104。

务。人们的理解是：如果不执行此类建议，就构成了对合作义务的违反。① 在平价体系失效到第二次修改这段时间，国际货币基金组织大量采用了这项合作义务规定，用以限制汇率的不稳定性以及竞争性升值行为（见专栏3）。国际货币基金组织可以采用与此类似的方法，根据现行第四条第1款提出的合作保证要求或建议成员国采取（或不采取）某些行动（这些行动虽然不包含于第四条第1款列出的具体义务，但国际货币基金组织根据情况的变化认为有必要采取这些行动，以保证有序的汇兑安排，应促进形成一个稳定的汇率制度）。

事实上，第四条第1款所包含的合作保证在一个方面超出了第二次修改前的规定。修改前的规定仅要求与国际货币基金组织合作，但现行第四条款还具体要求成员国互相合作。同第四条第1款的其他方面一样，对于这一扩充行动的意图也没有多少编写记录可供参考。尽管如此，我们可以明显看出，在第二次修改之前，成员国之间已日益有必要相互合作，以便执行其政策。② 然而应当强调，虽然这项条款具体规定了成员国之间相互合作，但只有国际货币基金组织（而不是成员国）才有权决定此类合作是否达到了第四条第1款的要求。

专栏3 《国际货币基金组织协定》原第四条第4款第（a）项规定的合作义务

在第二次修改前，第四条第4款第（a）项关于一般合作义务的规定如下："每个成员国保证同国际货币基金组织合作，促进汇兑稳定性，与其他成员国保持有序的汇兑安排，并避免竞争性的汇兑改变。"有几次，国际货币基金组织曾根据这条款的规定呼吁或建议成员国采取某些行动（或不采取某些行动），以实现该条款提出的目标。例如：

1. 1947年关于多重货币做法的决定。第十四条第2款明确规定，成员国在战后过渡阶段有权保持并根据情况的变化修改（有时还可初次实行）对当前国际交易付款和汇款的限制，但国际货币基金组织决定，成员国在初次实行或修

---

① 如Joseph Gold指出的那样，公认的情况是，如果成员国不遵守建议，国际货币基金组织可以重新审查该事项，并确定是否需要采取更强硬的方法。"虽然关于合作义务的规定具有强制性，但国际货币基金组织的看法是，除了该规定所要求的严格执行方法之外，还允许采用不太严格的方式，同时不会牺牲需要严格执行该义务规定时的权威度"（*Interpretation：The IMF and International Law*，p. 337）。

② 之所以将合作义务扩大到成员国之间的合作，可能是受到第二次修改时存在的某些安排的影响，其中包括"蛇形安排"以及盯住主要货币的安排。"蛇形安排"是几个欧洲国家之间的安排，规定每个参加国的货币与其他参加国的货币保持固定关系，只允许这些货币在很窄的范围内进行交易。

改多重货币做法前必须根据第四条第 4 款第（a）项同国际货币基金组织合作义务的规定征得国际货币基金组织的批准。具体而言，该次会议认为："第十四条第 2 款关于过渡时期的规定并不改变第四条第 4 款规定的成员国义务，不论采用何种具体的汇兑方式。"[①] 执董会通过了一项决定，批准发给所有成员国关于多重货币做法的通知。该通知规定，由国际货币基金组织确定成员国计划采取的行动是否符合第四条第 4 款第（a）项（即初次采用或修改多重货币做法），并指出，第四条第 4 款第（a）项和第十四条第 2 款都表明成员国有义务与国际货币基金组织磋商并获得国际货币基金组织的批准。[②]

2. 1971～1974 年关于汇率政策的建议。1971～1974 年，执董会通过了几项决定，让成员国了解在平价体系不完全有效的环境下如何执行其汇率政策。例如，国际货币基金组织在 1971 年通过了（并随后在 1973 年修改了）几项决定，目的是建立对应于平价体系但灵活度更高的制度。这些决定提出了一些做法，表明成员国"在目前状况下，可考虑根据第四条第 4 款第（a）项采用这些做法……"这些决定并非规定义务，而是指出：如果成员国采用了决定中说明的做法，则将"认为该成员国与第四条第 4 款第（a）项保持一致"（成员国采用较宽的范围，或宣布中心汇率外加较宽的范围）。[③] 1974 年 6 月 13 日，执董会通过一项决定及其附属备忘录（《浮动利率管理准则》），说明了执行浮动汇率制度的成员国应遵守的干预政策。该决定"建议：在目前状况下，成员国应根据第四条第 4 款第（a）项尽最大努力遵守该备忘录所提出并解释的准则。"[④]

成员国必须采取何种行动才能完成合作义务职能根据合作的目标加以确定，这个目标就是"保证有序的汇兑安排，应促进形成一个稳定的汇率制度"。我们现在逐个讨论上述目标。首先讨论"一个稳定的汇率制度"，因为它的意义虽然仍有些模糊，但可能比"有序的汇兑安排"容易确定。

一个稳定的汇率制度。我们在前言中已经指出，在第二次修改之前，人们担心平价体系造成了僵化性，却没有带来稳定性，因为成员国即使在根本性失

---

① 见 EBM/47/237（12/18/47）。

② 见 EBM/47/237（12/18/47）和 Executive Board Document No. 235，Revision 2，Attachment 8。

③ 见 Decisions No. 3463 –（71/126）on Central Rates and Wider Margins – Temporary Regime 和 Decision No. 4083 –（73/104）——分别于 1971 年 12 月 18 日和 1973 年 11 月 7 日通过。

④ 见 Decision No. 4232 –（74/67）——于 1974 年 6 月 13 日通过；Annex I attached to Executive Board Decision No 4232 –（74/67）。

衡状况下仍拒绝（或推迟）调整。人们认为：如果允许汇率根据基本状况波动，尤其是，如果基本状况由于成员国采取恰当的国内经济政策而受到有利影响，则整个金融体系在中期内就会运转更有效，而且会因此更有能力实现其宗旨。由于这个原因，原第四条款中的一项合作目标（规定必须通过合作促进"汇兑稳定性"）在第二次修改中改为必须合作促进形成"一个稳定的汇率制度"。修改后的目标是实现制度的稳定性（而不是汇率本身的稳定性），其基本理念是，实现这一稳定性的最佳方式就是允许汇率根据基本状况进行波动，同时还可通过汇率来促进经济和金融稳定（正如第四条第 1 款的序言句所指出的那样）。[①]以下会谈到，第四条第 1 款规定的具体义务还表明了国内经济政策和国际金融体系的有效运作之间存在的重要关系。

鉴于第四条第 1 款规定成员国有义务同国际货币基金组织合作，促进形成一个稳定的汇率制度，因此，即使成员国的汇兑安排包含某个既定的汇率，成员国选择该汇率的能力仍将受到限制。如上节所述，如果成员国使本国货币盯住其他货币，则我们的理解是盯住的比价是成员国汇率安排的一部分，需要通报给国际货币基金组织。尽管成员国拥有选择汇兑安排的一般权利，但在这种情况下该权利会受到第四条第 1 款规定的汇率义务的限制。此外，如下节所述，国际货币基金组织将根据第四条第 3 款第（b）项对该汇率进行监督。

有序的汇兑安排。如上节所述，汇兑安排的一般定义是成员国用于确定本国货币对其他货币的比价的总体方式。在第二次修改之前，成员国的保证是进行合作，"与其他成员国保持有序的汇兑安排"。一般认为这段话是赞成保持平价体系，如前言所述，平价体系允许成员国用黄金代表其货币价值（直接用黄金代表，或通过美元间接代表）。鉴于成员国在选择汇兑安排方面有很大的灵活度，因此修改后的第四条款将"有序的汇兑安排"作为合作义务的宗旨之一令人感到有些意外。虽然编写记录没有提到这个事项，但必须认为，尽管使用了与以前相似的语言，但意图是根据合作义务的另一项目标的改变（即把"汇兑稳定"改为一个"稳定的汇率制度"）而改变这项目标的基本含义。如上所述，即使成员国的汇兑安排包含某个既定的汇率，成员国选择该汇率的能力仍将因其有关稳定汇率制度的义务而受到限制。然而问题是，为计算成员国货币价值

---

① 第一条没有将"汇兑稳定"列为国际货币基金组织的宗旨内容，因为成员国不希望在第二次修改《国际货币基金组织协定》期间改变有关宗旨的文字。见 Joseph Gold："*Developments in the International Monetary System, the International Monetary Fund and the International Monetary Law Since1971*"（Martinus Jijhoff），p. 216。

而选择的总体方法（而不是上述的具体汇率）是否会导致第四条第 1 款认为的"无序的"安排。一个例子来源于板块市场的多重货币做法（可能是资本交易导致的，因此并不违背第八条第 3 节规定的成员国义务）。①

C. 具体的义务

第四条第 1 款提出了四项对一般合作义务具有特别重要意义的具体义务。如果成员国违反其中一项具体义务，就等于违反了一般合作义务。然而，履行这些具体义务并不一定等于成员国一定履行了一般义务。如上所述，国际货币基金组织有权根据合作义务呼吁成员国采取某些具体行动或避免采取某些具体行动。以下逐个分析每个具体义务。

经济政策和金融政策的方向（第四条第 1 款第（ⅰ）项）

第四条第 1 款第（ⅰ）项要求成员国"努力将各自的经济政策和金融政策的目标放在实现促进经济有序增长上，这样既可实现合理的价格稳定，又可适当照顾到自身的国情。"如上所述，这项义务所反映的观点是，虽然应当允许汇率根据基本状况而波动，但如果成员国执行恰当的经济政策，就能增强汇率制度的稳定性以及总体的可预测性。因此，这项义务阐述了在这方面哪种国内政策属于恰当的国内政策。它指出，只有将经济政策的目标放在经济增长上，汇率制度才会稳定（同时也指出这种经济增长是"有序的"，同时还要实现"合理的价格稳定"）。第二次修改之前的第四条款将重点完全放在与汇率和汇兑安排相关的政策上（即对外政策）。相形之下，这项规定的重要之处在于将成员国的义务（从而将国际货币基金组织的权限范围）扩展到国内政策上。但应当强调的是这项义务的强制性很低，而这恰恰是因为它针对的是国内政策。如上所述，这项规定只要求成员国"努力"将各自的经济和金融政策的目标放在促进经济有序增长上，而且要"适当照顾到自身的国情"。

编写记录对理解"促进经济有序增长"、"适当照顾到自身的国情"有一定的帮助。这条规定的早期草案比较强调价格稳定，所用的词语是"在实现合理的价格稳定的同时促进有秩序的经济增长"。通过将此改为"促进有秩序的经济增长这个目标，即可实现合理的价格稳定"，在一定程度上提高了对经济增长的强调程度。②

---

① 国际货币基金组织从创立之初就认识到：多重货币这种汇率制度与第四条第 4 款第（a）项有所冲突。一份文件指出："采用新的多重货币做法的建议势必威胁到汇兑稳定和有序的汇兑安排，也可能构成汇兑改变。"见 *Certain Aspects of the Jurisdiction of the Fund over Multiple Currency Practices*（note to Committee on Spreads and Multiple Currency Practices，June 3，1947），p. 6.

② Joseph Gold：*Exchange Rates in International Law and Organization*，p. 106.

促进稳定性（第四条第 1 款第（ⅱ）项）

第四条第 1 款第（ⅱ）项要求各成员国"努力通过创造有利的经济、金融条件以及不致经常造成动荡的货币制度以促进稳定"。尽管这条规定没有明确指出，但起草记录显示这条规定所说的政策是国内政策，而不是对外政策。具体而言，执董会曾要求在"稳定"一词之前增加"汇兑"一词，但被拒绝。① 此外，第四条第 1 款第（ⅱ）项提到"货币制度"，而第四条第 1 款则提到"国际货币制度"。这项义务的重点是国内政策，与第四条第 1 款第（ⅰ）项的性质相似，即这项义务是"柔性"很强的义务，因为它只要求成员国"努力通过创造有利的经济、金融条件"以促进稳定。如第四条第 1 款第（ⅰ）项一样，这项义务的基本理念是，成员国在国内创造有序的基本经济条件和稳定的货币制度有助于保证有序的汇兑安排和稳定的汇率制度。在"不致经常造成动荡的货币制度"中，我们不清楚"动荡"这个词是仅指汇率的动荡还是广义的动荡。根据第四条第 1 款的总体理念，它至少包含并非来源于基本经济、金融条件的汇率动荡。

汇率操纵（第四条第 1 款第（ⅲ）项）

如上所述，第四条第 1 款还确立了有关成员国对外政策的具体义务。其中一项义务包含在第四条第 1 款第（ⅲ）项，要求成员国"避免操纵汇率或国际货币制度来阻碍国际收支的有效调整或取得对其他成员国不公平的竞争优势"。与成员国有关国内政策的义务不同的是，这条规定是禁止具体行动的"硬性"义务，原因是此类政策是国际社会更为重视的关键问题。

第四条第 1 款第（ⅲ）项是一个较为复杂的规定，其中并非所有的术语都容易理解或容易执行。具体而言，我们不清楚"操纵国际货币制度"这个词语包含哪些活动（区别于另一项受禁止的活动，即操纵汇率）。此外，确定一个成员国通过操纵行为而取得的竞争优势是否"不公平"在很大程度上需要作出主观判断。

尽管有上述问题，第四条第 1 款第（ⅲ）项的几个关键要素具有足够的清晰度，可以为如何执行这项规定提供指导。执董会在制定《1977 年决定》时曾讨论这项规定的应用，有助于理解这项规定（执董会在理事会通过第二次修改之后通过了《1977 年决定》）。根据上述讨论情况，可以就第四条第 1 款第（ⅲ）项作出以下评论。

---

① EBM/75/207（12/23/75），p. 29。关于第四条第 1 款规定的国内政策义务与汇率政策义务之间的一般性区别，见 Joseph Gold：*Exchange Rates in International Law and Organization*，p. 107。

第一，第四条第 1 款第（ⅲ）项所说的成员国操纵汇率可有多种形式。例如，成员国操纵汇率的途径可能是对汇兑市场进行过度干预，也可能是实施资本管制。此外，官方干预措施（不论何种形式）并不一定要导致汇率的移动才算操纵行为。有时操纵的目的在于阻止汇率的移动。

第二，"来阻碍国际收支的有效调整"范围广泛，足以包含成员国通过操纵汇率使汇率过高或过低这两种情况。

第三，也许最重要的是，只有在确定成员国操纵汇率的目的是阻碍国际收支的有效调整时，才能认为成员国违反了第四条第 1 款第（ⅲ）项。如果一项措施的效果是妨碍了调整，并不足以说明违反了这项义务。采用"来阻碍"一词意味着还必须确定成员国是故意为之。但这并不意味着国际货币基金组织必须接受成员国说明的动机。关于《1977 年决定》的讨论有助于回答国际货币基金组织如何确定行为意图的问题。根据《1977 年决定》，在发生某些动态时可与国家当局进行磋商，例如，"在汇兑市场进行长期大规模单一方向干预行动时"。此时，国际货币基金组织将要求成员国解释该行为的动机。国际货币基金组织将给成员国机会说明该措施的目的，而且将对这种解释给予合理程度的信任。但是，国际货币基金组织最终将根据关于成员国汇率政策的全部已知信息独立评估成员国的解释是否正确。在此基础上，国际货币基金组织将确定该行动的目的是否属于第四条第 1 款第（ⅲ）项所列的目的。正如我们在为讨论《1977 年决定》而撰写的一篇工作人员文件中所解释的那样，在其他场合下确定某项措施的目的是否属于"国际收支目的"时，国际货币基金组织也采用这种方式。①

同第四条第 1 款（第四条第 1 款第ⅳ项）相一致的汇兑政策

最后，第四条第 1 款第ⅳ项规定，成员国必须"奉行"同第四条第 1 款"各项保证相一致的汇兑政策"。这项规定涉及成员国的对外政策，确立的是一项"硬性"义务，采用措辞是实现结果，而不仅仅是"努力"或"寻求"实现结果。不过，就此项义务的含义而言，在第四条第 1 款规定的所有义务中，这项规定最不具体，并且立法历史表明，在通过此项规定时，对其含义也存在一些不确定性。

"汇兑政策"的本意是一个前提问题。这个提法有别于"汇率政策"，因此必须假设这项义务的本意是涵盖一个范围超过"汇率政策"的不同的对外政策类别。有一种可能性是，这项义务的本意是保证成员国在遵守这些保证的前提

---

① 见 *Surveillance over Exchange Rate Policies: Balance of Payments Purposes*，SM/77/97，April 28，1977。为了说明这种方法，该文件提到国际货币国际货币基金组织在基金组织安排方面对"国际收支目的"条款的理解。

下使用汇兑控制措施。如果采用这种解释，主要的推论结果是，确认成员国虽然拥有维持与第八条款义务相一致的汇兑控制措施的一般权利，但是如果这些控制措施的使用方式与第四条款义务不一致，则不能这么做。但是，对这项规定的含义尽管有过一些讨论（见下文），但是没有证据显示，其本意是包含汇兑控制措施。①

　　尽管"汇兑政策"这个提法的含义足够广，足以涵盖汇率政策，但是这项规定的本意是要与第四条第 1 款规定的其他具体义务之间形成什么样的相互作用和补充关系，是不明确的。就其与成员国在国内政策方面的义务之间的关系而言，可以解释为，成员国应执行国际货币基金组织为该成员国奉行这些规定所确定的汇率政策。但是，如果采用这种解释，会造成这样的结果，即成员国不得不为了履行与国内政策有关的"柔性"义务而遵守关于对外政策的"硬性"义务。另外，在对这项规定的草案进行审议的执行董事会会议上，② 经济顾问表示担心这个解释可能造成与第四条第 1 款的总体推动方向"相反"的效果；也就是说，可能导致汇率制度的稳定性从属于国内政策重点。具体而言，经济顾问指出，第四条第 1 款的基本思想是，通过遵守其奉行恰当国内经济政策的义务，汇率制度会更加稳定。但是，经济顾问表示担心第四条第 1 款第（ⅳ）项可能被解释为有其他含义，例如，成员国应奉行已促进国内物价稳定的汇率政策（即使汇率已经被高估）。尽管保留了原文本，但是一个起草成员国的执行董事承认，对这项规定需要作"松散"的解释，而且在任何情况下均不能借此项规定来维持不现实的汇率。

　　至少在其对汇率政策的适用性方面，第四条第 1 款第（ⅳ）项很可能被解释为要求成员国执行支持第四条第 1 款一般义务的汇率政策，即"同国际货币基金组织和其他成员国合作，以保证有序的汇兑安排，并促进形成一个稳定的汇率制度"的义务。这项义务与汇率操纵方面的具体义务不同，后者是自律义务，而这项义务还要求成员国在这个领域采取积极的措施。表面上看，《1977 年决定》支持这个解释。具体而言，该决定所规定的第一项原则，其目的很明确，就是在汇率操纵方面提供指导（事实上，该项原则只是重申第四条第 1 款第（ⅲ）项的条文），但其余两项原则涉及的是干预政策，敦促成员国：（a）"干预汇兑市场以扭转无序状况"（依照促进形成一个稳定的汇率制度的一般义务）；以及（b）"在干预政策中考虑其他成员国的利益"（依照与"其他成员国"合

---

① 见 *EBM*/75/205（12/23/75），第 17－20 页。
② 见 *EBM*/75/205（12/23/75），第 17 页。

作的一般义务）。

无论对第四条第 1 款第（iv）项作什么解释，如果国际货币基金组织希望就避免汇率操纵义务之外的第四条第 1 款汇率义务向成员国提供进一步指导，可直接以"促进形成一个稳定的汇率制度"的一般义务为依据。前文已经指出，根据第二次修改通过之前采用的方法，国际货币基金组织可以敦促成员国奉行在国际货币基金组织看来为实现汇率制度稳定这个目标而有必要奉行的汇率政策。在这个方面，如前文所述，第四条第 1 款第（i）项至第（iv）项所载的具体义务，尽管对第四条款的国际货币基金组织权限范围具有特别的重要性，但是存在未尽之处。

四、第四条第 3 款规定的国际货币基金组织责任

第四条第 3 款第（a）项为国际货币基金组织规定了两项明确的义务。第一项是要求国际货币基金组织"监督国际货币制度，保证其有效实施"。这项规定为国际货币基金组织的多边监测活动提供了依据，国际货币基金组织的多边监测活动包括《世界经济展望》和最近启动的多边磋商进程。第二项义务要求国际货币基金组织"监督各成员国是否履行了本条第 1 款规定的义务"。因此，这项一般监督义务不仅适用于关于合作的一般义务，还适用于第四条第 1 款第（i）项至第（iv）项所列的所有具体义务，其中包括关于国内政策的义务。

但是，由于成员国在本国汇率政策方面的义务具有特别的重要性，在国际货币基金组织如何监督成员国履行这些义务方面，第四条款为国际货币基金组织作出了更为具体的指示（见专栏4）。具体而言，第四条第 3 款第（b）项规定，为了履行这项一般监督职能，国际货币基金组织应"对各成员国的汇率政策行使严格的监督，并制定出具体原则，以在汇率政策上向各成员国提供指导"。为了使国际货币基金组织能够执行这项职能，各成员国必须：（a）向国际货币基金组织提供为进行监督所必要的资料；以及（b）在国际货币基金组织提出要求时，应就其汇率政策问题与国际货币基金组织进行磋商。关于国际货币基金组织在这个领域制定出具体原则的要求为《1977 年决定》所载的原则提供了法律依据，后者明确提出，通过该决定就是为了国际货币基金组织履行第四条第 3 款第（b）项的责任（即严格监督汇率政策）。而不是为国际货币基金组织履行第四条第 3 款第（a）项规定的较为一般的义务（即国际货币基金组织执行监督所有成员国是否履行第四条第 1 款规定的义务）。

专栏4 《国际货币基金组织协定》第四条第3款

第3款 对汇兑安排的监督

（a）国际货币基金组织应监督国际货币制度，以保证其有效实施，并监督各成员国是否履行了本条第1款规定的义务。

（b）为了履行上述（a）项规定的职能，国际货币基金组织应对各成员国的汇率政策行使严格的监督，并制定出具体原则，以在汇率政策上向各成员国提供指导。各成员国应该向国际货币基金组织提供为监督所必要的资料，在国际货币基金组织提出要求时，应就成员国的汇率政策问题与国际货币基金组织进行磋商。国际货币基金组织制定的原则应该符合各成员国确定本国货币对其他成员国货币比价而采用的合作安排，并符合一个成员国根据国际货币基金组织的宗旨和本条第1款规定选择的其他形式的汇兑安排。这些原则应该尊重各成员国国内的社会政策和政治政策，在执行这些原则时，国际货币基金组织应该对各成员国的国情给予应有的注意。

考虑到第四条第3款第（b）项授权制定的现有原则（以及对这些原则可能进行的修改），应注意以下几点。

第一，第四条第3款第（b）项授权制定的具体原则，其效力仅限第四条第1款有关汇率政策的义务。因此，鉴于本文上一章所进行的分析，这些义务是指第四条第1款第（ⅲ）项和第（ⅳ）项规定的成员国义务以及国际货币基金组织可能援引第四条第1款规定的合作促进形成一个稳定的汇率制度这项一般义务而敦促成员国所采取的任何汇率行动。尽管国际货币基金组织有权制定出原则，以在第四条第1款第（ⅰ）项和第（ⅱ）项规定的国内政策义务（或国际货币基金组织依据关于合作的一般义务而可能认为必要的任何其他国内政策）上向成员国提供指导，但并非必须这么做。鉴于上述原因，《1977年决定》以成员国的汇率政策为重点，尽管明确认识到汇率政策与国内政策之间存在紧密的关系。① 但是，正如最近的一篇论文所言，监督程序越来越偏重于成员国与其

---

① 从《1977年决定》的"国际货币基金组织对汇率政策进行监督的原则"这一部分可以明显看出，按照执董会的理解，汇率政策包括为了国际收支平衡目的而奉行的范围广泛的对外政策；例如，出于国际收支平衡目标，引入或实质性修改对资本流入或资本流出的限制措施或鼓励措施。此外，从文中可以看出，出于国际收支平衡目的而奉行的特定国内政策也应包括在内；具体而言，出于国际收支平衡目的而奉行以异常方式鼓励或阻碍资本流动的货币政策及其他国内金融政策。但是，为了这些特定目的而奉行的国内政策应区别于仅有此效果的国内政策。后者不被视做《1977年决定》所指的"汇率政策"。

履行第四条第 1 款（即第四条第 1 款第（ⅰ）项和第（ⅱ）项）所规定的国内政策义务有关的政策。①

第二，采用第四条第 3 款第（b）项的原则的意图在于就成员国的汇率政策如何与第四条第 1 款的成员国义务保持一致提供"指导"，因此不遵守这些原则未必意味着违反这些义务。根据现有的《1977 年决定》，如本文第 Ⅱ 章所述，具体针对汇率操纵的原则（原则 A）仅仅是重复第四条第 1 款第（ⅲ）项的文本。因此，如果认定成员国没有遵守这项原则，实际等于认定成员国违反《国际货币基金组织协定》的义务。（"指导"实际上是通过"动态"清单来提供的，按照该决定的用词，该清单"可能表明有必要与成员国进行讨论"）。但是，相比之下，没有证据表明，其余的原则（原则 B 和原则 C）曾被理解为实际上构成第四条第 1 款的义务，无论是依据该款所规定的一般合作义务，还是依据第四条第 1 款第（ⅳ）项（此项要求成员国奉行与第四条第 1 款的保证相一致的汇兑政策）。但是，只要成员国的政策与这些原则保持一致，国际货币基金组织就无法认定成员国违反了这些义务。

第三，如果国际货币基金组织出于国际收支平衡的目的，希望成员国对其与操纵无关的汇率政策的原则进行修订和更新，则可援引其根据成员国合作促进形成一个稳定的汇率制度的一般义务的条文来要求或建议成员国奉行或不奉行指定汇率政策。② 根据第二次修改前采用的方法，国际货币基金组织可以决定不明确指定按照第四条款规定的一般合作义务成为义务的汇率行动，而是发出关于此相关行动的建议。不遵守此相关建议并不意味着违反《国际货币基金组织协定》规定的义务。

第四，尽管根据第四条第 3 款第（b）项制定的原则必须与成员国的汇兑安排相一致，但意图并非就这些汇兑安排提供指导。如本文所述，只要成员国履行第四条第 1 款规定的义务，就有选择汇兑安排的权利。具体而言，如果成员国的汇兑安排包括一个指定的汇率，则援引成员国促进形成一个稳定的汇率制度的义务来审查此汇率，是根据第四条第 3 款第（b）项发出的原则的一个恰当主题。但是，也可能出现这样的情况，即国际货币基金组织认为成员国评估本国货币价值时（不是评估汇率本身）所采用的基本方法构成第四条第 1 款

---

① *Biennial Review of the Implementation of the Fund's Surveillance and the1977 Surveillance Decision—Modalities of Surveillance*，Appendix 1（SM/04/212，July 2，2004）.

② 根据成文法解释的一般原则，如果国际货币基金组织要求成员国奉行特定的汇率政策（或不奉行特定的汇率政策），则此要求不得过于广泛，以致涵盖第四条第 1 款规定的具体义务。例如，要求成员国避免所有形式的汇率失调（无论动机是什么），实际上是涵盖了第四条第 1 款第（ⅲ）项。

所指的"无序汇兑安排"。国际货币基金组织可以就哪些类型的安排会被视做无序作出判断，但是这些判断的作出是依据第四条第 1 款，而不是第四条第 3 款第（b）项。

五、结论

自从通过第二次修改和《1977 年决定》以来，国际货币基金组织从未出于双边监督工作的目的对第四条款成员国义务的含义作出说明。考虑到这些义务的实质（如本文所述），执董会可以决定提高对第四条款法律架构的依赖程度，但同时应继续确保其灵活性，并保持国际货币基金组织的合作性质。具体而言：

关于成员国的汇率政策。国际货币基金组织在修改为向成员国提供这方面指导而制定的原则时，可采取实质上包含第四条第 1 款成员国义务的方式。在这些义务中，有一项义务是禁止出于第四条款所规定的目的而操纵汇率；可以考虑 1977 年以来的动态，就实践中如何援引这项义务给予进一步的指导。但是，正如本文已指出的那样，与汇率政策有关的义务不仅限于成员国在不通过操纵汇率妨碍而国际收支的义务。例如，国际货币基金组织可以提出具体的建议，说明国际货币基金组织认为成员国应采取哪些其他汇率政策，以便履行"同国际货币基金组织和其他成员国合作，以促进形成一个稳定的汇率制度"这个一般义务。

关于成员国的汇兑安排。尽管汇兑安排这个术语在《国际货币基金组织协定》没有明确的定义，但这个术语在第四条第 2 款的用法是指成员国为确定其货币与其他货币之间的比价而使用的总体方法（例如，盯住安排与浮动安排）。《国际货币基金组织协定》确认成员国可灵活选择汇兑安排（黄金本位制除外），但成员国行使这一灵活度的方式必须与《国际货币基金组织协定》规定的成员国义务相一致。首先，成员国必须就其汇兑安排及汇兑安排的任何变化向国际货币基金组织提供准确的通知。其次，如果成员国实际上已确定在实施汇兑安排时将使用的汇率，并且这一点是该成员国通知的一部分，则所确定的汇率须受该成员国在汇率政策方面义务的约束（具体见上文的讨论）。最后，成员国的汇兑安排必须与第四条款规定的"同国际货币基金组织合作以保证有序的汇兑安排"这个一般义务相一致。

关于成员国的国内政策。第四条款规定了若干国内政策义务。对于"成员国同国际货币基金组织合作以保证有序的汇兑安排"和"促进形成一个稳定的汇率制度"而言，遵守这些义务被视做具有特别的重要性。如本文所述，虽然这些政策对外部稳定性有影响并因此具有国际意义，但相关的义务是"柔性的"，要求作出努力而不是实现结果。如果国际货币基金组织依据一般合作义务明确要求成员国采用其他国内政策，则此类要求也应该同样是"柔性的"。出于此目的而制定的任何准则或原则，制定的依据都应该是第四条第1款，而不是第四条第3款第（b）项（后者是关于汇率政策的规定）。

附录七　中英文词汇对照及索引

序号	中文	英文	页码
1	国际货币基金组织	International Monetary Fund	
2	国际货币基金组织协定	Agreement of International Monetary Fund	
3	第四条款	Article IV	
4	成员国政策双边监督决定	Bilateral Surveillance over Members' Policies	
5	1977 年汇率政策监督决定	the 1977 Decision on Surveillance Over Exchange Rate Policies	
6	汇兑安排	exchange arrangement	
7	汇率监督	surveillance over exchange rate policies	20
8	汇率操纵	currency manipulation	
9	根本性失衡	fundamental misalignment，FM	46
10	外部稳定	external stability	
11	世界经济展望	World Economic Outlook，WEO	54
12	全球金融稳定报告	Global Financial Stability Report，GFSR	85
13	汇兑安排与汇兑限制年报	Annual Report on Exchange Arrangements and Exchange Restrictions	54
14	公共信息公告	Public Information Notice，PIN	54
15	汇率咨询小组	Consultative Group for Exchange Rate，CGER	56
16	宏观经济均衡法	Macroeconomic Balance Approach，MB	57

17	均衡实际汇率法	Equilibrium Real Exchange Rate Approach，ERER	59
18	外部可持续方法	External Sustainability Approach，ES	60
19	经常账户差额标准	current account norm	15
20	二十国临时委员会	Interim Committee of Twenty	
21	十八国咨询小组	Consultative Group of Eighteen	28
22	收支平衡委员会	Balance of Payment Committee	27
23	中期战略	medium－term strategy，MTS	
24	金融部门评估规划	Financial Sector Assessment Program, FSAP	85
25	互评估机制	Mutual Assessment Progress，MAP	84
26	商品货币	commodity currency	
27	信用货币	credit money	
28	金本位制	the gold standard	
29	布雷顿森林体系	Bretton Woods system	
30	牙买加体系	Jamaica system	
31	史密森协定	Smithsonian Agreement	
32	私人资本流动	private capital flows	
33	破坏性波动	disruptive movement	14
34	特里芬悖论	Triffin paradox	
35	特别磋商	ad hoc consultation	50
36	关税与贸易总协定	General Agreement on Tarif and Trade，GATT	25
37	马拉喀什宣言	Marakesh Declaration	29
38	特别是伴有对冲	particularly accompanied by sterilization	31
39	合理怀疑	reasonable doubt	32
40	系统性稳定	systemic stability	45
41	平价体系	par value system	51

42	随机游走过程	Random Walk	64
43	中间制度消失假说	the hypothesis of the vanishing intermediate regime	69
44	硬盯住	hard peg	70
45	软盯住	soft peg	70
46	货币局安排	currency board arrangement	72
47	爬行盯住	crawling pegs	73
48	货币政策框架	monetary policy framework	75
49	汇率锚	exchange rate anchor	75
50	货币总量锚	monetary aggregate anchor	76
51	通货膨胀目标框架	inflation targeting framework	76
52	相机抉择	discretion	89